財政破綻後

危機のシナリオ分析

小林慶一郎 編著

小黒一正
小林庸平
佐藤主光
松山幸弘
森田 朗

日本経済新聞出版社

序章　なぜ破綻の「後」を考えるのか？

財政破綻が起きるとき、日本社会に何が起きるか、また、財政破綻の「後」に社会を立て直すためにどうすべきか。

本書は、経済学的な考察や、たとえば医療現場などの現状分析を通して、破綻の結果、日本の国民生活がどのように変化するのか、また、関連する制度をどのように改変すれば最小のダメージで破綻を乗り切ることができるのか、などの論点を議論する。したがって本書は、財政危機に際して人が自分の財産をどう守るか、というような個人の観点ではなく、日本の社会制度をどう立て直すのか、という制度設計者や政策立案者の観点から書かれている。

財政破綻の定義は後述するが、なぜ、いま財政破綻の「後」を論じる意義があるのか。

二つの意味がある。一つは、将来起きる可能性が少しでもある事象への備えは必要なのであり、本書はその備えへのヒントを提供する、ということである。もう一つは、現在の政策論争のあり

方へ の問題提起である。

現在の財政や人口変化の状況をかんがみると、現在の財政運営がこのまま永続できる可能性は小さい。政府債務はGDP（国内総生産）の240％になり、さらに増加する傾向が続いている。一方、債務を返済する原資は国民からの税収だが、日本の人口減少は本格化の時代を迎え、2050年代には1億人を切るといわれている。このような状況では、財政破綻が起きる可能性は少なくともゼロではない。

破綻が起きれば甚大な社会的コストが発生するから、仮に起きる確率が非常に小さいものであっても、破綻への政策対応を事前に考えることは、政策論としての意義は大きい。財政が破綻し、国に頼れなくなったら日本の社会はどうなるのか、と考えること自体にも意味はある。日本の民主主義を真に草の根から強くするうえで、各地の地域社会の人々が、「国には頼らない（頼れない）」と真摯に覚悟を決めて自分たちの地域のあり方を構想することは重要である。

市民や自治体が自助努力で地域の自治と民主政を作り上げるという政治的な実践を、多くの日本人は経験していない。財政破綻を考え、国に頼れない将来に備えて議論をするということは、そのような民主主義の再生を促すことでもある。住民自治の伝統に根差した強靭な民主主義をもつ米国には議会が決める政府債務の上限規制がある。一方、近現代における民主主義の伝統が脆弱なギリシャでは放漫財政を抑えられずに財政破綻を迎えた。住民の自治と自立は、民主主義の発展とともに財政の安定化にも重要である。

二つ目の「現在の政策論争への問題提起」とは、「破綻の可能性を議論することすら憚られる」という日本の空気への違和感である。必ずしも日本に限ったことではないが、とくにわが国で顕著な傾向として、『縁起でもないこと』は口にしない」という傾向がオープンな場での政策論争のあり方を特徴づけている。

政策を論じる者（政治家、官僚、学者、ジャーナリスト、有識者……）が財政破綻について口をつぐむ理由として典型的なロジックは「財政破綻を防ぐのがわれわれの役割だから、その役割を果たせなかったときのこと（すなわち破綻の発生）をわれわれ自身が事前に論じるべきではない」というロジックである。われわれは失敗しない（してはいけない）のだから失敗したときのことは考えない、という、いわば「無謬性のロジック」である。ここでいう「われわれ」には、政治家や官僚だけでなく、経済学界やマスメディアも含まれる。学者もジャーナリストも、財政破綻について直接論じることには同じロジックで二の足を踏んでいるのである。

しかし、このような「無謬性のロジック」によって思考を停止することは、正常な科学的態度とは思われない。3・11福島第一原子力発電所事故以前の原発事故についての議論を想起したい。「原発事故は起きてはならないことなので、それが起きたときのこと（事故発生の後の対処方法）は議論すべきではない」というのが日本社会全体を覆う暗黙の了解となっていた。政策当局や関係者が原発事故の発生の可能性や事故後の対処方法を、公共的な場でオープンに議論をすることは難しかった。それが事故対策の不備や遅れを招き、福島第一原発の事故の被害を大きくした面は否定できないだろう。

財政についても破綻は防ぐべきだが、それが防げなかったときという最悪の事態について議論することには、政策論として、大きな価値がある。政策を論じる人間は、楽観的な見通しをもっていてもかまわないが、それでも最悪の事態をも想定し、その際の対応策について議論し、（公開か非公開かを問わないが）なんらかの選択肢を用意しておく責任がある。最悪の事態についてオープンに議論をして初めて政策論争は健全なものになる。本書がそのような政策論争を活性化するための一助になれば、望外の喜びである。

◉財政破綻とは？

まず財政破綻の前提条件は、国内外の市場の投資家が日本国債を買わなくなる、という事態が起きることである。

外貨建て国債の場合は、市場で国債が買われなくなると、政府は借り換えができなくなり、外貨準備が不十分なら期限がきた国債の償還ができなくなる。これは債務不履行（デフォルト）だが、日本の場合はこのようなデフォルトは起きない。円建てで発行された日本国債は、日本銀行が買い支えようと思えばいくらでも買い支えることができるからである。

いまは日銀が国債を買って貨幣供給を増やしても、国民は貨幣を退蔵する傾向が強いのでインフレにはなりにくい。しかし、景気が回復して人々がお金を使う時代になっても日銀が国債を買い続ければ貨幣が増えすぎてインフレが止まらなくなる。逆にインフレを止めようとして日銀が国債の買い入れをやめれば、（市場の投資家が国債を買わないとすると）国債価格が暴落、すなわち、名目金利が高騰する。つまり、市場の投資家が日本国債を買わなくなると、インフレ率が高騰するか、名目金利が高騰するか、またはその両方が同時に起きるか、のいずれかになってしまう。

したがって本書における財政破綻とは、さしあたり「緩やかな（2％程度以下の）インフレ率のもとで、正常な（4％程度以下の）名目金利を維持できない状態」を指すとしておきたい。つまり、「財政破綻とはインフレ率または名目金利が高騰する状態」を指すのである。

このような意味での財政破綻は、市場参加者の国債への信頼が失われればいつでも発生しうる。国債残高が増え続け、財政収支の改善も遅々として進まない日本の現状では、市場参加者の国債への信頼が失われる確率は、年々上昇しているといえよう。また、国債への信頼が維持されていたとしても、投資家が国債以外の資産への投資を優先するようになれば、このような意味での破綻はいつでも起こりうる。景気が良くなり、投資家が企業への投資を増やすようになれば、国債への投資が減り、結果的に財政破綻のトリガーが引かれる可能性はある。われわれは、そのような事態を分析的に検討したいのである。

「インフレまたは金利が高騰して制御できなくなる状態が財政破綻」であるが、これは政府の財政運営への信頼が失われればいつ起きてもおかしくない。では、財政への信頼が失われるのはどのようなときか。それは直ちにはわからないが、たとえば一部の市場関係者は経常収支が赤字化し、それが定着したときが危ない、と見ている。これは一つの可能性ではあるだろう。

財政破綻が起きると、インフレ率と金利を安定化させることが最優先になるので、超短期的には政府の支出を一時的に停止せざるをえなくなる。さらに、中長期的に財政の信頼を回復するためには、支出の大胆なカットと大幅な増税が必要となる。それには、政策の取捨選択によって、残すべき政策と廃止すべきものを大胆に選別する作業が必要となるだろう。超短期の支出の執行停止、中長期の政策選択のいずれにおいても国民の福利厚生を最大にする観点から、優先順位を付けなければならない。破綻前のいまのうちから優先順位付けについて政策の議論をしておく必要がある。

◉各章の構成

各章の構成は次の通りである。

第1章（人口減少時代の政策決定）では、人口減少が長期的に続くことを前提に、将来の政策を考える必要があることを指摘する。政府債務の膨張を経済成長によって解決しようとしても、人口学的には、経済成長は従属人口が少ない「人口ボーナス」の産物であり、高齢者が増加する時代には以前のような成長は期待できない。人口減少は地域によって異なるため、大規模な地域間、世代間の資源の再配分を伴う政策の実施が急務である。だが、今日では、有権者の多くが高齢者であり、彼らの利益に反する政策の実現は難しい。現状を冷静に認識し、危機的財政状況からの脱出の途を模索すべきである。

第2章（財政破綻時のトリアージ）では、財政破綻が発生した直後の時点における応急的な対応策を論じる。このとき、時間的余裕のないなかで政府の選択肢は限られる。増税や大幅な歳出削減といった厳しい財政再建に迫られるだろう。そのとき、歳出面において何を残し、何をカットするかをあらかじめ決めておく「トリアージ」が必須となる。危機後の対応を、①歳出の執行停止・先送りなど直後の対応、②歳出削減を含む「止血措置」、③財政赤字を作らない体質（構造）への転換に向けた「構造改革」に区別した上で、第2章では最初の二つについて論じる。あわせて歳出のトリアージの試算結果を示す。

第3章（日銀と政府の関係、出口戦略、日銀引き受けの影響）では、財政と日本銀行の金融政策との関係を整理する。政府と日銀を一体で考える場合、日銀が国債を保有するか否かにかかわらず、統合債務の負債コストは基本的に変わらない。いまは金利が概ねゼロのために負債コストが顕在化していないが、デフレ脱却後に金利が正常化すると、巨額の債務コストが再び顕在化する。第3章では、政府が日銀に直接国債を引き受けさせる財政ファイナンスは一種の麻薬であり、いずれ財政規律が弛緩し、やがて通貨や国債に対する信認が崩れ、制御不能のインフレに陥る可能性もあることを警告する。

第4章（公的医療・介護・福祉は立て直せるか?）では、医療・介護・福祉の現場で予想される問題を論じる。財政破綻が起きれば公費の流れが止まり社会保障制度の資金繰りが窮地に陥る。国民は、年金給付がストップ・削減されても貯金を取り崩すことである程度対応可能である。しかし、医療・介護・福祉サービスの提供体制が崩壊すれば即座に生命の危険や生活の質の低下に直面する。財政破綻によって国が公的医療・介護の公費分を支出できなくなれば、診療報酬・介護報酬の公費分が未収金となり、報酬マイナス改定の時代が長期化するため、多くの民間医療・介護事業体が倒産する。現行制度が完全に崩壊し制度設計がゼロスタートということであれば、これまで改革を阻んできた既得権益者たちが消えるので、新しい制度設計は容易かもしれない。しかし、財政破綻しても医療・介護・福祉制度のセーフティーネット機能を維持し、大混乱を短期間で収拾しなければならない。第4章ではそのためにいまから取り組んでおくべき改革を提言する。

第5章（長期の財政再構築）では、財政破綻後の長期的な社会の体質改善、すなわち財政赤字を作らない体質（構造）への転換に向けた「構造改革」を論じる。とくに重視するのはミクロ的措置＝歳出・税制の効率化である。そもそも、財政赤字が膨らんだ背景には赤字を最終的に解消（帳尻合わせ）する政策変数（消費税、社会保障給付など）についてコンセンサスがないことがある。赤字が膨らんだときの対処をあらかじめ「財政ルール」として定める必要がある。第5章では、経済のグローバル化や高齢化といった「新しい経済環境」において成長と両立するような税制の再構築を目指す。具体的には消費税を軸とした税制である。また、財政再建が低所得者など、社会的弱者の切り捨てになるべきではない。不公平であるばかりか、社会の分断と政治的ポピュリズムの台頭を招きかねない。弱者を救済するセーフティーネットもあわせて整備していく。

第6章（経済成長と新しい社会契約）では、財政破綻を経てわれわれが学ぶべき経済思想、政治思想的な課題を検討する。第一に、財政悪化は経済成長の低下の結果である、というこれまで30年間堅持されてきた通念が問題であることを論じる。この通念とは逆に、財政破綻のリスクが日本の低成長の原因になっている可能性がある（パブリック・デット・オーバーハング仮説）。このことを経済理論的に検証する。第二に、世代間協調問題（現在世代が政策実施コストを支払うと、将来世代がリターンを得るような政策課題）は通常の民主主義の政治システムでは解決できないことを論じる。そこで、将来世代の利益を代表する行政機関などの組織すなわち「仮想将来世代」を創設すべきだという提案について検討する。ロールズ的な社会契約論の拡張によって、仮想将来世代の創設を政治思想として正当化する。

◉本書の読み方

各章は独立した論考であり、財政危機対応の手順や金融政策とのかかわりなど、それぞれのテーマを読者の興味に応じて選択的に読める構成になっている。各章には冒頭に「章全体の要約」を置き、各節の冒頭にもそれぞれの「節の要約」を掲載していて、これらの要約を通読するだけで、本書の概略は十分につかめるよう配慮した書き方になっている。忙しい方は、まず、各章の要約部分を通覧し、その後、興味に応じて本文を読み進めていただきたい。

＊　＊　＊

本書は、キヤノングローバル戦略研究所（Canon Institute for Global Studies, CIGS）での財政問題研究会の活動から生まれた。福井俊彦理事長をはじめ、多くのＣＩＧＳの研究者、スタッフの皆さんには２０１３年の研究会発足以来、本書執筆に至るまで、大変大きなご支援をいただいた。とくに、ＣＩＧＳアドバイザーである吉川洋・立正大学教授には、本書執筆のきっかけとなった２０１６年12月２日のＣＩＧＳシンポジウムにご参加いただき、重要なご報告と有益なコメントを多く頂戴した。

本書の執筆にあたっては、他にも各界の多くの関係者の方々からさまざまなご示唆をいただいた。最後に、本書が企画から出版までこのようにスピーディに漕ぎつけることができたのは、日本経済新聞出版社の田口恒雄氏と野澤靖宏氏の的確な編集と助言のおかげである。

ここに執筆者を代表して、衷心より御礼を申し上げる次第である。

２０１８年早春

小林慶一郎

執筆者

第1章　人口減少時代の政策決定　森田朗
第2章　財政破綻時のトリアージ　佐藤主光、小林庸平、小黒一正
第3章　日銀と政府の関係、出口戦略、日銀引き受けの影響　小黒一正、左三川郁子
第4章　公的医療・介護・福祉は立て直せるか？　松山幸弘
第5章　長期の財政再構築　佐藤主光、小林庸平、小黒一正
第6章　経済成長と新しい社会契約　小林慶一郎

目次

第6章　経済成長と新しい社会契約

装幀　ベターデイズ
DTP　マーリンクレイン

財政破綻後　危機のシナリオ分析

第 1 章

人口減少時代の政策決定

森田 朗 津田塾大学教授

わが国では、長期的な人口減少が始まった。人口は多くの政策分野において基礎となる数値である。人口減少は、数十年前に始まった少子化によるものであり、合計特殊出生率が上昇したとしても、若い世代の女性人口が減少するため、長期にわたって人口は減少し続ける。したがって、人口減少を前提として、将来の政策を考える必要がある。

人口減少が引き起こす課題を経済成長によって解決しようとしても、人口学的には、経済成長は従属人口が少ない「人口ボーナス」の産物であり、高齢者が増加する時代には以前のような成長は期待できない。

人口減少は地域によって異なり、都市圏以外の地域で急速に進む。都市圏では、「団塊の世代」の高齢化によって高齢者が激増し、医療・介護などのサービスが決定的に不足する。大規模な地域間、世代間の資源の再配分を伴う政策の実施が急務である。

だが、これからは有権者の多くが高齢者になり、彼らの利益に反する政策の実現は難しい。現状を冷静に認識し、危機的財政状況からの脱出の途を模索すべきである。

1　はじめに

２００８年をピークとしてわが国の人口は減少に転じ、最近では、少子化対策が重要な政策課題として位置付けられている。人口が減少すること、とくに次世代の人口の減少は、社会に暗いイメージを植え付け、悲観的な見通しも聞かれる。他方、有効な少子化対策によって克服できるという楽観論も耳にする。

現代社会においては、多くの政策分野で、人口は基礎となる数値である。とくに、社会保障など、将来多額の財政支出を伴う分野では、将来人口の科学的な推計が政策形成の基礎として非常に重要である。総人口はもとより、将来の人口構成や地域的な分布が、政策そして将来の財政見通しに大きな影響を与える。

それゆえ、悲観論、楽観論を唱える前に、まずクールに人口の変化をしっかりと把握しておくことが大切である。人口は、政策によって変えることができるが、それは容易ではなく、仮に政策が奏効するとしてもその効果が表れるまでには多くの年数を要する。

この章では、このような認識に基づいて、人口がどのように変化するのか、少子化がどのようなメカニズムで生じるのか、それは経済成長にどのように影響を与えるのか、そしてそれがもたらす政策決定の変化について論じ、以後の章の議論の前提を明らかにしておくことにしたい。

2 人口変化の動向

わが国の人口は、2008年をピークとして急激に減少していく。これは、数十年前に始まった少子化によるものであるが、最近までは、医療や福祉の普及による長寿化によって高齢者が増加し、総人口が増え続けたため、人口が減少に向かうことが認識されず、十分な対応がなされてこなかった。強力な少子化対策が求められるが、それが有効であったとしても長期にわたって人口は減少し続ける。

◉長期トレンドとしての人口減少

わが国の人口が歴史的にどのように変化してきたか。まずは、図1―1を見ていただきたい。これは、歴史人口学の研究に基づいて、西暦600年から2100年頃までの人口の変化を表したグラフである。もちろん2015年以降は推計である。

一目瞭然であるが、わが国の人口は、太古から関ヶ原の戦いのあった1600年頃までは緩やかに増加し、現代の10分の1の規模である1200万人台に達する。その後江戸時代前期になって3000万人台に増加するも、その後は停滞が続く。しかし、19世紀の後半、明治時代になって近代化に取り組むようになると急増する。このグラフではうなぎ登りに増加し、1967年には1億人を突破する。

その後も増加を続けるが、国勢調査では２０１０年（総務省の「人口推計」では２００８年）をピークとして減少に向かい、以後はまさにフリーフォール（自由落下）の曲線のごとく減少すると推計されている。

人口推計には、楽観的な高位推計とその逆の低位推計、それらの中間の中位推計があり、通常は中位推計が使われるが、これからの人口の変化に関しては、いずれの推計値によっても、急激に減少すると予測されている。１５００年間という長いスパンをとると、わが国の人口は、このように明治初期以降急増し、２０１０年以降は急減すると表される。

このグラフから多くのメッセージを読み取ることができるが、ここでは2点指摘しておきたい。その第一は、２０１０年までは、短期的には増減があったとしても、わが国の人口は長期的には増加し続けてきたことである。そのため、人口が増加し、経済が発展し、社会も拡張していく、すなわち右肩上がりが社会の発展のあり方、あるべき社会像という認識が、われわれの頭の中に、基本的な発想として刷り込まれてしまっていることである。

この認識が存在するかぎり、人口減少は望ましくないことであり、増加に転じさせなければならない。また、仮に当分の間人口減少は避けがたいとしても、GDPは増やすべきであり、社会は拡大させるべきである、という発想から免れることができない。だが、これからはそのような発想をリセットすることが必要である。

図1-1　日本人口の歴史的推移

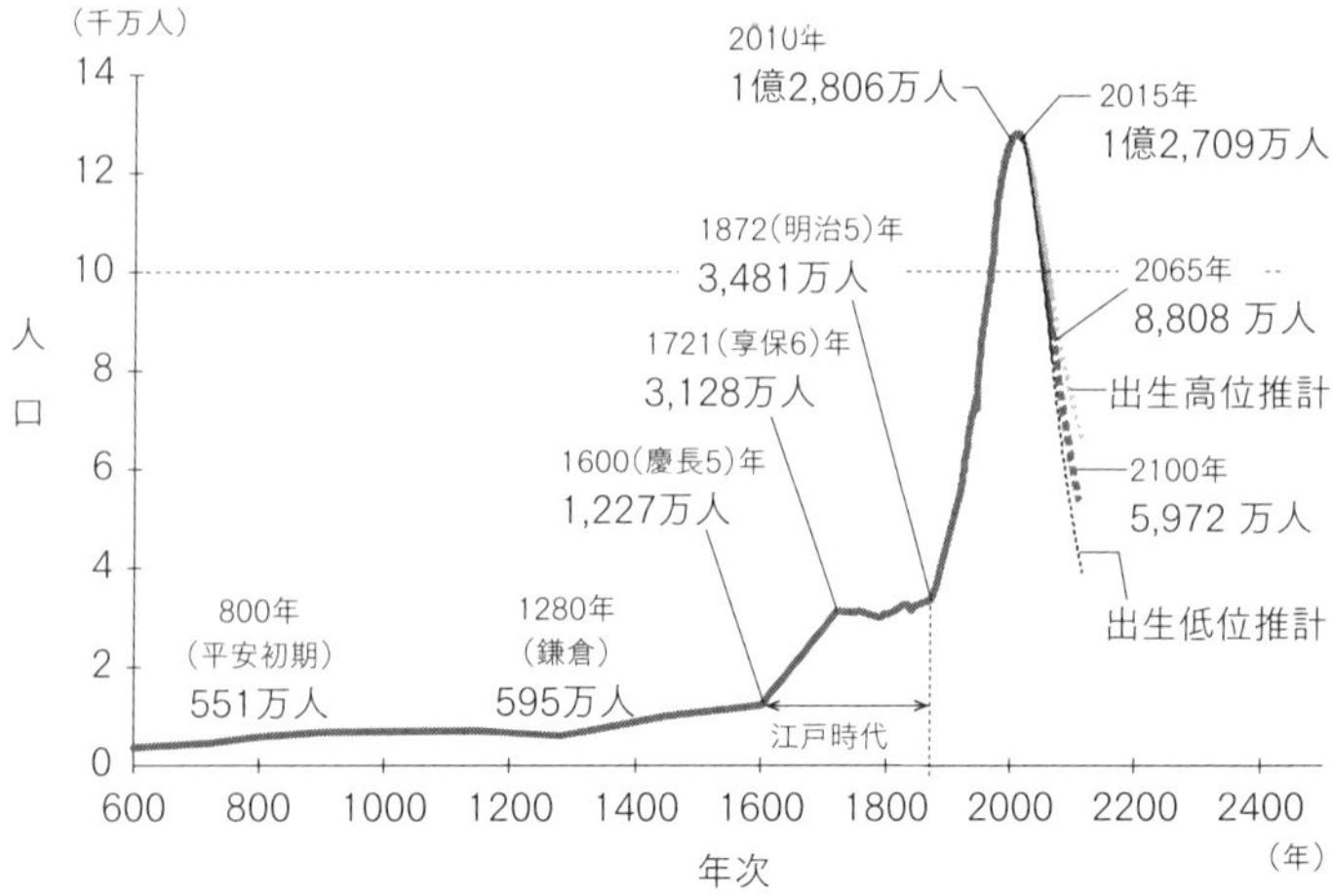

資料：国立社会保障・人口問題研究所「人口統計資料集」(1846年までは鬼頭宏『人口から読む日本の歴史』、1847～1870年 森田優三『人口増加の分析』、1872～1920年 内閣統計局「明治五年以降我国の人口」、1920～2015年 総務省統計局「国勢調査」「推計人口」、2016～2115年 国立社会保障・人口問題研究所「日本の将来推計人口（平成29年推計）」[死亡中位仮定])。

関連して、第二に、今後の人口減少はかなり長期にわたって続く。しかもその減少の仕方は激しい。したがって、右肩上がりの発想に替えて、縮減する人口に応じた社会のあり方を探求していくべきである。換言すれば、いかにうまく「ダウンサイジング」するかという発想を取り入れることが必要になるといえよう。

◉人口構成の変化：少子高齢化の実態

図1－2は、1880年から2100年頃までの人口の変化を表したグラフである。**図1－1**の一部を取り出したものであるが、15歳未満の年少人口と15歳から65歳までの生産年齢人口、そして65歳以上の老年人口の構成比が

図1-2　日本の人口と年齢構成の推移：明治期～21世紀～2115年

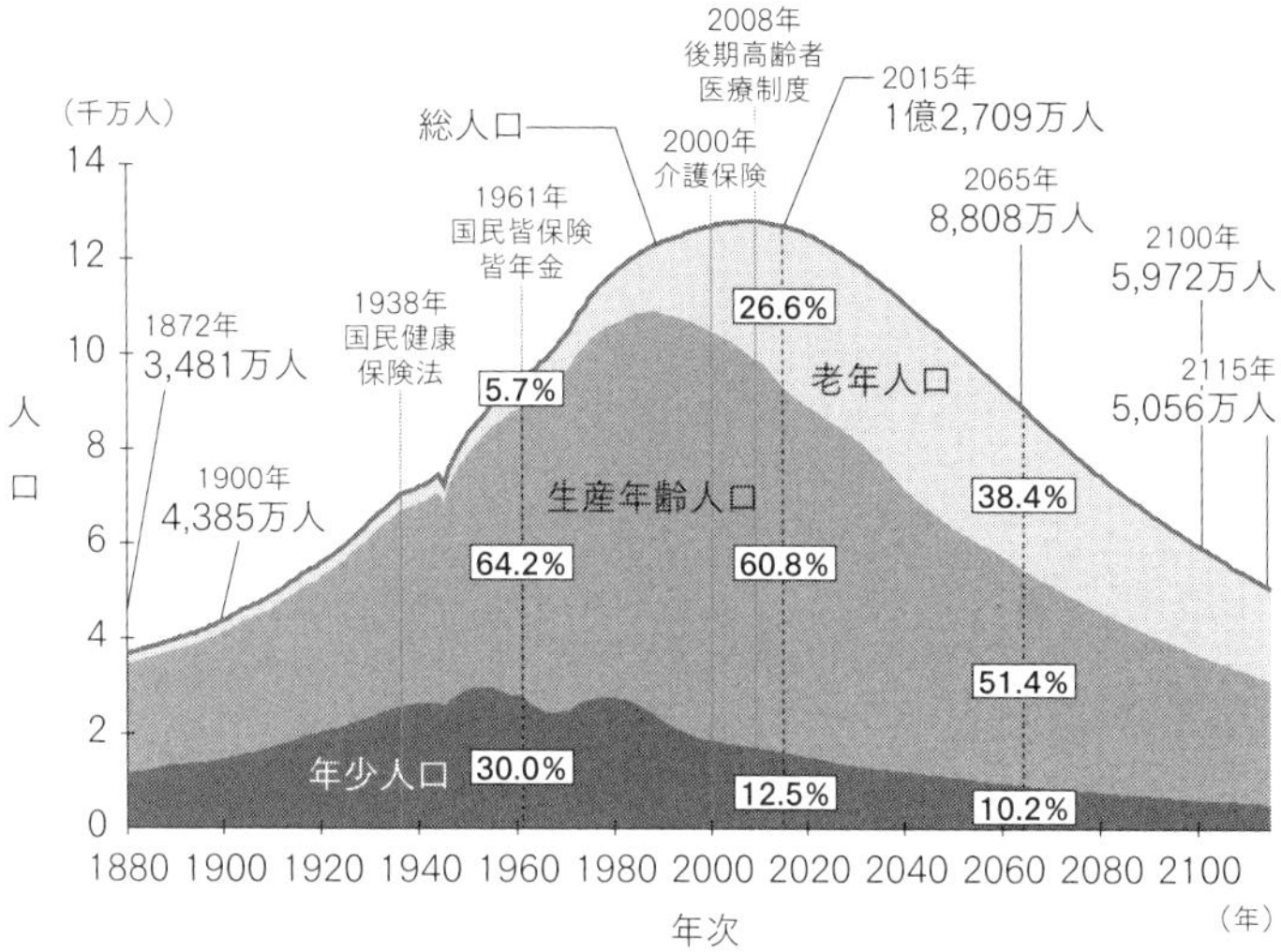

資料：旧内閣統計局推計、総務省統計局「国勢調査」「推計人口」、国立社会保障・人口問題研究所「日本の将来推計人口（平成29年推計）」［出生中位・死亡中位推計］。

示されている。

この人口構成のグラフから読み取れるのは、まず年少人口のピークは、現在から約60年前の1955年であったということである。それは、「団塊の世代」が生まれた1947年から49年にかけてのベビーブーム期の直後の時代であり、このときが、これまでに最も子どもが多かった年代である。その後、この世代の人たちを親とする子どもたちが生まれた1980年頃に、もう一度年少人口が増加する時期がある。しかしそのときも親の世代を上回ることはなく、その後「団塊の世代」の孫の世代には、年少人口の増加はみられない。

要するに、わが国の少子化は、数十

年前から始まっていたのであり、この時点で有効な少子化対策を始めないかぎり、将来、人口減少の時代が来ることは予見できたといえよう。実際に、1955年から40年後の1995年に生産年齢人口のピークが訪れる。それ以降、労働力も減少していくが、その不足が実感されるようになったのは、最近である。

このように、かなり以前から将来の人口減少、労働力不足は予測できたはずであるが、それでは、なぜ最近までそれが重要な課題として認識されず、必要な対策が実施されてこなかったのか。

その理由は、一言でいえば、高齢化による高齢世代の増加によって総人口が増加し続けたことである。すなわち、かつては若い年齢で亡くなっていた多数の人たちが手厚い医療制度、福祉制度によって高齢になるまで長生きし、その数が増え続けてきたことによる。高齢者はまだ増え続けており、そのピークは2040年頃と推計されている。この高齢者の増加による総人口の増加が続いたことによって、われわれの多くが、遠からず始まる人口減少に気づかず、人口は増え続けるという幻想を抱き続けてきたといえよう。

最近になって、人口減少に急に関心が向けられるようになったのは、主として高齢者の死亡による死者数が出生数を上回り、総人口が減少に転じたからにほかならない。これからは、毎年数十万人の規模でわが国の人口は減少を続けていく。

それでは、こうした高齢化はなぜ生じたのか、またなぜ少子化は容易に食い止めることができないのか。

3　少子・高齢化のメカニズム

かつては、ある年に生まれた人たちは、誕生後毎年多数が死亡し次第に減少していった。そのため、人口構成のグラフの形状はピラミッド型であった。しかし、多くの人が高齢まで生きることができるようになり、全体として人口が増加するとともに、少子化が始まったため、その形状はつぼ型に変わってきた。今日では、合計特殊出生率が人口置換水準の2・07を大きく下回るとともに、母親になりうる世代の女性が減少し続けるため、今後長期にわたって人口減少が続くと予想されている。

◉人口ピラミッド

ある年の人口構成を男女別に年齢毎に表した**図1－3**のような図は、人口ピラミッドと呼ばれる。ピラミッドという以上、上が尖った三角形を連想するが、そのような形状をしているのは、1965年だけである。他の2015年、2040年、そして2065年は、ピラミッドとはほど遠い形状をしているが、なぜ、この種のグラフを人口ピラミッドと呼ぶのか。

その理由を説明したのが、**図1－4－1**、**1－4－2**である。人類の多くの社会では、長い間多数の子どもが生まれるものの、誕生直後から多数が亡くなり、その状態は成長してからも続く。

図1-3　日本の人口「ピラミッド」

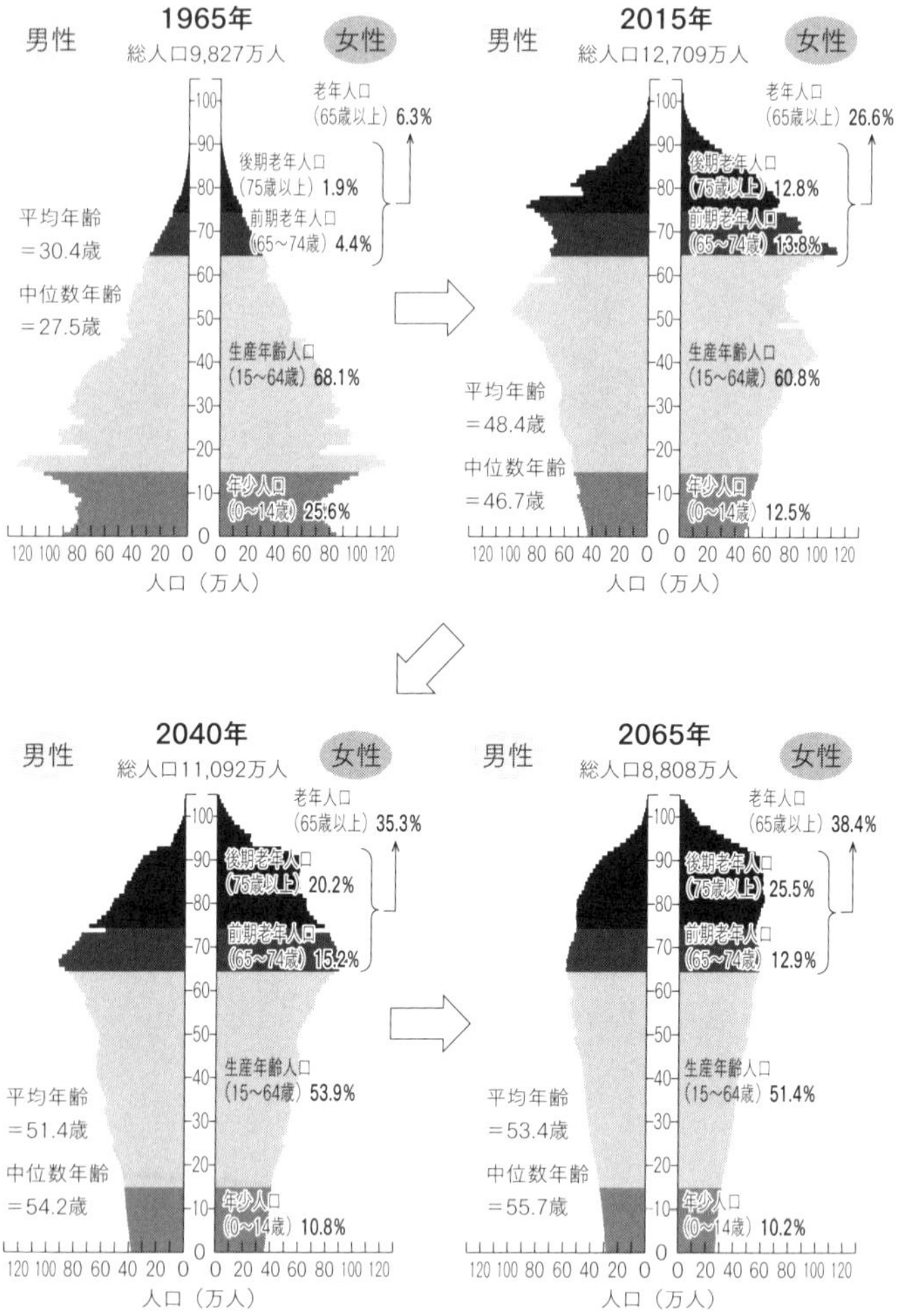

資料：旧内閣統計局推計、総務省統計局「国勢調査」、国立社会保障・人口問題研究所「日本の将来推計人口（平成29年推計）」［出生中位・死亡中位推計］。

医療水準が低く、また普及もしておらず、栄養状態もよくない環境下では、多数の子どもが生まれても、感染症などの病気で、また十分な食料がないために、多数が亡くなっていった。その後成長してからも、毎年一定数が亡くなっていったため、高齢になるまで生存できる人の数は非常に少なく、その結果、人口構成は、ピラミッド状になった。それが20世紀前半までの人類の状態だったのである。

ところが、20世紀後半から、とくに先進諸国において、医療が発達、普及し、経済成長によって食料も十分供給できるようになり、かつては亡くなっていた人たちが生存できるようになった。結果として、誕生時の人口がそれほど減少することなく、多くの人たちが60代、70代、そして最近ではそれ以上生きることができるようになったのである。

図1－4－1における左右の肩の斜線部分の人たちは、以前の時代ならば亡くなっていたのが、近年では亡くならずに長生きできるようになった。それが、近年の人口増加をもたらした最大の要因である。他方、子どもの死亡率が低下し、成人後も長生きできる可能性が向上したことや、食料生産の限界、教育の普及による子育てコストの増加などの理由によって、生まれてくる子どもの数は減少してきた。わが国では、それが1950年代から始まっていたことは、前述の通りである。

こうした少子化の結果、**図1－4－2**のように人口構成は変化してきた。こうした傾向が続くことによって、長期的に人口ピラミッドの形状がつぼ型になり、高齢者の比率が相対的に大きく

図1-4-1　人口変化のメカニズム

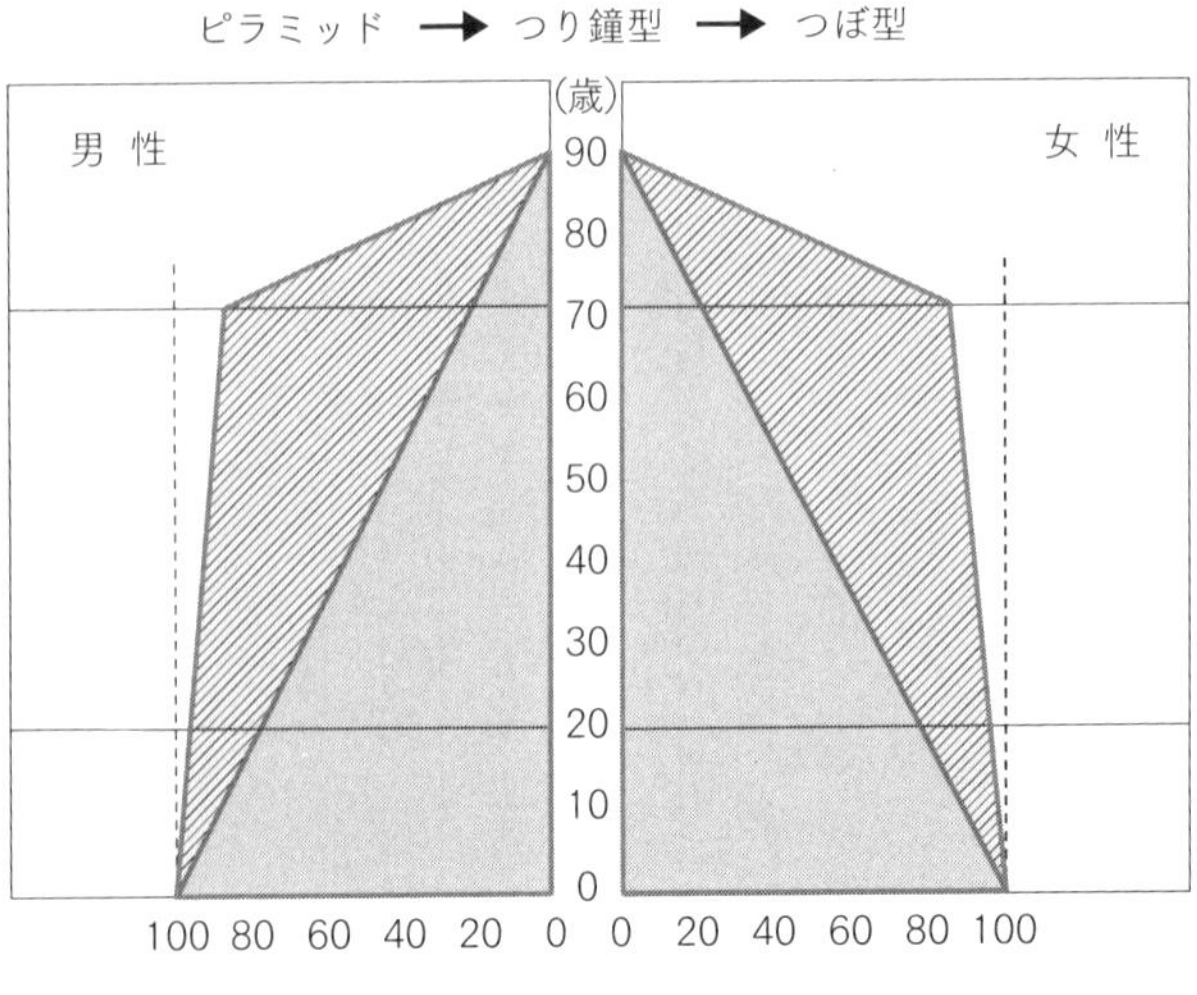

図1-4-2　人口変化のメカニズム

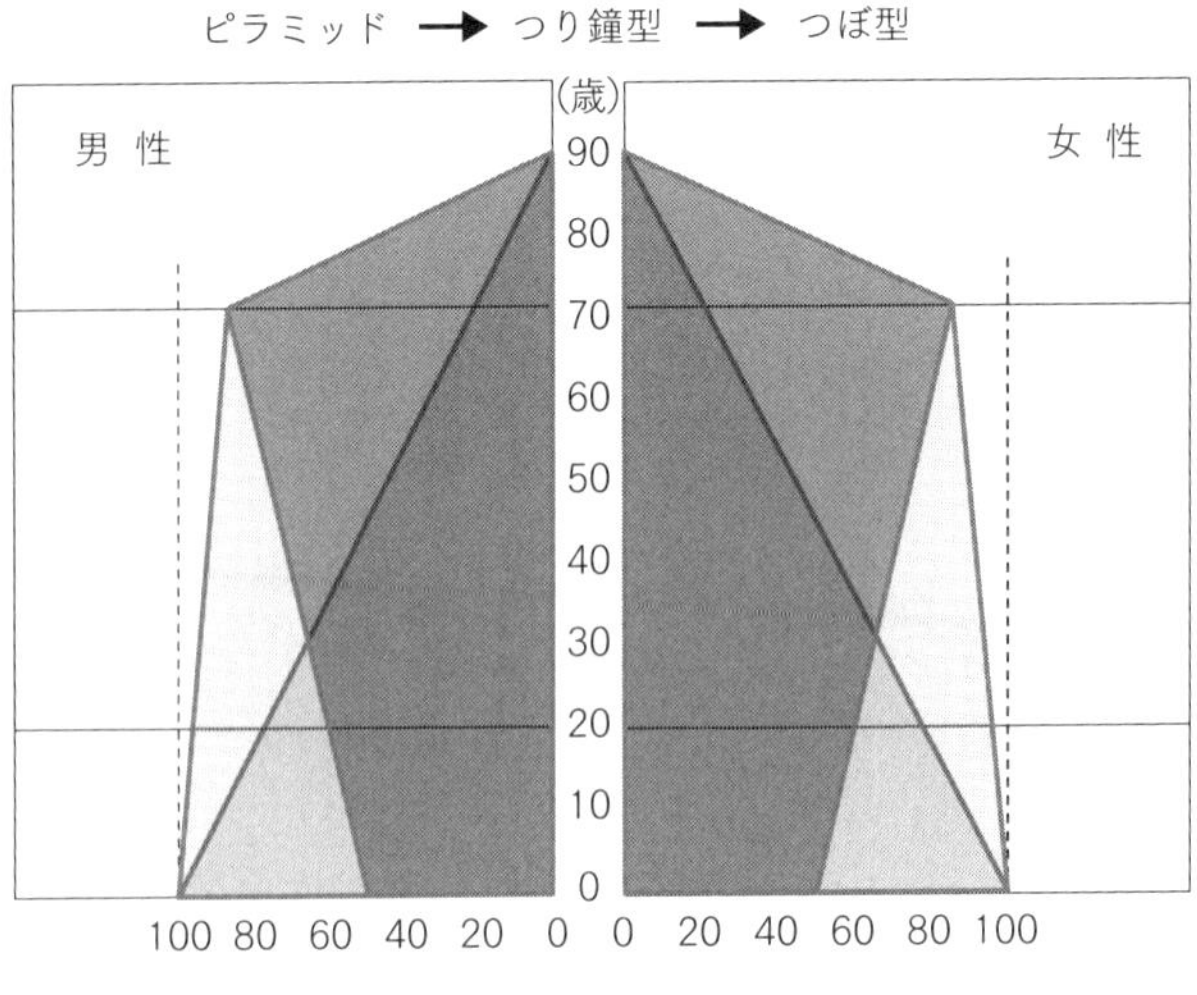

なってくるとともに、総人口も、かつて人数の多かった世代の高齢者が死亡するにつれて、減少していくことになる。

人口減少を食い止めるには、したがって、誕生する子どもの数を増やし、このグラフの底辺の幅を拡大していかなくてはならない。だが、それは容易ではないし、仮にその試みが奏効したとしても、実際に人口が増加し始めるまでにはかなりの時間を要し、それまでの間人口は減少し続ける。

◉少子化のメカニズム

ある年の人々の子どもの生み方を前提にして、一人の女性が生涯に生む子ども数の平均を表す指標をその年の「合計特殊出生率」と呼ぶ。現在ではこの数値が２・07のとき、親の世代と同数の子ども世代を残すことができ、人口規模を維持することができる。この数値を「人口置換水準」と呼び、合計特殊出生率がこの数値を下回る状態が続くと人口はやがて減少を始める。合計特殊出生率は、現在、１・45程度である。史上最も低かったのは２００５年であり、１・26であった。それが多少回復しているものの、さすがに２・07に達し、現在進行する人口減少が止まる可能性はいまのところきわめて少ない。

その理由は、**図１－５**に示されている。この図は、２０１０年と２０６０年の人口ピラミッドを重ねた図だが、図の右下の色の濃い部分に注目していただきたい。この部分は、20歳から39歳

図1-5　女性20～39歳人口の減少

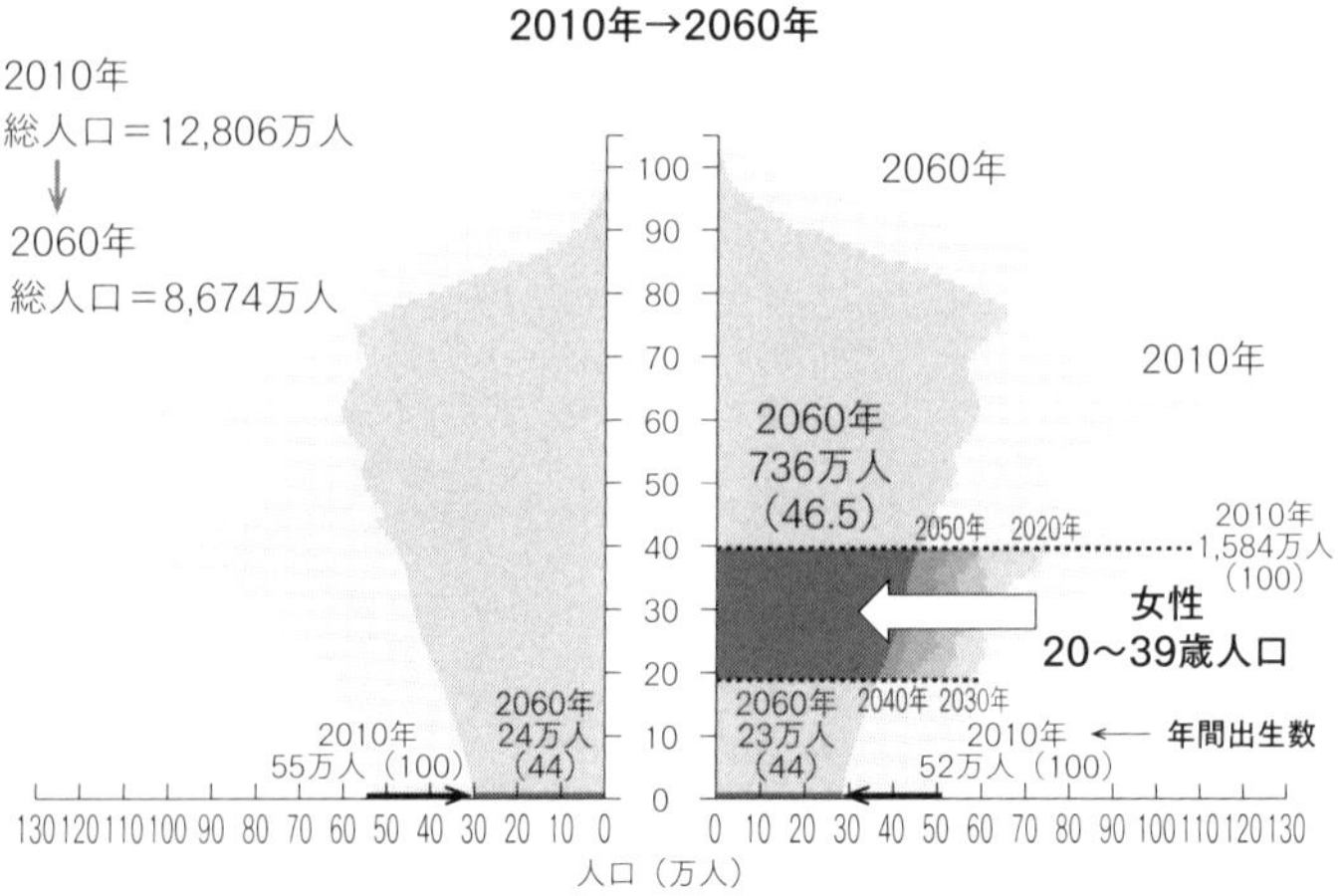

注：人口は総人口（外国人を含む）。年間出生数は「日本人」（人口動態統計と同定義）。
資料：国立社会保障・人口問題研究所「日本の将来推計人口」（平成24年1月推計［出生中位・死亡中位推計］）。

までの女性の数を表している。現在では、約95％の子どもがこの世代の女性から生まれる。したがって、合計特殊出生率が同一であっても、この世代の女性の数が減少するならば、生まれてくる子どもの数は減少する。

図から明らかなように、20～39歳の女性は50年間で46・5％まで減少する。これは、それまでの少子化の結果生じたことであり、少子化が続いているかぎり、その後も減少する。前述のように、合計特殊出生率が置換水準を大きく下回っていることから、減少速度は速く、それが、前述のように急激な人口減少をもたらすと考えられる。

この状態を改善し、人口減少を食い止める、あるいは減少速度を低下させるためには、当然、合計特殊出生率を上昇させなければならない。それには、さまざまな少子化対策を講じ、社会として子どもを生み、育てやすい環境を作らなくてはならないが、仮にそのような環境が作られたとしても、20歳の女性の数が親の世代と同規模に増えるまでには、最短でも20年はかかるのであり、その間、人口は減少し続けるのである。

したがって、人口減少を食い止めるためにいましなければならないことは、積極的な少子化対策とともに、多くの政策を、人口減少を前提にして策定することであろう。すなわち、それは、質を落とすことなく効率的な社会を築くために、多方面で効果的な「ダウンサイジング」を実施することにほかならない。あるいは、人口減少は回避できないとしても、社会の活力を維持し、質を高めていくために経済成長を達成することであろう。

4 経済成長と人口ボーナス

高齢化が惹起する課題を解決するために経済成長が期待されるが、人口の観点から見るかぎり、経済成長は容易ではない。歴史上、少子化が始まってしばらくの間、従属人口指数は低下するが、その後高齢化が進むにつれて上昇する。この従属人口が低下する現象を「人口ボーナス」と呼ぶが、多くの国で、経済成長は「人口ボーナス」の時期と重なる。

したがって、今後、これまでと同様の方法で経済を成長させることは容易ではなく、格段の生産性の向上が必要である。

◉人口ボーナス

経済成長を達成することによって、人口減少が惹起する課題を克服することができるはずであるし、そうすべきだという主張はしばしば耳にする。だが、それは可能なのか。そこで、人口と経済成長との関係を考察してみたい。

この論点については、**図1－6**を見ていただきたい。これは、生産年齢人口に対する年少人口と老年人口の和が占める比率を表したグラフである。この比率は、「従属人口指数」と呼ばれる。要するに、社会で富を作り出す生産年齢の人たちが、どれくらいの年少者と高齢者を支えているか、その比率を表している。

1940年以前は、すでに述べたように、人口構成はピラミッド型を示し、生産年齢の人たちは、多数の年少人口と少数の老年人口を支える状態であった。従属人口指数は60～70であり、10人の成人が子どもと高齢者を合わせて6～7人を養っていたといえよう。

それが、戦後の少子化の時代となり、子どもの数は減少してくる。他方、高齢者はそれまでの生産年齢人口によって決まることから、それまでと同様に少ない。その結果、年少者と高齢者の和である従属人口は少なくなり、従属人口指数は低下してくる。グラフを見ると、1950年頃

図1-6　人口ボーナスと人口オーナス：従属人口指数の長期推移

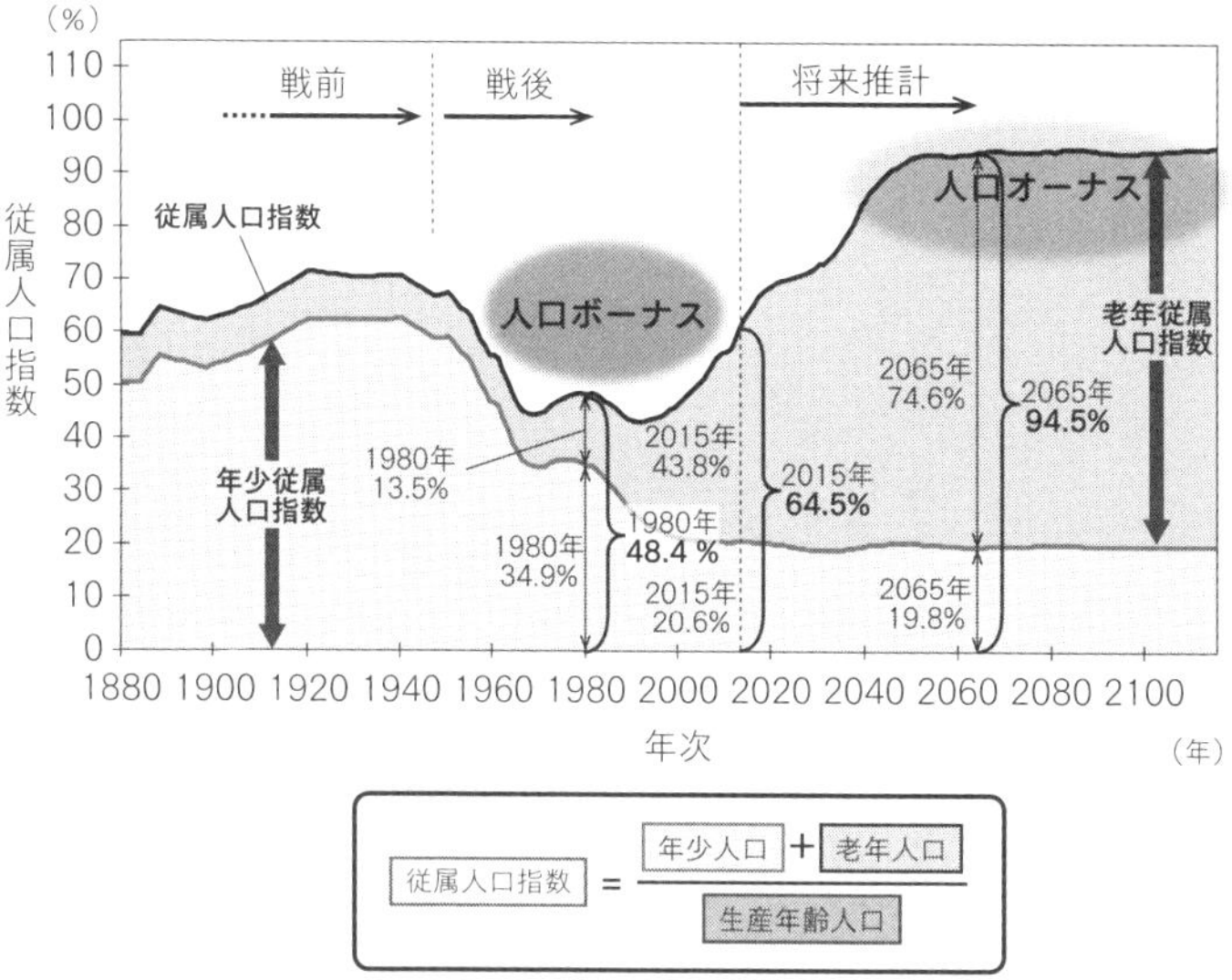

資料：旧内閣統計局推計、総務省統計局「国勢調査」「推計人口」、国立社会保障・人口問題研究所「日本の将来推計人口（平成29年推計）」[出生中位・死亡中位推計]。

から下がり始め、2000年頃まで50を下回るような低い状態が続く。

この間が「人口ボーナス」と呼ばれる時代であり、経済の高度成長期とほぼ重なる。より正確にいえば、従属人口指数が急速に下がる1950年代後半から73年までの経済成長率の平均が9・1%、その後、同指数が40〜50の状態が続く時期に重なる、バブル経済がはじける90年頃までの平均成長率が4・2%である。

しかし、時がたち、次第に社会の高齢化が進んでくると、それが従属人口の増加をもたらし、従属人口指数を引き上げてくる。そして、同指数が一定の水準に達すると、成長率も低下し、経済成長も終焉に向かう。2000年頃から、従属人口指数が上昇を始め、その後も上昇し、2050年以降90%を超え、100%に近い水準が続くと予想されている。この状態は「人口オーナス」と呼ばれる。

わが国では、バブル経済が終わり、成長が止まった1990年代以降、財政が悪化した。1990年以降の平均成長率は、1・0%である。2001年に成立した小泉内閣では、この状態を改善するため、経済財政諮問会議を使って財政再建をめざしたが、その効果は社会保障経費の増加によって打ち消された感が強い。それは、まさに「人口ボーナス」の終焉に伴う従属人口の増加によって説明できるであろう。

このように従属人口指数には「人口ボーナス」という谷が存在し、その前後の指数は高い。しかし、この谷の前と後の状態は、同様に従属人口指数が高いとはいえ、内容は同一ではない。「人口ボーナス」の前の時代には、従属人口の大半が年少人口、要するに若い世代の人口であった。他方、後の時代は、従属人口の多くを占めるのは高齢者である。このことから、前の時代において従属人口を支えることは、将来社会を支える人材への投資と解釈することもできるが、後の時代に関しては、そのような意味はない。

このように、人口構成の変化と経済成長との関係を理解することができるが、もちろん、経済成長は人口という要因だけで決まるものではない。だが、冒頭に述べたように、人口はほぼすべての政策の基礎となる数値である。生産年齢人口が減少し、高齢者の増加によって従属人口が増

図1-7　人口ボーナス・オーナス時期の国際比較

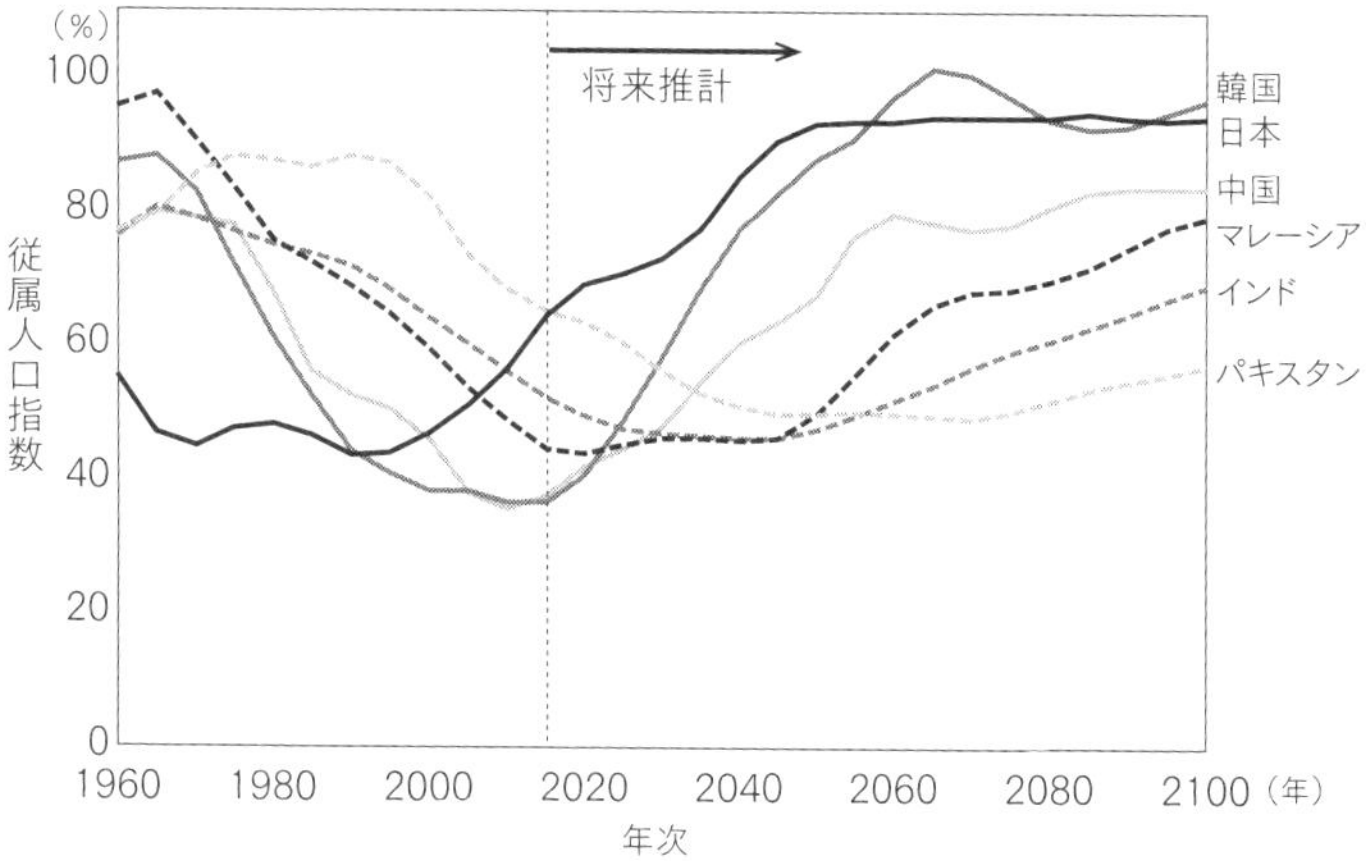

資料：United Nations (2017), *World Population Prospects: The 2017 Revision*, 国立社会保障・人口問題研究所「日本の将来推計人口（平成29年推計）」［出生中位・死亡中位推計］。

加するということは、飛躍的な技術革新などによって生産性が大幅に向上しないかぎり、経済成長にとってネガティブに作用するということである。

◉生産年齢人口の減少と社会保障負担

このような現象は、前述のように、期間や始まる時期は異なるとはいえ、多くの国に見られる。人口オーナスの段階に入った国は、現時点では、日本を含め欧州の一部の国だけだが、すでに少子化傾向が見られ、従属人口指数の低下が見られるアジアの多くの国も、遠からずわが国に追随することになろう。

図1－7に見られるように、日本以外のアジアの諸国は、少子化時代に入る時期が異なるため、従属人口指数が、人口ボーナスの谷の底に達した後で上昇を始める時期には至っ

図1-8　高齢化率の変化に要する年数：7%〜21%

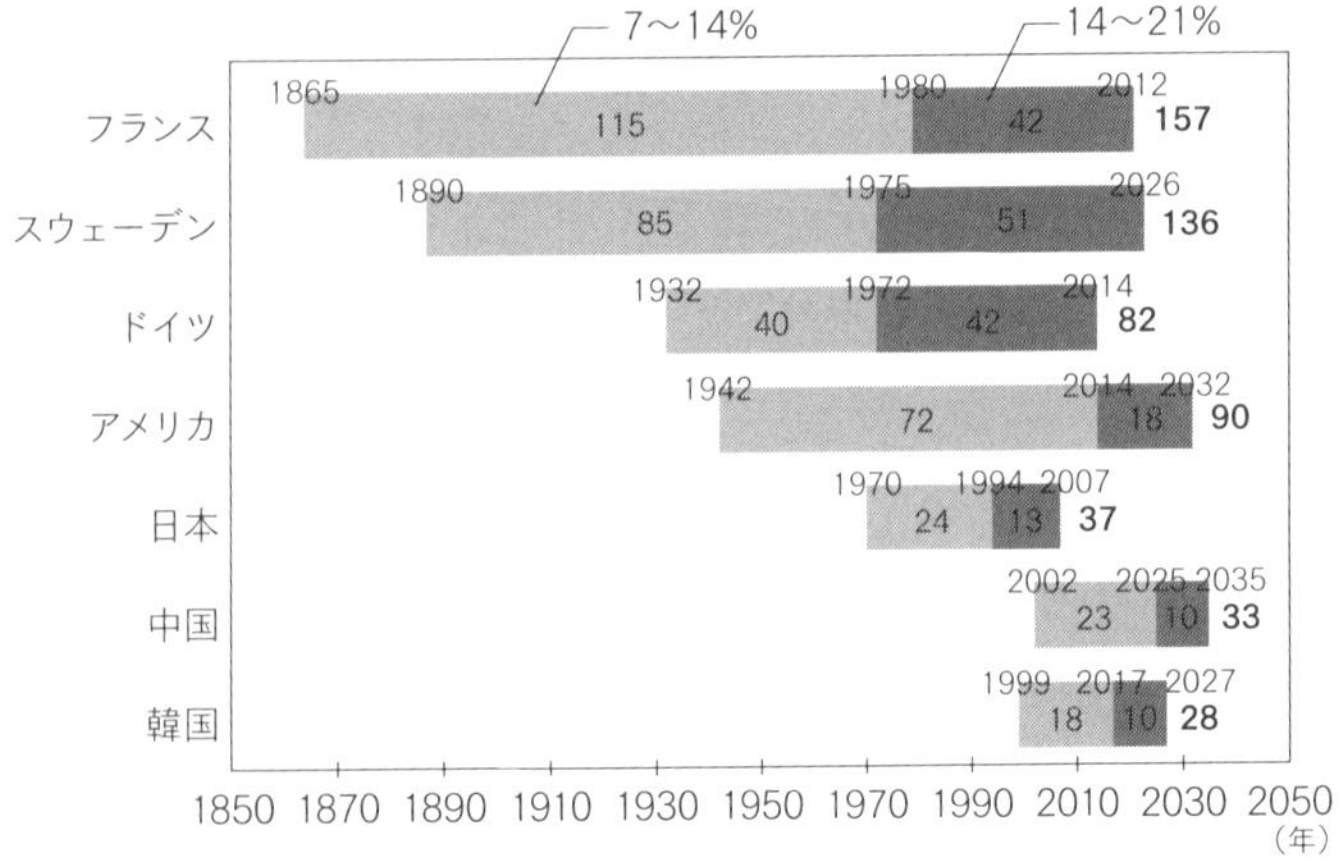

ていない。したがって、まだ経済の高度成長期にあるといえるが、いずれ高齢者数が増加し始めたとき、成長は鈍化し、その後は、社会保障の負担が財政に重くのしかかってくることになるだろう。

欧州の諸国は、日本を含むアジアの諸国よりも早くから高齢化が始まり、その後少子化も進んでおり、従属人口指数において、同様に谷が見られる。だが、アジアの諸国ほど問題状況は深刻ではないようである。

その理由を推測するならば、欧州の諸国も、少子化により従属人口指数が低下し始め、その後高齢化によって再び同指数の上昇が見られるが、低下の場合も上昇の場合も、その傾斜はアジアの諸国よりもより緩やかである。

このことを示したのが、**図1－8**である。このグラフは、それぞれの国で、何年に高齢化率が7％に達し、何年に14％、そして21％に達したか、あるいは達すると推計されているかを表したものである。

たとえば、わが国は、高齢化率が７％から14％まで上昇するのに24年、その後21％に上昇するまでに13年、合わせて37年かかっている。一方、フランスは高齢化率が７％から14％に達するまでに１１５年、21％に達するまでになんと１５７年かかっており、スウェーデンは、同様に85年、１３６年を要している。さらに、ドイツは、７％から14％までに40年、21％までに82年かかっている。

他方、韓国は、高齢化率が７％から14％まで上昇するのに18年、21％まで28年と推計されている。中国も、14％まで達するのに23年、21％まで33年である。中国の場合、人口規模が格段に大きいので、その影響は、国内のみならず世界に及ぶであろう。

このように、多くの国で21％に到達する時期はそれほど変わりないが、７％に達する時期は異なる。欧州諸国の場合、早く高齢化が始まり緩やかに進んだが、アジアの諸国は、遅れてスタートし、その後急速にキャッチアップしてきたといえよう。

こうした欧州とアジアの高齢化の速度の違いは、人口ボーナスの谷の形状の違いとなって表れる。すなわち、欧州の諸国では、谷の幅が広く、谷底への傾斜も谷底からの上昇も緩やかである。他方、アジアの諸国の場合は、谷の幅が狭く傾斜は急である。

したがって、欧州諸国の場合、社会の変化はゆっくりと起こり、国民の意識の改革にも、制度の改革にも時間をかけることができた。また、来たる高齢社会に備えて、将来の社会保障のための蓄積をすることもできた。しかし、アジアの諸国の場合、高齢化という社会の急激な変化に、制度も、国民の意識もついていくことができず、また蓄積も十分にできないといえるのではないだろうか。

わが国の場合、国民皆年金制度、医療の国民皆保険制度は、１９６１年にスタートした。その時点で、従属人口指数は、人口ボーナスの谷底にあり、高度経済成長の果実を享受しつつ、将来に備えて一定の蓄積もできた。しかし、その効果も長く続かず、当時の想定を超えるその後の高齢化によっていまの厳しい状態に陥っているといえよう。

人口高齢化において世界の先頭を進むわが国がこれからどのような状態になるのか。日本に続く多くの国、とくにアジアの諸国は、日本社会の変化と対応を、関心をもって見守っている。

5 都市と地方

人口変化のあり方は、地域によって異なる。首都圏をはじめとするいくつかの都市圏を除き、多くの地域でこれから人口は急速に減少する。各地で、人口減少を食い止めるための「地方創生」政策が推進されているが、総人口が減少することから、国全体としての人口の配分とそれを実現するための効率的な投資が必要である。今後首都圏では、急速かつ大規模な高齢化が進む。医療・介護などの社会保障サービスの整備と強化が急務である。

図1-9　2040年総人口指数：都道府県別（2010年＝100）

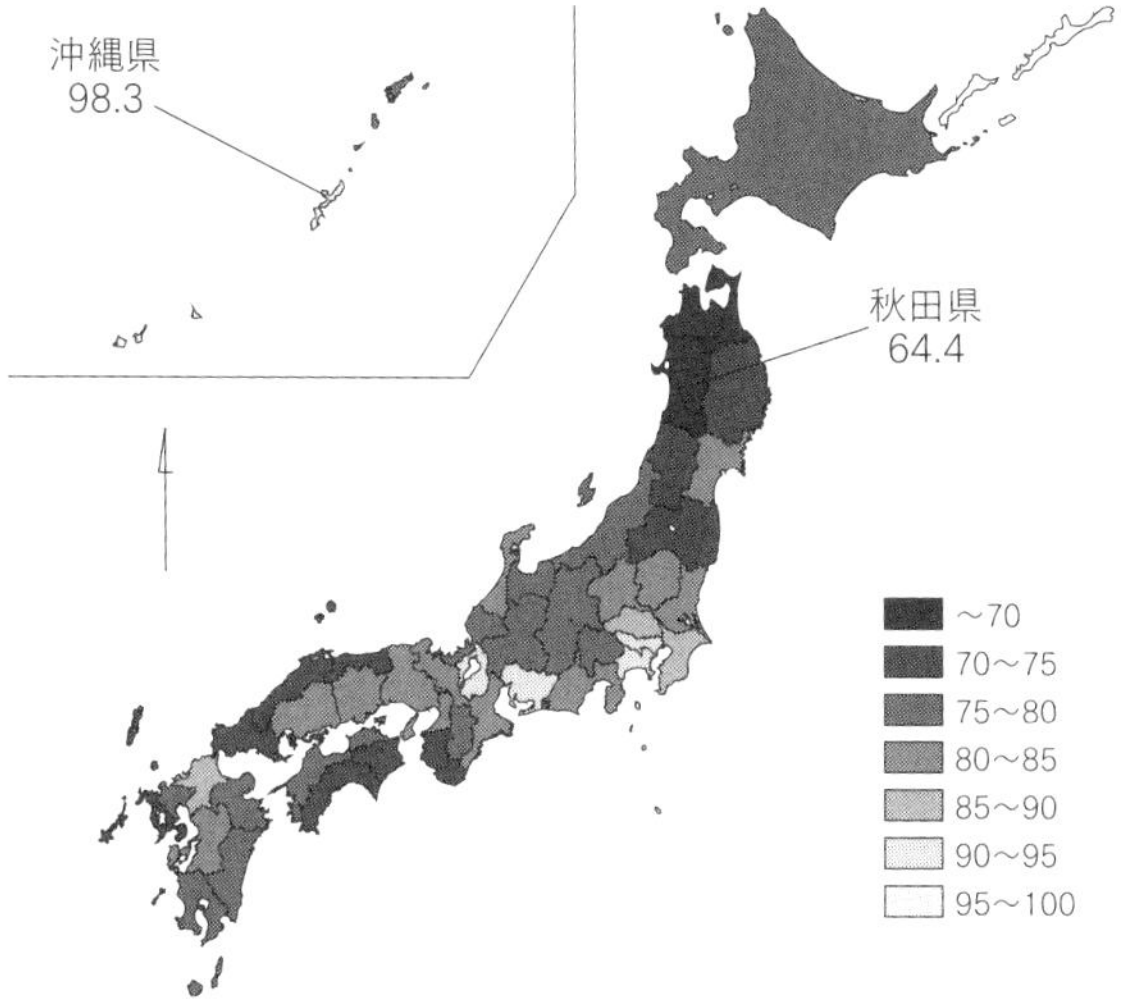

資料：総務省統計局「平成22年国勢調査」国立社会保障・人口問題研究所「日本の地域別将来推計人口（平成25年3月推計）」。

◉地域格差

これまでわが国の総体としての人口動態について述べてきたが、人口減少も少子高齢化も地域によって異なり、直面している課題も地域によって異なっている。

図1－9は、2010年を100としたときの2040年の人口を、都道府県別に示した図である。すべての都道府県で人口は減少しているが、減少の仕方は都道府県によって大いに異なる。最も減少すると予想されているのが秋田県であり、30年間でほぼ3分の2に減少する。続いて、青森、さらに島根、鳥取、山口、長崎、高知、徳島、和歌山などの減少幅が大きい。

他方、人口減少が少ないのが、沖

縄、東京、神奈川、愛知、滋賀であり、埼玉、千葉、福岡がそれに続く。沖縄を除いて、いずれも大都市ないし大都市圏である。これらの地域では、人口が減少するとはいえ、その幅は10％以内である。それ以外の地域では、北海道、東北、九州、中部地方の日本海側などの広い範囲で、15～25％減少する。

要するに、これからのわが国では、首都圏、中部圏以外のほぼすべての地域で大きく人口が減っていく。その結果、大都市圏を除く多くの地域で、経済が縮小し、地域社会が衰退していく可能性が高い。

地方の人口減少は、大都市圏への人口移動によるものであり、したがって、人口移動を抑制し、むしろ大都市圏から地方へ、人口、とくに若い世代の人口を引き戻す（Uターン）、あるいは移住を促す（Iターン）ことが必要であるといわれる。たしかに、まだ首都圏への人口流入による人口増加は続いているが、それもまもなく終わり、その後は、首都圏の都県も人口減少が進む。すなわち、わが国のすべての地域で、規模は異なるとはいえ、人口減少が進むのであり、「地方創生」政策などにより地方自治体の人口増加を図ることによって、人口が増える自治体が生まれたとしても、それは一部の自治体だけのことであり、そこが増えた分だけ他の地域の人口は減少する。要するに、総人口が増えるわけではないことから、人口の取り合いが生じるのである。

わが国の地域政策を考える場合には、このことを理解し、全国大のスケールで有効かつ効率的な人口の配置を進める政策を検討すべきである。さもなければ、全国的な地域の衰退と、非効率な投資が大規模に行われることになろう。

◉都市部の高齢化

総人口の地域格差について述べてきたが、これからの最大の地域的な課題といえるのは、都市圏の高齢化である。**図1－10**は、２０１０年と２０４０年の各都道府県の65歳以上人口を、２０４０年における65歳以上人口の多い順に並べたグラフと、それを地図上に示した図である。

一見して明らかなように、東京、神奈川、大阪、愛知、埼玉、千葉などの大都市圏の都府県で、高齢者が著しく増加する。とくに東京都では、この30年間に、65歳以上人口が２７０万人から４１０万人まで１４０万人以上増加する。同様に、神奈川で１００万人強、埼玉、千葉の両県もそれぞれ50万人以上増加し、首都圏の１都３県では、約４００万人もの増加が予想されている。

これは、１９６０〜70年代の高度経済成長期に、地方から首都圏に移り住んできた「団塊の世代」の人たちが歳をとり、高齢世代に入っていくからにほかならない。彼らは、都市圏に形成された工業地帯で働く労働力として、農村部から大量に移動してきた。そして、そのまま首都圏に住みつき、経済成長を支えてきた人たちである。

２０２５年には、彼らが全員75歳を超え、後期高齢世代に入る。その規模と、高齢化の速度は、これまでの他の地域での高齢化をはるかに上回るものであり、これらの人たちに対する対策も、従来の対策とは異なるものが要求されるといえよう。

図1-10　都市部の高齢化：都道府県別65歳以上人口の変化

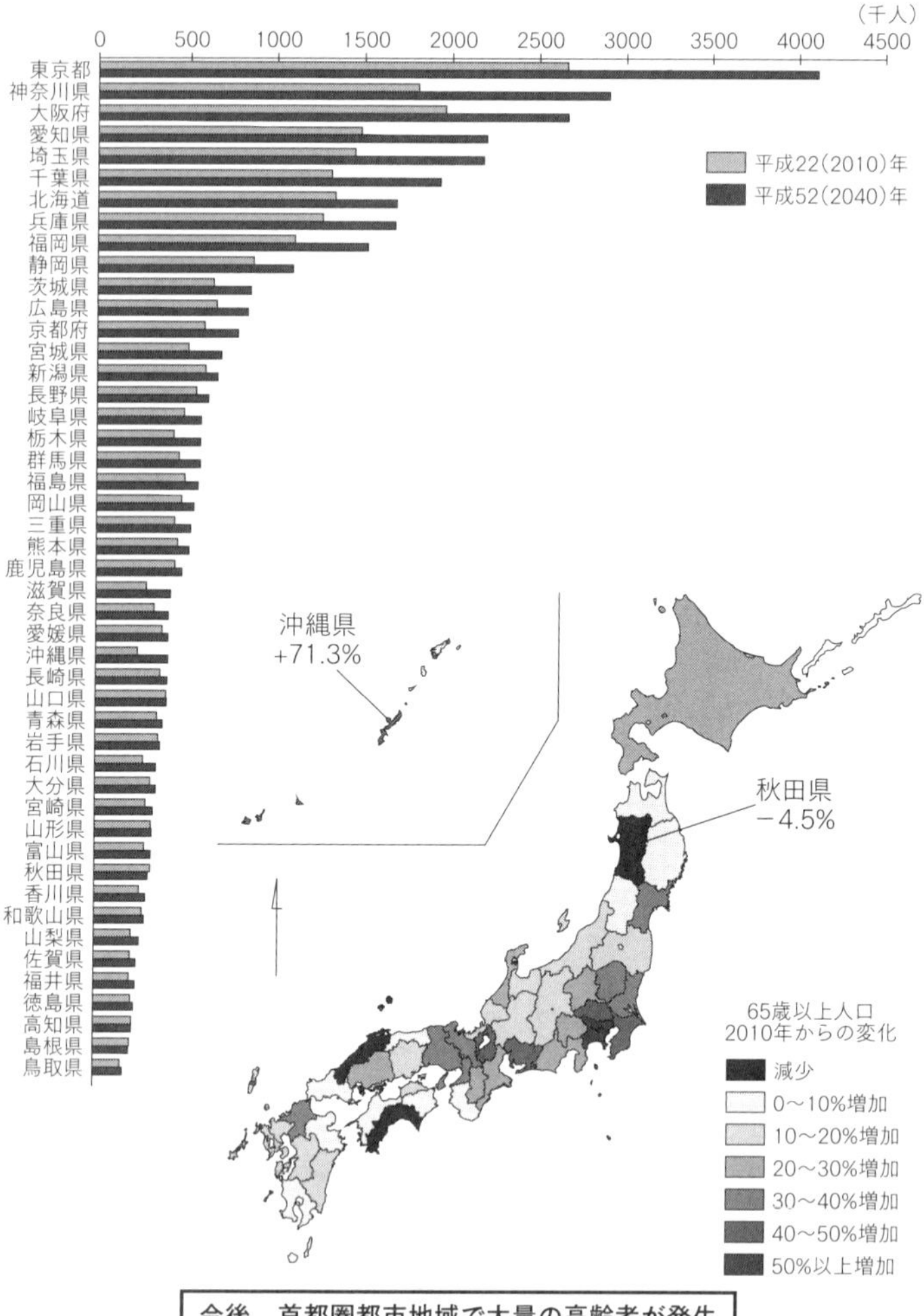

今後、首都圏都市地域で大量の高齢者が発生

この世代の人たちの多くは、大都市の郊外、首都圏でいえば、神奈川、埼玉、千葉、東京の西部の団地に住み、長い通勤時間をかけて通勤し都心の勤務先で働いてきた。そのため、居住地と勤務先が離れており、住んでいる地元コミュニティへの結びつきは弱い。高齢になったときに支えてくれる地域社会への帰属意識は乏しいのである。

さらにこれらの人たちの多くが、集合住宅ないし戸建ての団地に住んでいる。核家族が多く、高齢になったときには、単身あるいは老夫婦の世帯となる。したがって、介護においても家族を頼ることはできず、公的サポートが必要になる。今後、このような高齢者が首都圏で激増してくるのであり、そのうちの一定の割合で認知症が発生してくることを考えるならば、それに対する対策は焦眉の課題である。

このような高齢化が訪れる首都圏地域は、これまでは比較的若い世代の人口が多く、活力ある地域であり、わが国の他の地域を支えてきたということができる。そのため、人口当たりの高齢者向けの医療・介護施設などは相対的に少なく、今後、それらの施設やサービスが圧倒的に不足することが予想される。

また、これらの地域は、これまでわが国において生産性の高い、富を生み出す地域であった。この地域の自治体は、首都圏で働く住民が納める地方税によって比較的潤沢な財源を有していた。さらにいえば、彼らが納める所得税が他の地域へ交付税などによって配分され、農村部を支えてきたということができよう。

しかし、団塊の世代の人たちがリタイアし収入が減少すると、地域自治体の住民税収は減少する。これからの高齢化によってより多くの財源が必要となるときに税収が減少する可能性が高いということにほかならず、問題はより深刻である。

こうした状況に対処するには、地域だけではなく、国全体として課題を的確に把握し、広域的に効率的な資源配分を実現するような政策を策定し、強力に実施していかなくてはならない。それには、抵抗を排除してでも、合理的な政策を策定し実行することができる政治システムと強力なリーダーシップが必要である。

では、いまのわが国にそのような強力なリーダーシップを発揮できる政治システムは存在するのか、あるいは存在しうるのか。最後に、この点について考察することにしたい。

6　人口減少時代の政策決定

高齢化や財政難により、国民の間に不満や不安が高まっている状況下では、「負担の配分」を伴う合理的な政策決定は難しい。とくに、課題を非理性的に単純化し不満の解消をめざすポピュリズムの出現は、合理的な政策決定を困難にする。今後、人口の高齢化によって、有権者に占める高齢者の割合が増加する。しかも、それらの高齢者は、首都圏をはじめとする都市部に集中する。彼らの利益に反する政策は、いかにそれが合理的なものであっても、実現する可能性は少ない。

◉負担の配分

経済の高度成長期には、客観的には貧しくとも、将来の発展の可能性が予想できるがゆえに、国民は社会に満足し、さらなる発展が現在の不満を解決してくれることを期待する。このような時代には、経済が成長し、人口が増え、平均寿命が延び、社会保障も充実してくる。それは、経済成長の果実が着実に配分され、社会インフラの整備が目に見えるかたちで進んでいく時代である。

このような時代には、政治の役割は、もっぱら成長の果実の配分先と優先順位を決定することであったといえよう。公害などの環境問題が予期せぬ副産物として発生しても、それも成長の果実の優先的な配分によって、かなりの程度解決することが可能であった。

しかし、１９９０年、バブル経済が終焉を迎え成長が鈍化すると、それまでのように国民の期待は実現されなくなった。結果として、期待が満たされないことから生じる不満が、ときの政権や官僚機構に対し批判として向けられるようになる。１９９３年の自由民主党の政権の座からの転落が、そのような変化を象徴的に示している。

その後のわが国の政権は、国民の不満を解消し期待に応えることができる政策を策定しようとした。だが、環境変化が起こり、経済成長が止まり、右肩上がりの発展が期待できなくなり、課題解決に必要な配分原資が調達できない状態のもとで、多数の国民の期待に応え課題を解決するためには、それまで資源を配分してきた部分から資源を引き上げ、新たに必要としている部分に再配分するしかない。

しかし、既得利益化している配分枠を取り上げることに対する抵抗は強く、そうした政策が生み出す不満は政権の維持を危うくする。そのために、多くの政党は、そのような「負担の配分」を伴う政策を極力避け、既得利益には手を付けず、借金によって、すなわち国債の発行によって新たな配分原資を作り出そうとしてきた。

だが、借金をするにも限度がある。近年では、借金をしても容易に社会保障をはじめとする政策需要の増加に追いつくことができず、不満と将来への不安から、国民の政治に対する不信がますます高まりつつある。

このような「負担の配分」を国民に受け入れてもらい、資源の再配分を大胆に行うためには、合理的な政策の決定とそれを実施できる政治的リーダーシップが必要である。だが、合理的な政策のアイデアは作成できても、それを提示して選挙戦を戦うことは難しい。現状と将来に不満と不安をもつ有権者は、自己に負担を求める政策には強く反対するからである。

政党は、選挙で勝利し政権の座に就いて、はじめて自党の主張する政策を実現できる。しかし、選挙で勝利し、政権の座に就くためには、多数の有権者が支持する公約を掲げなくてはならない。

そして、多数の有権者が支持する公約とは、可能なかぎり「負担の配分」が少ない非合理的な政策である可能性が高い。このような政党のジレンマが、選挙戦において、ほぼすべての政党をして「低負担、高福祉」といったありえない政策の公約を主張せしめる状況を生み出しているといえよう。

◉ポピュリズム

そして、こうした状況を加速させているのが、国民の不満を短絡的に解消し、それによって支持を獲得しようとするポピュリズムの動きである。

現在の課題は複雑であり、その理解は専門家の間でも異なる。一般国民には、なぜ課題が発生するのか、そのメカニズムを理解することは容易ではない。しかし、理解が困難であるがゆえに、いっそう不満と不安は高まる。ポピュリズムとは、要するに、こうした不安の心理を煽り、単純な論理で不満の原因と責任者を示し、責任者の糾弾によって不満の原因を取り除くことを公約することによって、自己の主張への支持を集めようとする戦術である。わが国では、現状の不安と不満の原因がそれまでの行政体制にあるとし、その責任者たる官僚や官僚機構をバッシングすることで、政治家やマスメディアが国民の不満の解消を図ろうとしてきたことは否めない。

こうした戦術は、社会に不満と不安が高まっているときに効果がある。多数の国民が現状に満足し、将来に期待をもてる社会では効果は薄い。だが、現代では、このような国民の意識それ自体も操作の対象となりうる。

現代では、以前と異なり、社会の状態は多くのデータによって精緻に示される。貧困率然り、平均賃金然り、さらにはさまざまな集団の属性も客観的なデータによって示すことが可能である。そのため、それらのデータを手がかりとして、さまざまな不満を醸成することも可能である。

成功の機会が開かれている社会では、所得格差も克服すべき努力目標となりうるが、格差が継承され、それが差別に結びつく社会では、被差別者の差別者に対する不満と怒りを醸成する道具となりうる。虚偽の情報（フェイク・ニュース）を作ることは犯罪といえるが、客観的な情報のどれを取り上げ、どのように解釈するかは、情報伝達あるいは報道のテクニックの問題である。

今日の情報技術の発達によって作り出されたＳＮＳ（ソーシャルネットワークサービス）などの情報ツールは、こうした情報の選択、解釈、発信に、これまでになかった課題を生み出した。従来は、情報発信は、報道機関というプロフェッショナルによって行われた。それ自体、操作、煽動の可能性は否定できないとしても、それを受信した国民の側は信頼できる公式の情報として受け止めた。

それに対して、ＳＮＳなどは、不特定多数の国民が、個人的に自由に発信できる情報媒体である。それは、報道機関の発信する情報のウソを暴き、課題について公式報道とは異なる側面を明らかにすることができる。それとともに、多数の国民に呼びかけることによって、大きな運動を作り出すこともできるようになった。

この動員力は、既存の体制や既得利益の特権などを破壊する上では非常に大きな力を発揮するといえよう。だが、新たな体制を創出したり、国民に負担を求める政策に対しては、それを打ち壊す速攻的な力として作用することになりかねない。

世界各地で最近起こっている政治現象は、このような新しい情報媒体によって引き起こされている。この情報媒体をうまく使った政治家は権力を手に入れ、使いこなせなかった政治家は批判情報に翻弄されているといえよう。

◉シルバー・デモクラシー

やや話が脱線したが、高齢化、人口減少が進み、財政状況が厳しいわが国において、このような政治環境のもとで、財政破綻を避け、持続可能な社会を維持していくことは可能なのであろうか。

結論からいえば、それは非常に難しい。その理由は、現在の選挙制度と有権者の年齢構成にある。**表1−1**は、総人口に占める有権者の割合および有権者人口の年齢構成の変化を示したものである。２０１６年から新制度となっているのは、同年より投票できる年齢が20歳から18歳に引き下げられたことによる。

この表から明らかなように、１９６５年には、総人口に占める有権者、すなわち20歳以上の日本国籍を有する人口の比率は約63%であった。このとき、65歳以上の有権者は、有権者全体の

表1-1　意思決定構造の高齢化（1965〜2065年）

年次			総人口中の有権者割合	有権者人口（選挙年齢以上日本人）の年齢構成			
				有権者「青年」率（35歳未満）	有権者「壮年」率（35〜64歳）	有権者高齢化率（65歳以上）	後期高齢率（75歳以上）
実績	旧制度（20歳以上）	1965年	63.0%	**41.3%**	48.8%	**10.0%**	**3.0%**
		1990年	73.1%	**27.0%**	56.5%	**16.5%**	**6.6%**
		2010年	81.0%	**20.9%**	50.8%	**28.3%**	**13.6%**
将来推計		2016年	81.6%	18.4%	48.3%	33.3%	16.3%
	新制度（18歳以上）		83.5%	**20.3%**	47.2%	**32.5%**	**15.9%**
		2040年	84.3%	**17.7%**	40.8%	**41.5%**	**23.8%**
		2065年	83.2%	**16.9%**	38.4%	**44.7%**	**30.0%**

注：有権者割合：総人口に占める規定年齢以上日本人人口の割合とその年齢層別構成比。有権者「青年」率：有権者総数に占める35歳未満の有権者数の割合、有権者「壮年」率：有権者総数に占める35〜64歳の有権者数の割合、有権者高齢化率：有権者総数に占める65歳以上の有権者数の割合、有権者後期高齢率：有権者総数に占める75歳以上の有権者数の割合。旧制度：各年10月1日20歳以上の日本人を有権者として計算、新制度：各年10月1日18歳以上の日本人を有権者として計算。
資料：1955〜2010年：総務省統計局「国勢調査」、2016〜2060年：日本の将来推計人口（平成29年推計）［出生中位・死亡中位推計］より推計。

10・0%にすぎず、高齢者が政権の選択に与える影響は限られていた。この時代には、長生きした高齢者を尊び、高齢者を他の世代の人たちが支える余裕も十分にあったといえよう。

それが、１９９０年、２０１０年と高齢化が進むとともに、65歳以上の高齢者が有権者に占める比率が高くなってくる。１９９０年で16・5%、２０１０年には28・3%に達する。他方で少子化も進むため、総人口中の有権者の比率も、73・1%、81・0%と上がってきている。

そして、65歳以上人口が有権者に占める比率は、２０１６年に

33・3％、投票年齢が18歳に引き下げられた場合でも32・5％と、ほぼ3分の1が高齢者である。この数字は、2040年に41・5％、2065年には44・7％まで上昇すると推計されている。2065年には、半数に近い有権者が65歳以上となり、75歳以上の有権者が、全有権者の3割を占めるようになる。

さらにいえば、投票率は、近年では圧倒的に高齢者のほうが高い。最近の国政選挙では、20代の投票率は大体50％前後であるが、年齢の上昇とともに上がっていき、50代の半ばを過ぎると80％に達する。80代になると低下するが、それでも高齢世代およびその予備軍の投票率は、若い世代のそれと比べてはるかに高い。この有権者に占める高齢者の比率と投票率を掛け合わせたものが、実際の投票数であるから、あえて述べるまでもなく、選挙においては高齢者の投票数が圧倒的に多数を占める。

政権の座を狙い、あるいは維持しようとする政党は、選挙において、当然、議席の最大化を追求し、そのために多数の得票が得られるような、すなわち人口のうち多数の集団の利益に沿うような公約を掲げて選挙戦を戦う。これは議席最大化をめざす政党としては、きわめて合理的な行動である。

現在の政治的対立軸は、かつてのようにイデオロギーではなく、単純化すれば、第一に所得の多寡、すなわち貧富の対立、第二に都市と地方、そして第三に世代間、すなわち高齢世代と若年世代の対立である。いずれも社会が生み出す富の分配をめぐって利益が対立する関係にある。

この対立軸を、上述の有権者の年齢構成に重ねてみれば、明らかに高齢者の利益に沿う政策が多くの支持を集めることができるということになる。所得の格差に関しては、これも将来の生活に不安を抱いている高齢者層の利益を優先することが選択されよう。

また、上述した高齢者の地域における分布を考えるならば、そのターゲットは、これから高齢者が急増する大都市圏の、とくにその郊外に住む非常に多数の高齢者であり、彼らの利益に焦点を合わせた政策を提案することが、選挙において有利になる。

さらに、現在、最高裁の判例によって一票の価値の格差の是正が強く求められている状況下では、人口が急速に減少する地方農村部の代表性はますます低下する。他方、都市部の利益は相対的により強く代表されるようになる。それが、これからのわが国にとって望ましいことなのか否かは、十分に検討されるべきである。

7　むすび

この章では、わが国の人口の変化について述べ、それがもたらす政策決定の課題について論じてきた。結論をいえば、現状の少子高齢化、人口減少を短期的に食い止めることは困難であり、このような半ば必然的な変化を前提として、これからのわが国の姿を考えていかなければならない。

次章以下で論じられるように、これからのわが国の社会の持続可能性を確保しようとするならば、危機的な状態にある財政の改善は不可避である。それには、国民が社会保障を含む公的サービスの削減と増税などによる負担増を受け入れることが必要であるが、それは国民に大きな負担を強いるものである。

現在の経済学の研究成果を踏まえて、まず合理的な政策を立案すべきである。だが、それを政治過程に乗せて実際に制度化し、実施することは容易ではない。現状では、第6節で述べたように、圧倒的に政治的影響力をもつ高齢者層が受け入れる政策でないかぎり、それが実現する可能性はきわめて小さいと考えられるからである。

これからの社会に不安をもつ多数の高齢者は、当然、社会保障サービスの削減には反対する。現在の社会保障は現在の勤労世代の人たち、そして将来の世代が負担するが、そのことを理解していたとしても、高齢者が負担を受け入れる可能性は非常に少ないであろう。

この状況を突破するには、これからの政権を担う政党や政治家に、国民を、中でも高齢者層を説得し、高齢者に負担を受け入れてもらう努力をすることを期待するしかないが、選挙での敗北のリスクを冒してまで、そのような説得を行うことを、はたして政治家に期待できるであろうか。

結局、この「猫の首にどうやって鈴をつけるか」という問題に対する解答が見いだせないかぎり、この状態から脱出できる途はありえない。もはや回復できない状態になって、はじめて熱さに気づく「ゆでガエル」にならないようにするためには、何が可能なのか。それとも一度危機に陥らなくては、課題の深刻さに多くの国民が気づくことはないのだろうか。

絶望からの脱出の途は容易に見いだせないだろうが、まだわが国は大丈夫という根拠のない楽観論は捨てるべきであろう。少子高齢化、人口減少の動きは、われわれが想定しているよりも急速に進む。ゆっくりと長期的な対策を考えている時間的余裕はない。いまは、冷静に現実を見つめて、その状態を改善するために可能な選択肢を探ること、何よりもそのような努力をすることが必要である。

※本文中の図は、国立社会保障・人口問題研究所作成のものを利用した。本章の執筆にあたっては、国立社会保障・人口問題研究所副所長の金子隆一氏に資料提供および助言をいただいた。この場を借りて心より感謝したい。

第 2 章

財政破綻時のトリアージ

佐藤主光　一橋大学教授
小林庸平　三菱UFJリサーチ&コンサルティング　主任研究員
小黒一正　法政大学教授

日本は財政破綻するだろうか？　ここで「破綻」とは、政府が資金繰りに窮する、具体的には債務の返済原資の調達・資金の借り入れが難しくなる状況を指す。国と地方の債務はすでに1000兆円（国内総生産の2倍）を超え、国だけでも毎年、新規・借り換えを含めて140兆円余りの国債を発行している。なんらかの「きっかけ」で国債に対する投資家の信認が揺らいで金利が上昇に転じれば、公債費が増加して、財政は一気に悪化するリスクがある。

とはいえ、国民の間で財政への危機感は希薄なのが現状だ。「国債のパラドックス」と称されるように債務残高が増え続けているにもかかわらず、国債金利は低水準で推移してきた。財政破綻など「危機感を煽る」ことはかえって国民を不安にさせ、（消費を低迷させるなど）景気にマイナスになるとの批判も少なくない。しかし、人口減少や高齢化といった「構造問題」を抱えたわが国の財政は確実に持続可能ではない。Xデー（財政破綻）は確実に迫っている。

本章では危機（破綻）を回避する事前の財政再建を「最善」としつつ、破綻した事後の対応策を論じる。このとき政府の選択肢は限られる。結局、増税のほか、大幅な歳出削減といった厳しい財政再建を迫られるだろう。そのとき、歳出面において何を残し、何をカットするかをあらかじめ決めておく「トリアージ」が必須となろう。

危機後の対応を、①歳出の執行停止・先送りなど直後の対応、②歳出削減を含む「止血措置」、③財政赤字を作らない体質（構造）への転換に向けた「構造改革」に区別したうえで、本章では最初の二つについて考えていく。あわせて歳出のトリアージの試算を提示する。

1 はじめに

本節では「財政破綻」とは何かについて説明する。企業の破綻とは異なり国は消滅することはない。他方、（企業再生にあたる）厳しい財政再建を迫られることになる。社会保障など現行のサービス水準を現行の税負担でもって続けていくことができない、財政が持続可能ではないという意味で、わが国は「潜在的」には破綻に近い状態にあるともいえるだろう。

国が財政破綻するときいても、あまり現実味を感じないかもしれない。ここで「破綻」は、きっかけが何であれ政府（国）の資金繰りが困難になる状況を指す。実際、国・地方自治体の債務が既に1000兆円を超えており、国内総生産（GDP）の2倍以上になっている。公的債務の対GDP比は上昇し続けており、今後とも高齢化の進展に伴い年金など社会保障給付の増加が見込まれることから、財政への見通しは決して明るくない。では、本当に日本は財政破綻するのだろうか？

その答えは破綻の「定義」に拠る。国が財政危機に陥っても、民間企業のように清算されて消滅したり、売却されたりすることはない。アジア通貨危機（1997年）のインドネシアや韓国、欧州財政危機（2010年）の折のギリシャやアイルランドのように、国際通貨基金などから財政支援の見返りに厳しい歳出削減や構造改革を迫られることはあっても国家としての主権（独立性）が半永久的に失われることはない。財政破綻＝国家の消滅というのであれば財政破綻はない。民間企業との比較でいえば、財政危機後の措置は国（政府）の存続を前提にした「事業再生」にあたる。この事業再生を通じて求められるのは、財政再建による財政赤字の解消と債務の返済である。

無論、（国・地方合わせて）1000兆円を超えた借金を短期間に完済すべきというわけではない。財政再建で要請されるのは公的債務の増加に歯止めをかけることだ。債務の規模（対GDP比）を経済の「身の丈」に合う水準に抑える。寿命に限りのある個人とは異なり、一般に（革命によって体制が根本から変わる可能性は否めないが）国家は永続することを前提にしてもかまわない。よって現在の収支が赤字でも将来の黒字によって借金返済の原資を捻出できれば、長期的には収支の帳尻が合うだろう。正確にいえば、遠い将来（たとえば、100年超）に債務が残っていても（完済できていなくても）、その「現在価値」がゼロであればよい。経済学ではこれを「横断性条件」と呼ぶ。このとき、政府の長期の財政収支は次のように与えられることになる。

国債残高（名目額）／今期の物価水準
＝Σ将来にわたる基礎的財政収支（実質ベース）の現在割引価値

ここで基礎的財政収支は、今期の収入（税収など）と今期の（公共投資を含む）公共サービス支出の差額に等しい。同収支が赤字なら借金の増加、黒字なら借金の返済資金の捻出となる。当然、赤字を垂れ流し続けてよいわけではない。いずれ歳出カットや増税を含む「帳尻合わせ」を迫られることになるだろう。このとき、将来にわたって現在と同じ税負担でもって同水準の公共サービスを提供し続けることができないという意味で、財政は「持続可能」ではない。将来の財政再建（帳尻合わせ）を見越せば、財政は持続可能というならば、それは持続の意味を無原則に広げたレトリックにすぎない。

内閣府の「中長期の経済財政に関する試算」によれば、国・地方を合わせた基礎的財政収支は

表2-1　二つの財政破綻

	構造的財政破綻	突発的財政破綻
性格	**潜在的破綻**状態	構造的財政破綻の**顕在化**
要因	政府の長期的財政収支が均衡しない	国債需要の低迷＝札割れ（国債への信認低下）
帰結	現行の公共サービス、税率は長期的には持続不能⇒財政再建は不可避	政府が資金調達（国債などの借り入れ）に窮する⇒借金の返済・公共サービス提供が困難に
民間企業との類似性	企業価値がマイナス？ ✓債務超過	キャッシュフロー不足による倒産 ✓黒字倒産を含む

アベノミクスが成功する「成長実現ケース」においても2020年度で10・8兆円の赤字が残る。黒字に転じるのは2027年度以降となる。ただし、これは将来にわたって高い成長率（実質2・1％）が続くという楽観的なシナリオによる。

他方、経済が現行の成長率で推移する「ベースライン・ケース」では、当面黒字化は見込めない。「ワニの口」と揶揄されるように、支出と収入、税収の乖離はなかなか縮まりそうにない。現行の財政が持続しない＝財政破綻というならば、ベースライン・ケースを前提にしたとき、少なくとも「潜在（構造）的」にはわが国の財政は破綻的な状況にあるともいえる。仮にギリシャなどのような財政危機に陥るとすれば、この潜在的な破綻が「顕在化」した結果である。

2　なぜ財政再建が進まないのか？

本節では財政再建が進まない背景として、成長への「楽観的な観測」や「物価の財政理論（FTPL）」など財政再建の奇策を取り上げる。これらは正しい処方箋というよりも、「痛みのある財政再建」を避けるための対抗策になっている面が否めない。

◉成長への期待

そういっても、財政再建自体を疑問視する向きは少なくない。いま歳出削減や増税など「痛み」を伴う改革をしなくても財政は自ずと健全化するという。以下で述べるようにその理由としては、①持続的な高成長への期待、②インフレによる債務負担の圧縮、③金融政策による帳尻合わせが挙げられよう。成長への期待から始めよう。

政府は基礎的財政収支の黒字化と合わせて、国債残高対GDP比を安定的に低めることを財政再建の目標に掲げてきた。債務が経済の「身の丈」を超えて拡大しないということだ。具体的には、分子＝国債残高の増加率が、分母＝経済の成長率を上回らない状態を指す。結論だけをいえば、毎期の基礎的財政収支、金利、成長率を一定（マクロ経済学でいう「定常状態」にある）とすれば、収支の帳尻が合うという意味で財政の持続可能性と国債残高対GDP比が一定にとどまることは同義であり、前者は以下のように書き換えられる。これを「ドーマー条件」という。

基礎的財政黒字（対GDP比）＝（成長率－金利）×国債残高（対GDP比）

直感的にいえば、国債残高の増加率は、①国債の金利水準に応じて高くなり、②基礎的財政収支が改善すれば低くなる。金利が高ければ利払い費が嵩み、借金（既発債の元利償還）を借金（新規の国債発行）で返す状態に陥りやすい。

結果、財政の持続可能性（＝国債残高対GDP比が安定的）を満たすには、①成長率が金利に比して高い、あるいは②基礎的財政収支が十分に黒字でなければならない。成長率＜金利ならば基礎的財政収支の黒字幅を拡大させなければならない。他方、成長率＞金利の関係が持続的に成り立つならば基礎的財政収支は（極端に大きくなければ）赤字でもかまわない。

このため積極財政論者は日本銀行の金融緩和で金利が低いうちに大規模な財政出動（経済対策）で成長率を上げれば、赤字が残っても財政は持続可能と主張する。

こうした主張の前提にあるのは「複数均衡」という認識だ。ここで経済は「良い均衡」と「悪い均衡」に区別される。良い均衡では成長が高く、企業や家計は将来に対して楽観的な見通しをもつ。楽観的だから投資や消費も高水準でこれが高い成長を支える原動力になる。無論、前提条件は（ケインズ流の）需要が経済を主導するという認識だ。高成長が続くため楽観的な期待も持続する。

他方、悪い均衡では人々の見通しは暗い。そのため投資も消費も伸びず、経済が需要不足に陥る。デフレはその結果である。このとき大胆な財政出動は「カンフル剤」となって彼らの期待を変える。所詮、景気は水もの、いったん景気が良くなれば、経済は良い均衡にジャンプするにちがいない。「病は気から」ともいう。気＝期待が高まれば病＝低成長も自ずと治る。つまり、経済は長期的な成長軌道に乗ることができるわけだ。

「日本経済が低迷したのは構造的な問題ではなく、運が悪かった＝悪い均衡に陥ったからにすぎない。再び高い成長を実現することは自律的に可能だ」――これが景気回復＝経済成長を唱える論者のもつ経済観である。

日本は１９６０年代、70年代に輝かしい成長を成し遂げ、80年代には「ジャパン・アズ・ナンバーワン」だった記憶が残っているため、いまだに高い成長は実現可能という思いもあるのだろう。過去の成功体験を乗り越えられず、そうあってほしいから、そうなるにちがいないという希望的観測が国民の間では強いようである。他方、筆者らを含め構造改革を唱える論者は良い均衡の存在に懐疑的だ。むしろ、現状＝悪い均衡を日本経済の実力と捉える。

実際、少子高齢化などから、わが国の潜在的成長率は１％に届かないと試算される。内閣府の試算の「成長実現ケース」では潜在成長率を２・１％と置いているが、これは実績ではなく目標にすぎない。目標を掲げることと、これを実現することは別である。とすれば、成長率が金利を

図2-1　財政ギャンブル失敗の確率

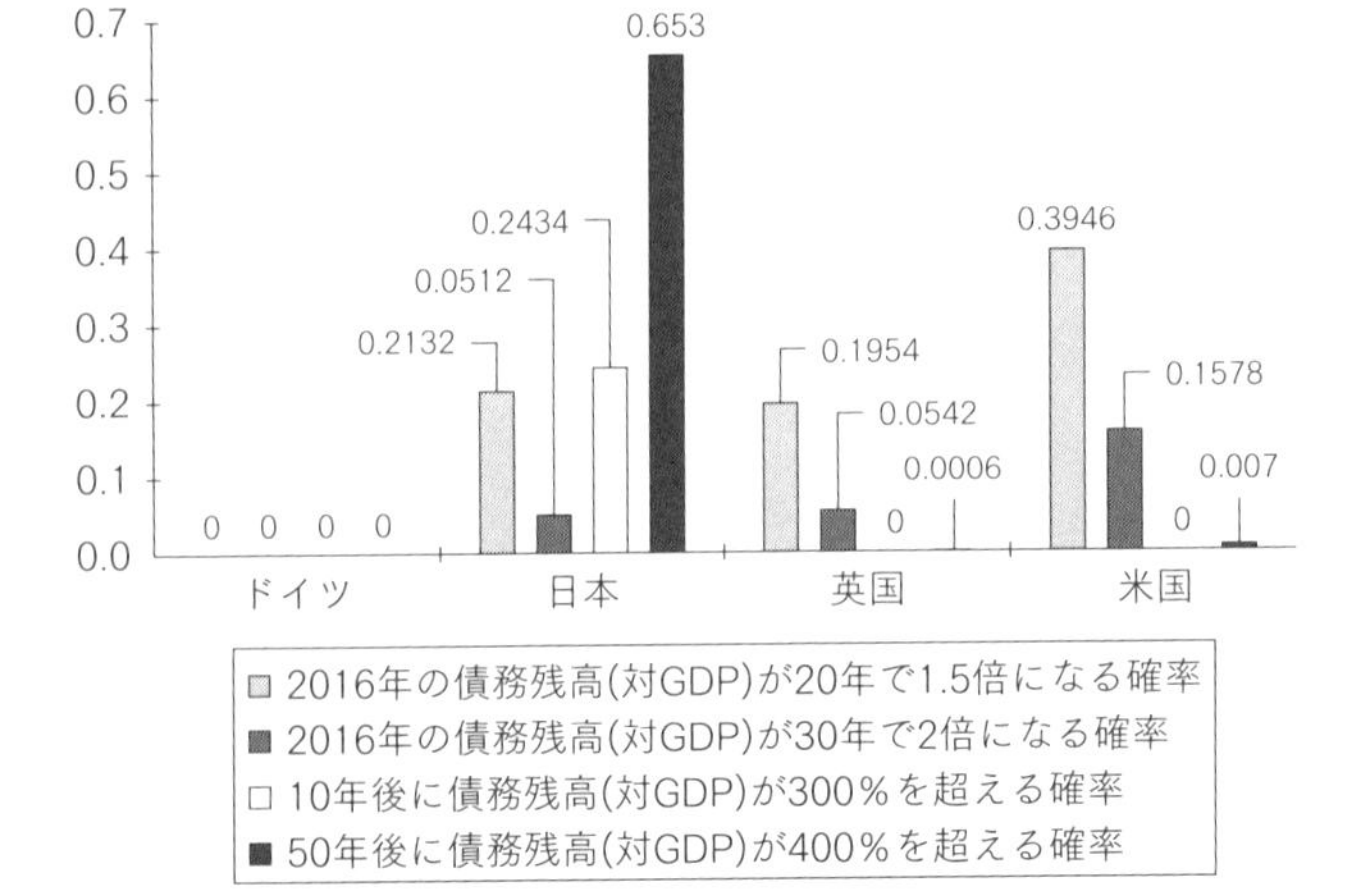

注1：2016年の4ヵ国（日本、米国、英国、ドイツ）の基礎的財政収支（対GDP)、債務残高（対GDP）を所与とする。
注2：財政赤字ギャンブル失敗確率の推計（5000本のモンテカルロ・シミュレーション）はBall, Elmendorf, and Mankiw（1995）"The Deficit Gamble"（NBER）のモデルに従う。

上回るような高水準で長く推移することは現実味が乏しく、これに賭けるのはギャンブルに等しい。

実際、高成長と低金利の持続という「財政ギャンブル」は危うい。図２－１はBall, Elmendorf, and Mankiw (1995)のモデルに基づいたモンテカルロ・シミュレーションにより２０１６年の債務残高が将来的に抑制できない確率を試算している。

たとえば、わが国において10年後に債務残高がＧＤＰ（国内総生産）の３倍になる確率は24％余りであるが、他国はほぼゼロにとどまる。50年後に債務残高が対ＧＤＰ比４００％に至る確率も、わが国が65％と突出している。他国に比しても債務残高（対ＧＤＰ比）が増加するという意味で「失敗」する確率はきわめて高いことがうかがえる。
その理由としては、他の先進国と比較して、もともと債務残高（対ＧＤＰ）および２０１６年時点の基礎的財政収支赤字（対ＧＤＰ）が大きいことが挙げられる。シミュレーションでは２０１６年以降で赤字一定という仮定をおいているが、高齢化の進展で何も改革しなければ、さらに拡大して失敗確率を高めることが見込まれる。

column

内閣府「中長期の経済財政に関する試算」

２０１８年1月23日の経済財政諮問会議において、内閣府は「中長期の経済財政に関する試算」（以下「中長期試算」という）を公表しているが、内閣府の試算では２０２７年度までの予測しか提供しておらず、その先の予測は公表していない。

しかし、将来の債務残高（対ＧＤＰ）の行き先を評価する「ドーマーの命題」を知っていれば、一定の条件のもとでわれわれは予測できる。ドーマーの命題とは、「名目ＧＤＰ成長率が一定の経済で、財政赤字を出し続けても、財政赤字（対ＧＤＰ）を一定に保てば、債務残高（対ＧＤＰ）は一定値に収束する」というもので、財政赤字（対ＧＤＰ）をｑ、名目ＧＤＰ成長率をｎ（プラスの値）とするとき、債務残高（対ＧＤＰ）の収束値は初期時点の債務残高（対ＧＤＰ）には依存せず、「債務残高（対ＧＤＰ）の収束値」は「ｑ／ｎ」となるというものだ。つまり、財政赤字（対ＧＤＰ）と名目ＧＤＰ成長率という二つの情報を、中長期試算から読み取ればよい。たとえば、財政赤字（対ＧＤＰ）がｑ＝３％かつ、名目ＧＤＰ成長率がｎ＝２％のとき、「ｑ／

n＝1・5」だから、債務残高（対GDP）の収束値は150％となる。

では、少子高齢化や人口減少が進む現実の日本経済において、この「ドーマーの命題」を適用すると、将来の債務残高（対GDP）の行き先をどう評価できるだろうか。内閣府が今回公表した中長期試算では、慎重かつ現実的な成長を前提とするベースライン・ケースで、2027年度頃の財政赤字（対GDP）が3・3％、名目GDP成長率が1・7％であるから、それ以降の財政赤字や名目成長率が概ねこの値だとすると、債務残高（対GDP）の収束値は194％と試算できる。

同様の手法で、前回の中長期試算（名目GDP成長率＝1・2％、財政赤字［対GDP］＝4・4％）から、ベースライン・ケースの債務残高（対GDP）の収束値を計算すると、それは約370％であったので、収束値が大幅に改善した可能性を意味するが、その主因としては名目GDP成長率の上方修正などの影響が大きい。

内閣府の国民経済計算データによると、2000年度から2016年度までの名目GDP成長率の平均は0・2％であり、財政赤字（対GDP）が3・3％とすると、債務残高（対GDP）の収束値は1650％になる。通常、このような債務残高（対GDP）の水準まで到達する前に、財政が持続不可能に陥ってしまう可能性も否定できない。

成長が重要なのは当然だが、成長戦略にも限界がある場合、財政の持続可能性を確保するためには、（財政赤字［対GDP］をゼロにする必要はないものの）赤字幅を一定水準まで縮小する必要があることを意味する。

◉物価の財政理論

成長に代えてインフレによって財政再建が実現可能として注目を集めたのが「物価の財政理論」（Fiscal Theory of Price Level：FTPL）である。

従前、インフレ・デフレは「貨幣的な現象」であり、よって金融政策が貨幣供給量を通じて影響するものと考えられてきた。古典的な貨幣数量説によれば、物価は貨幣供給量に比例する。であればこそ、旧アベノミクスの第一の矢＝異次元の金融緩和（「質的・量的金融緩和」）が脱デフレの切り札として期待されたのである。その後のマイナス金利の導入や「長短金利操作付き量的・質的金融緩和」（長期金利にゼロ％程度の誘導目標）も金融政策を通じた物価引き上げの試みであった。ＦＴＰＬの特徴は物価「水準」の決定を貨幣的現象ではなく、財政政策に求めるところにある。ただし、金融政策を完全に無視しているわけではない。①名目金利がゼロまで下がっているため金融政策が効きにくくなっている、②国の財政が悪化するなかで、国債費の増加を抑えるべく低金利（いわば「金融抑圧」的な政策）を続けざるをえない状況に金融政策が陥っているという現状認識が背景にある。このとき物価水準の決定は財政政策に委ねられる。

従前、財政学において政府の長期財政収支は「制約式」として理解されてきた。この制約式が制約するのは将来にわたる基礎的財政収支である。今期、収支が赤字になった場合、制約式を満たすよう将来、増税や支出削減で収支を黒字化しなければならない。「リカードの等価定理」として知られるが、今期の減税は納税者に対して将来の増税を予見させる、増税に備えた貯蓄を促して消費の拡大につながらないのも財政が財政収支によって「制約」されているからにほかならない。これを「リカード型財政政策」という。

一方、ＦＴＰＬはこれを制約ではなく「均衡式」としてみなす。通常の財貨・サービス市場における需給バランスと同様だ。ここで需給をバランスさせるのが「（今期の）物価水準」ということになる。

このとき、物価を変える原動力は具体的には何だろうか？　その一つは将来的に増税や給付カットが行われないという期待が人々の生涯（恒常）所得を高めることだ。実際、年金など社会保障給付に対する将来不安が家計（とくに若い世代）の消費活動を委縮させているとされる。消費税増税も同様だとの批判もある。こうした不安が解消されれば消費は上向くだろう。ただし、FTPLは消費の喚起がマクロ（有効）需要を高めるというケインズ経済学的な立場はとらない。FTPLモデルは完全雇用＝生産量一定を想定している。生産量＝供給が変わらなければ、消費＝需要の増加はそのまま物価の上昇につながることになる。ここで政府は財政再建＝増税・歳出削減しないことにコミットすることで、結果、長期財政収支の「均衡」＝財政再建を達成できている。

財政再建しないことが物価上昇につながるもう一つのルートは、投資家からの国債への信認の「低下」である。リーマンショック以降、「質への逃避」によって資金が「安全資産」である国債に集中した。仮に財政再建をしない＝基礎的財政黒字の縮小となれば、国債の返済原資が減少する。このことは債券市場における国債の人気＝投資家からの信認を減じるだろう。投資家は国債に代わって不動産や社債・株式を含む他の資産を購入するようになる。これら資産への需要拡大は、家計の消費喚起同様、物価を引き上げる方向に働く。

こうしたFTPLの要は「期待」である。①家計であれば、財政再建しないことで自身の生涯（恒常）所得が向上するという期待であり、②投資家であれば国債は残高に対して返済原資が不足しているため信認には値しないかもしれないが、デフォルトはないという期待だ。結果、消費が喚起され、国債以外の資産へ需要が増えるならば物価水準は上昇＝脱デフレが実現することになるだろう。

ただし、そのリスクは家計や投資家が他の期待を形成することにある。①家計であれば、最終的には厳しい財政再建という将来不安、②投資家であれば、国債のデフォルト予想（あるいは逆に財政再建は最終的には行われるだろう期待による国債への安心感＝人気の継続）である。

皆の「期待」を一定の方向に誘導することの難しさは金融緩和政策の経緯からも明らかだろう。金融政策ではなく、財政政策ならば違う結果をもたらすことができるのだろうか？　その確証はどこにもない。FTPLは都合が良い（痛みを伴う財政再建しないことでかえって脱デフレも実現できる）だけに政治的に魅力的だろうが、理論通りにならないときのリスクの大きさに留意が必要だ。

FTPLだけでなく、次に述べるヘリコプター・マネーも含め、近年、（海外の著名な経済学者の主張として）財政再建の奇策が取り沙汰されている。しかし、これらの奇策に対して政治家や国民の関心が集まるのは実効性のある処方箋だからというよりも、増税や歳出カットといった痛みを伴う財政再建を避ける、もっともらしい口実を探している面は否めない。

表2-2　財政再建の奇策？

	主張	前提
ドーマー条件	成長率が金利を上回れば、基礎的財政収支が赤字でも財政は持続（＝公債残高対GDP比安定的）	成長率＞金利が長期にわたって持続？ ・ピケティの格差論 ✓成長率＝賃金上昇率＜金利が常態化
ヘリコプター・マネー	中央銀行が公債を引き受け永久国債化（恒久的に保有）すれば民間に対する国の借金は解消	統合予算（連結）ベースでは債務の内訳がシフト（公債⇒貨幣）しただけ ✓通貨の信認は？
物価の財政理論	財政再建＝増税等をしないことで民間消費・投資が喚起されれば物価は上昇＝脱デフレ 財政再建自体が必要なくなる＝財政収支は均衡	財政破綻（将来的に厳しい財政再建）しないことを家計・投資家が信認していることが前提 ✓財政再建しない国の財政への信認？

◉金融政策と財政政策

財政収支の帳尻を合わせるのは政府ではなく中央銀行かもしれない。日本銀行は年間80兆円のペースで国債を買ってきた。市中金融機関などからの購入であり、財政法第5条が禁じる国債の直接引き受けではないという体裁はとっているものの、投資家・金融機関は日銀が高値で買ってくれることを前提に国債に投資している面は否めない。だからこそ額面価格よりも高い値段（＝マイナス金利）でもって国債を購入する動きも出てくる。実質的に政府と中央銀行は一体化しているともいえる。

これを企業にたとえると、政府が親会社で、中央銀行が子会社ということになる。一般に企業グループの財務状況は親会社と子会社の連結決算によって評価される。同様に政府と中央銀行の予算収支を合算したのが「統合予算」であるる。このとき、統合政府の予算収支の右辺には中央銀行の収益（＝「貨幣発行益（シニョレッジ）」）が加わる格好になる。

国債残高（名目額）／今期の物価水準
＝Σ将来にわたる基礎的財政収支＋シニョレッジ（実質ベース）の現在割引価値

ここでシニョレッジとは、中央銀行が銀行券発行の対価（公開市場操作）として購入した国債を含む資産から得られる利息収入にあたる。これから準備預金（日銀預け金）にかかる利払い費などを差し引いた収益が「納付金」として国庫（政府）に納められる。当然、貨幣を多く発行するほど（多く国債等を購入するほど）シニョレッジは増加することになる。

仮に財政が持続可能でないとすれば、中央銀行は、この貨幣発行益＝貨幣供給増によって収入を補塡することで、統合予算の「制約」を満たそうとするかもしれない。ここで究極的に財政悪化の帳尻を合わせるのは金融政策となる。これはサージェント＝ウォレスの「マネタリストの不快な算術」として知られる。FTPL同様、その帰結はインフレにほかならない。

あるいは「イールドカーブの起点を引き下げ、大規模な長期国債買い入れとあわせて、金利全般により強い下押し圧力を加えていく」結果であるマイナス金利のように、中央銀行は人為的に金利を抑えることができる。これを「金融抑圧」という。しかし、こうした金融抑圧は金利が統制されていた時代の政策であり、ヒト・モノ・カネが国境を越えて移動するグローバル経済になじむものではない。

後述の通り、いまでこそ国内の金融機関は安全志向になっていることもあり、国債志向している（「質への逃避」）かもしれない。しかし、アメリカの金融緩和が出口を迎え、金利が上がったとき、日本の金利が低いままであれば、いずれ国内からの資金流出という可能性はあるだろう。結局、現行の低金利政策＝金融抑圧は時間稼ぎ以上のものではありえず、財政再建できるとは思われない。

いわゆる「ヘリコプター・マネー」、具体的には中央銀行による国債の引き受けと償還のない永久国債（コンソル）化も、債務を消すマジックにはならない。このことは国＝親会社と中央銀行＝子会社のバランスシート（貸借対照表）を連結させれば明らかだ。

日銀が保有する国債に関しては政府の負債と帳消しになって、連結バランスシートには出てこない。一部の論者はこれをもって日銀が国債をすべて購入すれば政府の債務は解消する、よって財政再建は達成されると主張する。しかし、連結バランスシートでは中央銀行が民間に対して負う現金および準備預金（日銀預け金）が負債として表れる。法定準備金を超過した準備預金には金利がついている。現在、一部の超過準備金の金利はマイナスになっているが金融緩和が出口を迎えれば、日銀はプラスの利払いを迫られる。つまり、国債が（利付きの）超過準備預金に置き換わっただけという解釈が成り立つ。

図2-2　統合政府のバランスシート

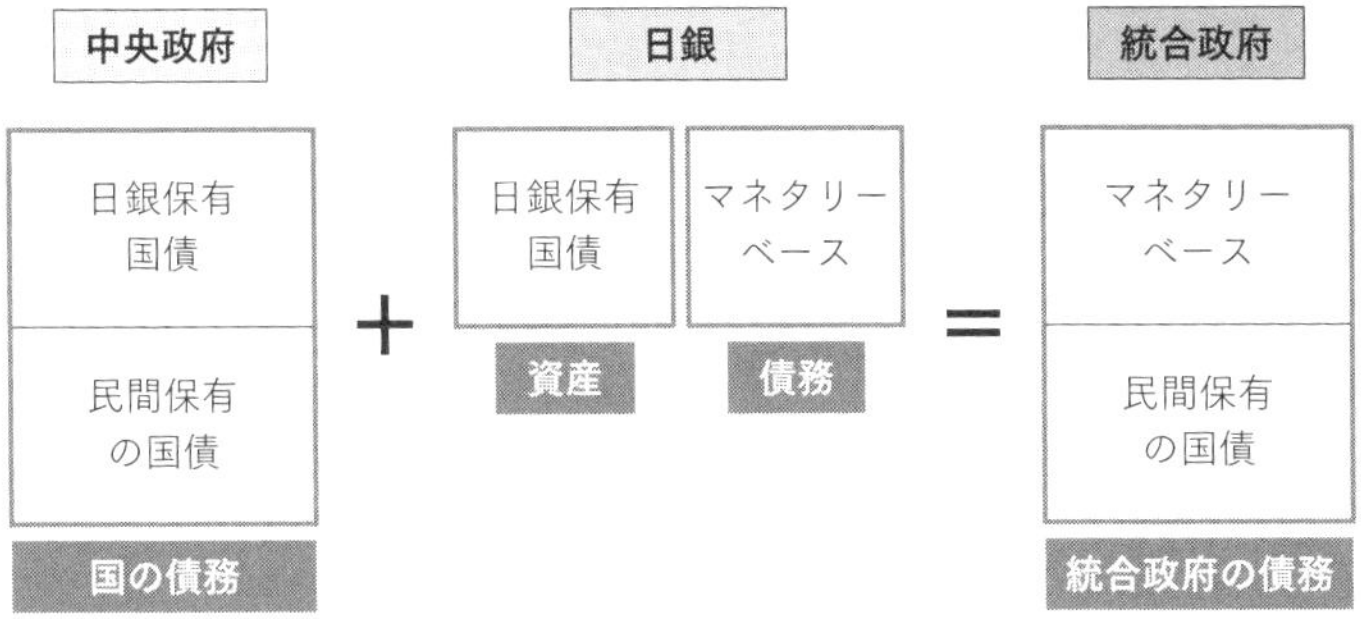

中央銀行は前述の金融抑圧によって準備預金金利を人為的に低水準にとどめようとするかもしれないが、グローバル市場の圧力（国境を越えた資金移動）に長く抗することは難しいだろう。日銀が自らの収益（シニョレッジ）によって金利を払えないなら、統合政府は国の基礎的財政収支の黒字化によって埋め合わせることが求められよう。金融政策の赤字を財政が補塡するという意味で「マネタリストの不快な算術」の逆になる。

3 危うい均衡

「国債のパラドックス」として知られるように国債残高が増え続けるにもかかわらず、国債金利は低水準で推移している。中央銀行（日銀）の大胆な金融緩和も背景にあるが、本節はこれを「危うい均衡」ととらえる。国債への信認を変化させるような何かをきっかけに金利が一気に高騰する（国債価格が下落する）リスクがあるからだ。このとき、財政は危機へと向かうことになる。

◉国債金利の複数均衡

市場（投資家）が合理的であるならば、国債金利は財政の持続可能性を反映するに違いない。仮に財政が持続性を欠くとすれば、国債償還への懸念が生じて金利が上昇するはずだ。換言すれば、低い国債金利は市場が国債を「信認」しているにほかならない。しかし、市場が合理的という前提自体が問われるかもしれない。各投資家からすれば、自身が国債を信認しているか否かではなく、他の投資家の動向に応じて国債の購入を決めればよい。これはケインズの「美人投票」にあたる。他の投資家が国債の償還に楽観的で（あるいはそのように思われて）国債が安定的に消化・流通しているかぎり、各投資家は国債を買い続けて、適当なタイミングで売り抜けようと

図2-3　国債発行総額の推移

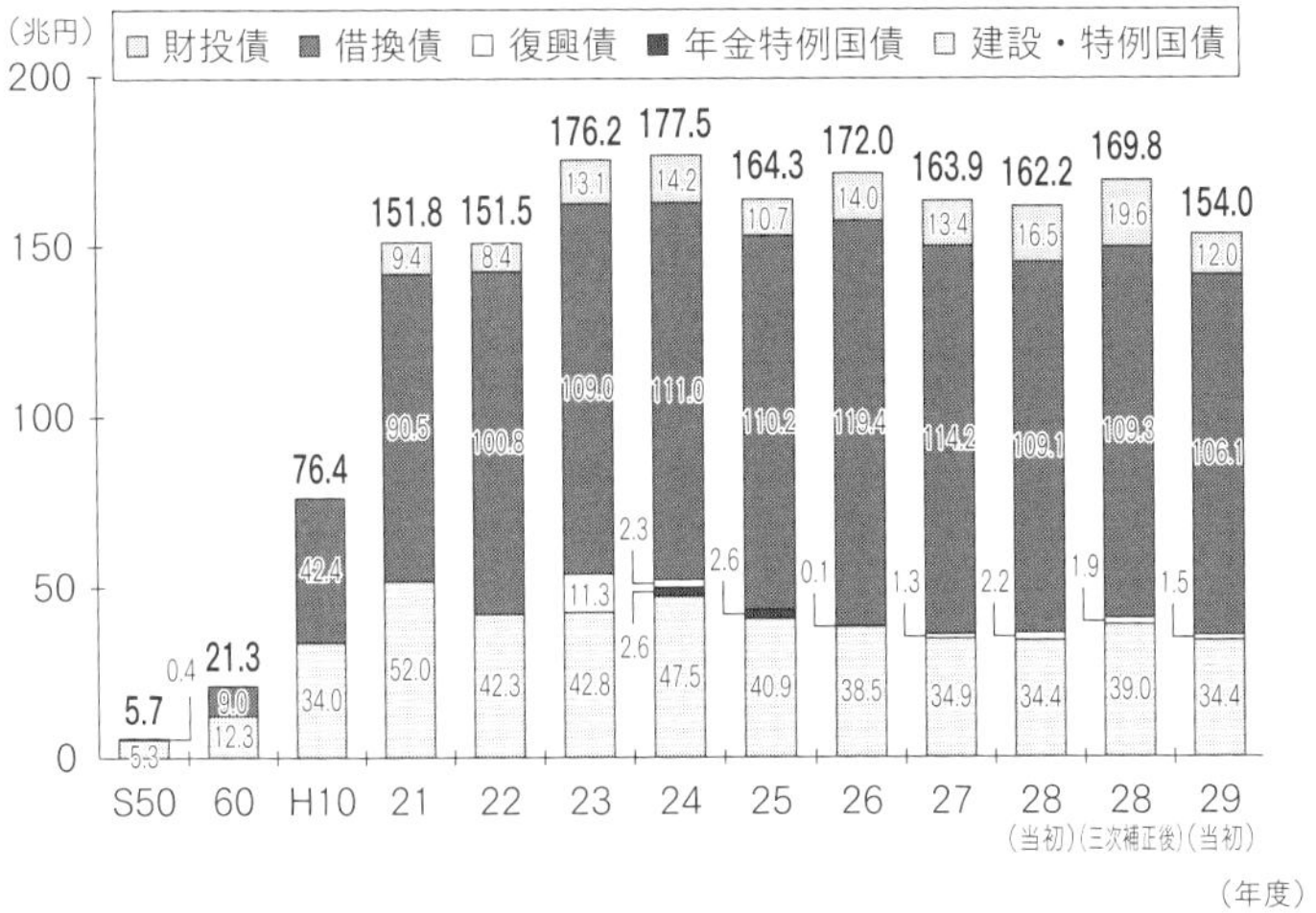

資料：財務省。

するだろう。このとき、市場が楽観的で国債が安定消化・流通するのが「均衡」の一つになる。根拠がなくても市場が「熱狂」していれば（バブルなら）、それに乗って利益を得ようとするだろう。リーマンショックはその証左である。

　他方、国債への信認がなんらかの理由で損なわれたらどうだろうか？　わが国は借換債を含めて毎年約140兆円（毎月12兆円余り）の国債を発行している。市場が国債を信認せず、買い手がつかないとき、政府は税収など他の財源によって既存の国債の元利償還費を捻出しなければならない。しかし、国の税収は55兆円程度にとどまる。そのすべてを元利償還費に費やしても到底足りない。よって債務不履行（デフォルト）を余儀なくされかねない。結果、国

表2-3　危うい均衡

投資家＼国債消化	順調	札割れ
楽観的	現状	
懐疑的		財政破綻

懐疑的な期待は自己実現的

政府が資金調達困難

債を信認できないという期待が（実際に信認できないという意味で）自己実現的になる。これがもう一つの均衡を構成する。

　このように国債市場には「複数均衡」があるのかもしれない。これは「バブル」に似ている。実体的な裏付けがないまま、期待だけで取引がなされている状態だ。とすれば、市場金利は（将来の財政再建の実効性を含む）財政の健全性のシグナルではない。現行は良い均衡＝国債への信認と安定消化になるとしても、いつ、悪い均衡＝国債への不信と財政的行き詰まりに移るとも限らない。このとき、国債金利は「非線形的」に変化することになるだろう。

　実際、ギリシャ国債の金利は危機直前まで比較的低位に推移した後、急騰している。財政収支にかかる前政権による決算の粉飾が露呈したという新たな情報があったとはいえ、市場均衡の不安定の証左ともいえる。よって現行の金利水準が財政の持続性の「シグナル」になっているというわけではない。

◉日本国債のパラドックス

とはいえ、現在に至るまで政府が資金繰りに窮する事態には至っていない。金融緩和で日銀が国債を買い支えている効果もあるだろうが、総じて国債は安定的に消化されており、金利も低い水準で推移してきた。標準的な経済学では国債が増えれば（政府が借り手として資金を需要すれば）資金市場が逼迫して金利は上昇するはずだ。また、野放図な財政赤字の拡大は（債務不履行＝デフォルトへの懸念を高め）市場からの信認を損ないかねない。これも国債金利増の要因になる。実際、海外の格付け会社は日本国債を新興国レベルの信用力とみなしてきた。

わが国の現状はこうした経済学の見通しに反するもので「日本国債のパラドックス」とも呼ばれる。このパラドックスの原因は、国債の多くが国内の金融機関や投資家によって保有されてきたことにあるとされる。海外投資家の割合は全体の8％程度にすぎない。他方、財政危機が露呈したギリシャでは海外投資家の保有率が7割を超えていた。ホームバイアスというが、一般に国内資金は国内投資に偏りがちだ。

実際、わが国で国債の資金源になってきたのは潤沢な国内金融資産だった。家計の金融資産ストックは1600兆円に上る。加えて民間の非金融企業も設備投資を抑えたこともあり、毎年、貯蓄超過が続いている。こうした家計や企業の資金が国債を買い支えてきたのである。無論、国債を直接保有する家計・企業は多くないだろう。彼らの預貯金を原資に①金融機関が国債を購入する、あるいは②日銀預け金（＝超過準備預金）を積み増す（日銀のバランスシート上では国債

図2-4　国債保有者の比率

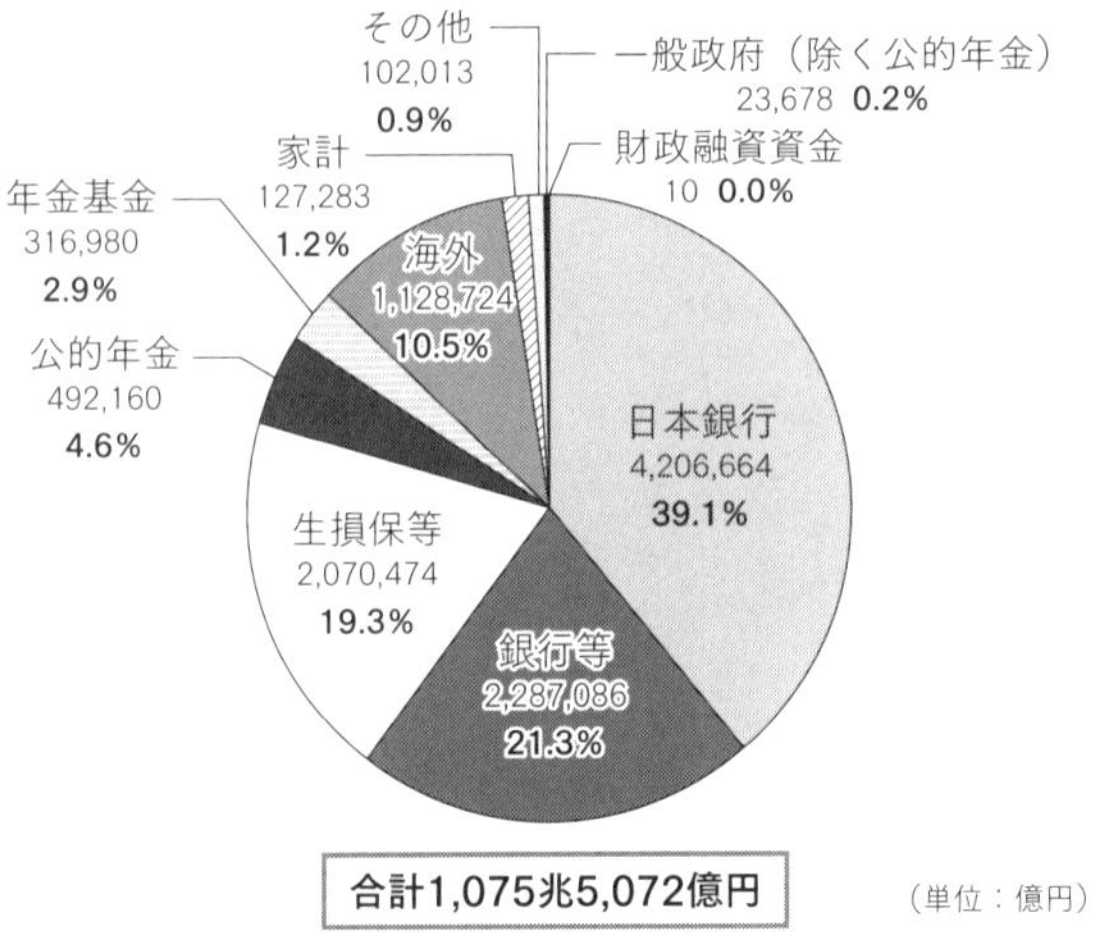

資料：財務省「平成29年度国債管理政策の概要」。

の裏付けになる）ことで国債の安定消化につなげてきたことになる。

1990年代以降、日本のデフレが経済を低迷させ、結果として財政赤字を生み出してきた。しかし、その財政赤字で生まれた国債を国内で安定的に消化できてきたのは、国内で投資がまったく盛り上がらなかったためである。さらに消費が増えなかった。デフレ感、投資の低迷、消費の低迷で企業の内部留保も含めて貯蓄が積み重なり、それが結果として国債が吸収される余地を与えてきたということになる。

デフレが財政赤字の要因なら、その財政赤字（＝国債の増加）を持続可能にしてきたのもデフレなのである。換言すれば、こうした国内の余剰資金は国債の安定消化にとってはプラスでも、経済にとっては（デフレから脱却できていないという意味で）望ましいものとはいえない。

もっとも、この状況は長くは続かないだろう。皮肉なことに、アベノミクスの成功で経済がデフレから脱却すれば、いままで慎重だった企業も設備投資＝資金需要を活発化させるはずだ。国・企業の資金需要が増えれば、金利は上昇に転じることになる。実際、内閣府の試算（成長実現ケース）でも足下では金利（概ね０％）が成長率（２・５％）を下回るが、中長期的には金利（３・８％）が成長率（２・５％）を超過する。加えて、前述の通り、米国などの金融緩和が「出口」を迎えて金利水準が上昇するならば資本流出の圧力も高まってくる。金融政策で低金利（金融抑圧）を続けようにも、市場原理（金利上昇の圧力）にいつまでも抗することはできない。再び「ドーマー条件」によれば、このとき基礎的財政収支を黒字化しないと財政は持続しないことになる。

いずれにせよ、高齢化に伴い高齢者がお金を使う側となり、日本の貯蓄率は下がってきている。そのため全体として日本国内の貯蓄＝金融資産の伸びも限られる。よって、海外投資家に頼らざるをえない局面が訪れる可能性は排除できない。しかし、前述の通り、彼らの日本国債に対する目は厳しい。Ｓ＆Ｐ、ムーディーズをはじめ海外の（国債の信用度を評価する）格付け会社は軒並み日本国債の格付けを下げてきた。海外からみれば、日本国債は決して「安全資産」ではない。海外投資家はこの格付け（国債のリスク）に応じた高い利回りを要求するだろう。国は、借り換え分を含めて毎年１４０兆円余りの国債を発行している。利子率が上がれば、これらの国債にかかる国債費も増加する。財政状況を一層悪化させることで財政危機に発展しかねない。

◉金利の急騰？

欧州ではリーマンショックの後、ギリシャをはじめとして財政危機が広がった。その理由は不良債権を抱えた金融機関の救済のほか、慢性的に政府が（身の丈に合わない）借金をしすぎたことにある。政府がお金を借りすぎる状態が続けば、金融市場で国債を買っている投資家や金融機関は不安になってくるはずだ。「自分たちが貸したお金が本当に返ってくるのか」と思い始めるわけだ。この不安が国債に付く金利を（リスク・プレミアム分）上昇させる。

誰でも借金をすれば、その借金額（「元本」にあたる）の返済に加えて、金利の支払いが求められる。ここでどれくらいの金利が要求されるかは、5年、10年といった借金を返済するまでの長さや借りる側の「信用度」などによる。約束通りに借金を返すかどうか定かではない、信用度の低い借り手に対しては貸す側は高い金利を要求する。借金の元本の返済は将来でも、金利は毎年支払われるとすれば、あらかじめ高い金利を受け取って、元本が返ってこないときの損を抑えようと思うからだ。欧州でいえば、ドイツの国債など信用度の高い債券に比べて、信用の劣る国々の国債金利は高くなる。これはお得なのではなく、国債の危険性（リスク）を反映するものとなる。

前述の通り、わが国は新規・借換債を含めて年間１４０兆円余りの国債を発行している。この状況で金利が増加したらどうなるかは想像に難くない。待っているのは「借金地獄」だ。これまでの借金に対して高い金利を支払う分、政府支出は増えることになる。税収が増えないかぎり、新たな借金はいっそう増していってしまう。先に債務の規模（対GDP比）を経済の「身の丈」に合う水準に抑える必要について述べた。「身の丈」とは具体的にいえば、（仮に起きる確率は低くても）金利の高騰に対して多少の増税や歳出の見直しで済むなど財政が対処可能なレベルを指す。これを越えてしまうと財政は危機的な状況に陥りかねない。公的債務は「雪だるま式」に増加していくことになる。つまり、

多額の借金残高 ⇒ 信用低下による金利の上昇 ⇒ 利払いコストの増加＝支出の増加
⇒ 新たな借金の増加 ⇒ 信用のさらなる低下による、さらなる金利上昇

という悪循環だ。ギリシャはこの悪循環に陥ってしまったのである。日本もわずかな金利増に対して財政は脆弱になっている。表2－4は財務省の2015年時点での試算である。仮に2016年度以降金利が1％上昇するだけで、1年目に国債費は1兆円、2年目には2・4兆円増えていくことになる。

無論、政府は「今後は借金をしないように支出を切り詰めて、税収も増やす」と言うかもしれない。しかし、言っているだけでは、誰も信用してくれない。たしかに景気の悪化に対して減税

表2-4　金利上昇による歳出増

平成28（2016）年度以降金利が変化した場合の国債費の増減額

（単位：兆円）、（　）書きは「国債費」の額

金利（[試算－1］の前提からの変化幅）	平成27年度（2015年度）	平成28年度（2016年度）	平成29年度（2017年度）	平成30年度（2018年度）	平成31年度（2019年度）	平成32年度（2020年度）
＋2％	— (23.5)	＋2.0 (26.9)	＋4.8 (31.7)	＋8.0 (36.6)	＋10.3 (41.0)	＋12.8 (45.5)
＋1％	— (23.5)	＋1.0 (25.9)	＋2.4 (29.2)	＋4.0 (32.6)	＋5.0 (35.7)	＋6.2 (39.0)
－1％	— (23.5)	▲1.0 (23.9)	▲2.4 (24.5)	▲3.9 (24.8)	▲4.9 (25.8)	▲5.9 (26.8)

資料：自民党「X-dayプロジェクト」。

や支出増などの財政政策を講じた「やむをえない」面もあるかもしれないが、そもそも、堅実に財政をやり繰りする能力と意欲（「財政規律」）を欠いていた結果ともいえるからだ。能力と意欲、つまり財政規律があることを示すには行動に移すしかない。それが年金のカットを含む支出削減、付加価値税（日本の消費税）の増税といった「痛み」を伴う財政再建なのである。

ここで政府は「自分たちに財政規律がある」ことを金融市場に信認してもらうために、信用できる「シグナル」（メッセージ）を市場に発信することを迫られる。厳しい財政再建はそのシグナルの一つだ。自由民主党がかつて取りまとめた「X－dayプロジェクト報告書」（平成23年6月1日）においても、財政健全化について「断固として取り組んでいくという強いメッセージを発する」必要性に言及している。具体的には「社会保障を含む徹底した歳出削減策や思い切った増税も含む増収策」が挙げられる。

表2-5　二つの財政再建

	主導権	再建計画	再建期間
財政再建＝事前的・予防的	政策（政治）判断で政府が主体的に決定	歳出削減・増税を含めて政府が決定	長期に実施可能
財政破綻＝事後的	（国債）市場から強制	外部（IMF等支援機関）から強制	市場の信認を回復するためには大規模かつ短期

しかし、政府は国債の貸し手たる金融市場と財政再建の痛みをこうむる国民との間で「板ばさみ」になるだろう。国民からすれば、政府の失策のツケを回されたといったところだろう。どの国でも財政再建には強烈な政治的反感が伴うものだ。かといって、財政再建を怠れば、つまり、シグナルを出し損ねれば、金融市場の信頼を失って、誰もお金を貸さなくなる。

ここに政府の抱える「ジレンマ」がある。八方美人では済まされない。結局、財政再建は、①危機が露呈する前に自律的に行うか、②危機の後に市場や国際機関に迫られるかたちで行うかのどちらかなのである（表2−5）。ギリシャでは増税や歳出削減で失業率が高くなり、経済が低迷する事態に陥った。財政再建を槍玉に挙げる主張もあるが、「迫られた」財政再建は総じて経済・国民にとって過酷ものになろう。

4 日本の財政破綻

財政破綻の一つの契機は国債を国内の金融資産で支えきれなくなったときだ。あるいは前述の通り、脱デフレが達成されて民間部門（家計・企業）がお金を使い始めたとき教科書的な「クラウディングアウト」現象が生じるかもしれない。首都直下地震など巨大災害もその契機になり得るだろう。いずれにせよ、いったん財政が危機に陥ったとき何が起きて、政府にはどのような選択肢が残されているのだろうか？

◉いつ破綻するのか？

では、日本の財政はいつ破綻するのか？　正確にいえば、構造的な破綻がいつ顕在化するのだろうか？　一つは国内で国債を消化しきれなくなったときだ。これは、①日銀がこれ以上、国債を買い支えられなくなるとき、あるいは、②公的債務が国内金融資産を超過したときとされる。前述の通り、これまで国債の安定消化が図られてきた背景には、約1700兆円に及ぶ家計貯蓄の存在がある。だが、これから急速に高齢化が進展し、団塊世代が老後の生活費として貯蓄の取り崩しを本格化させるなか、これまでのように家計マネーが国債を安定的に吸収できるとは限らない。いずれ政府の借金が完全に家計貯蓄を食い潰してしまう時期が来るかもしれない（図2－

図2-5　一般政府債務と家計金融資産の推移

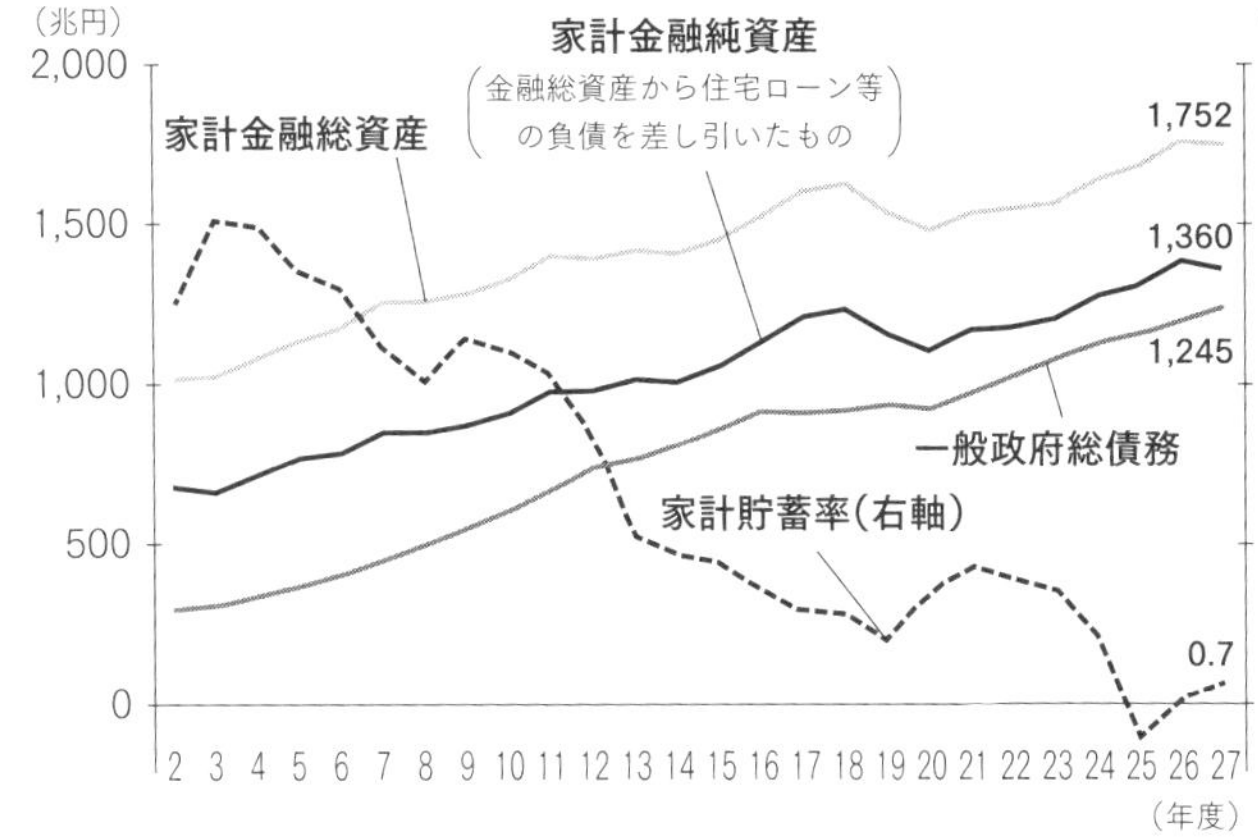

資料：財務省「日本の財政関係資料（平成29年4月）」。

5）。

仮に海外投資家に国債消化を依存する状況になれば、国債金利には海外の厳しい格付けが反映されることになろう。利払い費の増加は財政状況を一気に逼迫させる。財政破綻のトリガーとなることは大いにありうる。

首都直下地震など大規模震災も財政危機のきっかけになるかもしれない。震災に際して、政府は復旧・復興の「最後の拠り所」となる。仮設住宅の提供、被災者生活再建支援金等、被災者支援や被災企業への融資・補助、瓦礫処理を含む復興事業などにかかる費用の負担は政府に課された「暗黙」の債務＝負担義務といえる。政府は復興費用という暗黙の債務を履行できるのだろうか？　財政が悪化するなか、新たな借金によって復興財源を調達することには困難を伴う。

前述の通り、国が発行するのは（今期の財政赤字を賄うための）新規の国債だけではない。既存の国債の借り換えだけでも年間100兆円余りに上る。たとえ復興事業自体は経済の再生に寄与するもので、当該事業を賄う新規国債＝復興債の償還は将来の税収増から見込まれるとしても、いったん金利が上昇すれば借換債を含む国債の利払い費が増えて財政は急速に悪化する。元利償還にあたって復興国債と借換債のいずれかに優先順位があるわけではない。

仮に後者、借換債が債務不履行に陥るとすれば、前者にも同じリスクが生じる。このことが予見されるならば、市場＝投資家は復興債の購入に慎重になるにちがいない。借換債同様、債務不履行のリスクに見合う高い金利を要求することになる。「デット・オーバーハング」として知られるが、不良債権を抱えた企業はたとえ収益性の高い事業であっても、そのための借り入れをすることは難しい。既存の不良債権が当該企業の破綻リスクを高めているからだ。

同様の問題が膨大な（不良債権ではないまでも、多額の借り換えを要する）国債残高を抱えた国にも当てはまる。復興を遅滞させる要因にもなりかねない。大規模震災にかかる状態依存型債務＝復興財源の調達を安定的に履行するには既存の債務の圧縮が必要だ。震災復興と財政の健全性は切り離せないということだ。

ここで財政の破綻確率について考えよう。具体的には国債を国内の金融資産で吸収しきれなくなる状況を破綻のトリガーとみなす。「国債のパラドックス」が成立しなくなる状況にあたる。試算は佐藤＝小黒（2016）のケインズ型のマクロ動学モデルとモンテカルロシミュレーショ

図2-6　財政の破綻確率

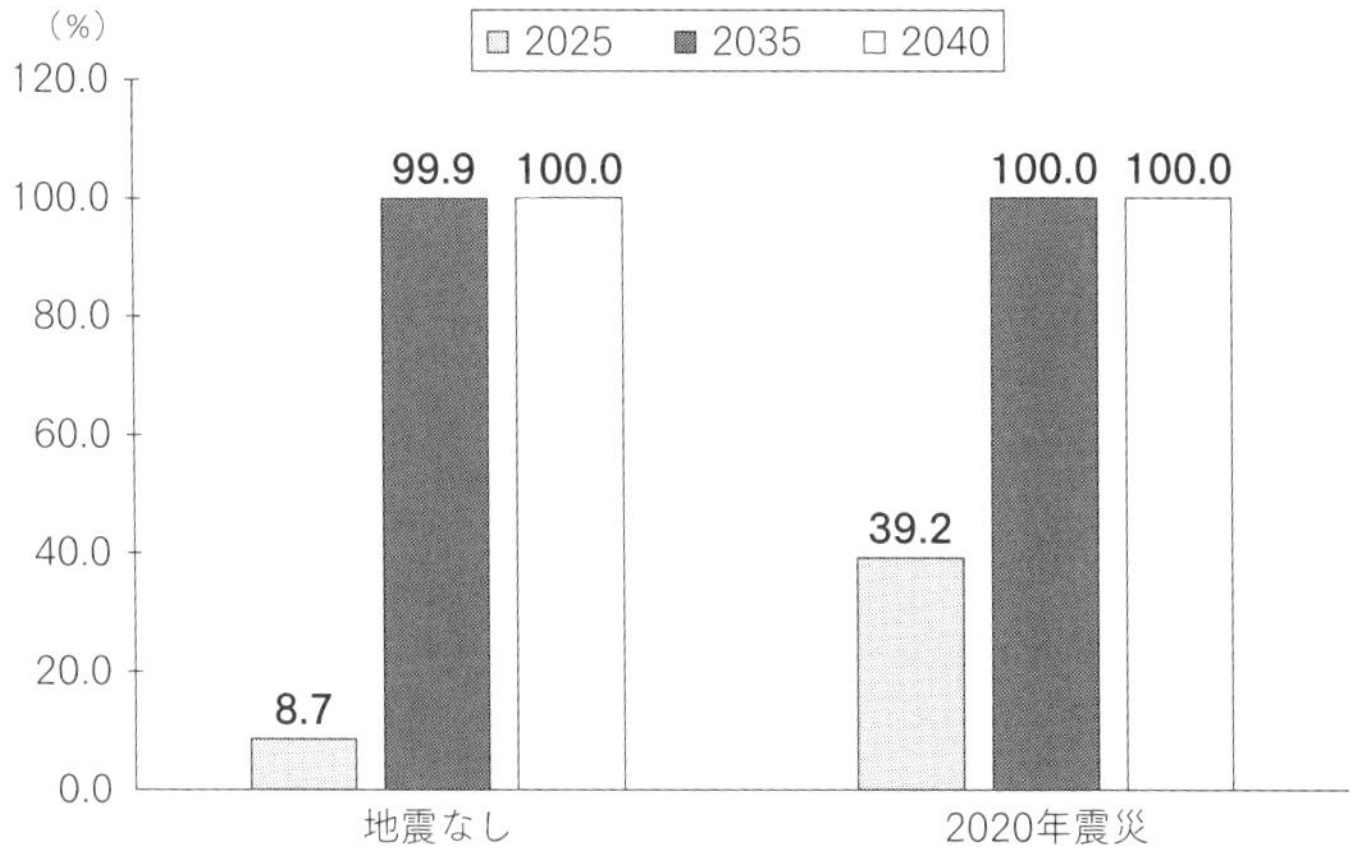

資料：佐藤・小黒（2016）「首都圏直下地震と財政問題」。

ンによる。詳細は割愛するが、簡単にいえば、消費や投資、金利、物価、為替、失業など、さまざまなマクロ経済変数に係る方程式を連立させたものだ。

２０１５年６月末の家計金融資産（約１７１７兆円）の内訳は、①現預金（８９３兆円）、②債券・投信（１２４兆円）、③保険・年金等（４４４兆円）、④株式・出資金（１８２兆円）であるが、国債を引き受ける原資として期待されるのは、④の株式・出資金を除く、①から③の現預金等である。よって、公的債務が家計金融資産に占める割合が90％に達する段階を「財政破綻」の閾値と仮定した。

図２－６の通り、２０２５年の破綻確率はベースラインで９％弱である。他方、２０３５年の財政破綻確率は衝撃的だ。同年の確率は概ね１００％に上る。なんらかの財政再建の努力が

なければ、わが国の財政が２０３０年代に危機的な状況に陥る可能性が高いということが示唆される。仮に首都直下地震が起きれば、確率が約40％（２０２５年）に高まるなど、総じて破綻を前倒しする効果をもつことがうかがえる。巨大災害は破綻の「原因」というより、すでに巨額の債務を抱えた状況における「最後の一撃」となるのである。

脱デフレであれ、地震であれ、あるいは（投資家の期待の変化など）なんらかのショックによる金利の高騰であれ、各々の事象（イベント）の確率は決して高くはないかもしれない。しかし、いずれかが生じる確率は決して低くない。前述の通り、借り換えを含めて毎年多額の国債を発行している状況において、どの事象が起きようとも財政危機に直結するリスクがある。わが国が財政破綻をきたす可能性はある。

◉破綻時に何が起きるのか？

財政危機は「国債の未達」というかたちで始まるだろう。未達とは（理由は何であれ）投資家や金融機関からの応募額が、この発行額に満たずに国債が売れ残る状況である。その分、政府は資金を確保できなくなる。借金の返済や社会保障などの給付、地方自治体への補助金などが滞りかねない。

とはいえ、未達＝財政破綻というわけではない。年金など特別会計にある積立金（ただし、国債で運用している部分は除く）を充てることで当座をしのげるかもしれない。後述の通り、緊急性がなく先送りできる支出もあるだろう。実際、２０１２年度特例（赤字）国債法の成立の目途が立たなかった折には年金基金の取り崩しや地方交付税の先送りなどで予算執行を抑制したことがある（表2－8参照）。

このように未達額が限られて、かつ一度程度であれば対応策はあるわけだ。短期的には問題は金融機関にあるかもしれない。未達のショックで国債価格が下落（金利の上昇）するならば、国債を大量に保有する金融機関のバランスシートは大きく毀損してしまう。日銀の試算（２０１２年２月）によれば１％の金利上昇で金融機関がこうむる損失は約６兆３０００億円（大手銀行３・５兆円、中小銀行２・８兆円）とされる。

中小金融機関の中には経営破綻するところも出てくるだろう。不安に思った預金者が取り付け騒ぎを起こしたり、取引企業が資金調達できなくなって連鎖倒産したりする事態も起こりえる。政府には預金保険機構を通じて預金の保護を徹底する、中小金融機関を中心に公的資金を投入するといった措置が必要になる。

無論、金融機関への支援は、政府の支出をさらに増やして一時的に財政赤字を拡大させてしまう。とはいえ、国債の未達が金融危機につながるリスクは避けなければならない。同時に政府は国債市場を鎮静化させるよう迅速に財政赤字の削減計画を作成して、市場（投資家ら）に示すことが求められてくる。このプランには当面の歳出カットや増税のほか、将来にわたって赤字を減らすための歳出・税制改革のロードマップが含まれる。

一口に財政危機といってもレベルはさまざまだろう。国債の未達（売れ残り）や金利上昇の程度が比較的小さければ、軽度の危機といえる。前述の通り、当面の資金のやり繰りから金融機関への支援と合わせて、財政赤字の削減計画を迅速に出すことができれば、国債市場も落ち着きを取り戻すはずだ。

財政危機は起きないに越したことはないが、いったん危機が生じたならば、問われてくるのは危機モードでの対応である。とくに当初の国債未達ショックが甚大なとき、政府が必要な対策を講じることができなければ、財政危機は深刻かつ長期にわたりかねない。公共事業などの歳出カットには利益団体が反対するだろう。増税となれば国民からの反発も予想される。

そもそも、わが国で財政再建が進まないのは政府内で政策決定が縦割りであること、利害関係者らは財政赤字の削減自体には賛成しても自らの権益に関わる削減に反対する「総論賛成・各論反対」が横行しやすいことにある。これと同じ理由で危機後の対応も後手に回る可能性は否めない。対策を講じるよりも危機になったのは誰の責任かという「戦犯探し」に終始することもありうる。結局、自分たちでは何も決められないならば、誰か部外者に決めてもらおうということになるかもしれない。

国際通貨基金（ＩＭＦ）の管理下に置かれるというシナリオもある。実際、１９９８年のアジア通貨危機の折、韓国やインドネシアがＩＭＦからの金融支援の見返りに歳出カットを含む厳しい改革を強いられた。良くも悪くも外圧は国内で政治的に困難な改革を進める推進力になる。わが国でも戦後、ＧＨＱ（連合国軍最高司令官総司令部）のもとで農地解放を含む大きな改革を行った経験がある。財政危機後に同様のことを期待する向きもありそうだ。改革に反発があれば、「ＩＭＦに言われたから」と責任転嫁すればよい。

では、ＩＭＦは日本を救済できるのだろうか？　現在、ＩＭＦが融資可能な総額は約１００兆円とされる。とはいえ一国の救済に全額はあてられない。わが国の国債の発行額は借換債だけで年間１２０兆円を超えている。一時の緊急融資ならともかく、ＩＭＦが日本を支え続けることには無理がある。助けるにも日本の財政赤字は大きすぎるのである。

自力で財政危機から脱するとなれば、選択肢は限られてくる。①国債不履行（デフォルト）、②日銀による直接引き受け、③厳しい緊縮財政だ。

このうち債務不履行（デフォルト）は国債の元利償還を停止、あるいは先延ばしである。１９９８年にはロシア国債が、２００１年にはアルゼンチン国債がデフォルトした。国債は安全資産とされるが、中所得国を中心に債務不履行は少なくない。しかし、ギリシャを含めて、こうした国々の国債は海外の投資家によって多く保有されてきた。割り切って考えれば、デフォルトは海外投資家が割を食うかたちになる。

他方、わが国の場合、国債保有のほとんどは日銀のほか、国内の金融機関・投資家によるものである。国債の安定的消化を助けてきた反面、債務不履行は国内金融機関の損失となって、金融危機に連鎖するリスクが高い。結局、債務不履行のコストは（海外に押し付けられず）日本経済および国民自身に跳ね返ってくることになる。

ここで金融危機と財政危機は密接にリンクすることに留意されたい。リーマンショック以降、金融危機に始まり、金融機関への公的支援など財政出動による財政赤字拡大を通じて欧州諸国での財政危機に波及した。逆に財政危機で国債のデフォルトが生じれば、銀行のバランスシートが毀損して金融危機に発展しかねない。

皮肉なことに「国債は国民自身への借金にすぎない」（内国債である）という安心感は危機時に際しては、危機を増幅させる（財政危機を金融危機に深化させる）要因になる。わが国において債務不履行は財政危機を克服する選択肢にならない。

◉日銀引き受け？

別の選択肢は日本銀行が市場に売却できない国債をすべて引き受けてしまうことだろう。現在の法律（財政法第5条）では日銀が国債を直接購入することは禁止されている。とはいえ、満期が到来した国債については借り換えに応じられるし、財政法自体を国会で変えることも可能である。財政の節度を損なうのが日銀の直接引き受けを禁じる理由だが、財政危機に陥った非常時モードではいまさら節度を問うこともないかもしれない。ただし、副作用は少なくない。それが財政インフレである。

戦後、日銀による復興金融公庫債の引き受けや政府への貸し付けがマネーサプライを膨張させ

表2-6　財政法第5条

第五条　すべて、公債の発行については、日本銀行にこれを引き受けさせ、又、借入金の借入については、日本銀行からこれを借り入れてはならない。但し、特別の事由がある場合において、国会の議決を経た金額の範囲内ではこの限りでない。（下線は筆者）

て、ハイパーインフレをもたらした歴史はよく知られている。当時の政府はこのインフレによって戦時中に増えた国債の実質的な負担を解消できた。しかし、インフレは隠れた税でもある。物価が高くなることは、国民からすれば消費税の増税と違いはない。消費税であれば、税率は国がコントロールできるが、インフレはそうはいかない。いったん、火がつくと抑えが利かなくなるかもしれない。日銀引き受けと財政インフレは財政危機の解決策としては劇薬なのである。

国債の直接引き受けは、通貨＝日銀の負債である円の信頼を揺るがすかもしれない。ドルやユーロに比べて信頼が劣るとなれば円安が進行する。そこから通貨危機まで発展しかねない。しかし、通貨危機にならないくらいにほどよく円安になれば、日本経済にとっては一助になりえるだろう。海外市場で日本製品が他国製品に比べて割安になる。国内製品の国際競争力が増して輸出（外需）が伸びれば、国内の景気は好転するだろう。

１９９０年代前半、住宅バブルの崩壊後、スウェーデンは深刻な財政・金融危機に陥った。財政再建の努力もさりながら、自国通貨が切り下がったことで国際競争力がＶ字回復したのが、早期に危機が収束した理由に挙げられる。アジア通貨危機後の韓国でもウォンの下落で韓国企業は輸出ドライブをかけることができ、韓国経済の復興につながった。

円安は思いがけない利益も生むかもしれない。政府の外国為替特別会計は為替介入などの結果、外貨建て証券・預金を多く保有している。年間の運用収入は2兆円余りに上る。仮に円安となれば、これらの資産を売却して円に戻すことで多額のキャピタルゲインを稼ぐことができるだろう。政府の収入が増えて財政収支の改善にもなる。外貨建ての資産をもつことは危機への一種の保険のような役割を果たすわけだ。実際、小黒＝小林（2011）は財政危機へのプランBとして、いまのうちに政府は海外資産を多く保有しておくことを提言している。

ただし、そう都合良く事が運ぶとも限らない。通貨の下落だけに頼るには日本経済は大きすぎるといえる。わが国が輸出ドライブをかけるなら、米国をはじめ諸外国の貿易収支を悪化させ、その経済を停滞させかねない。日本経済にとってもマイナスになる。加えて、海外からの政治的な反発と対抗措置（関税の引き上げなど制裁措置）を招くリスクもある。

わが国の経済構造が大きく変わっていることにも留意が必要だ。金融緩和で円安基調が続いた折も、企業がすでに生産拠点を海外に移してきたこともあり、輸出は大きく伸びなかった。一方、円安となれば、エネルギーなどの輸入価格が上昇して、国民生活を圧迫するだろう。このように円安に頼ることにもリスクは少なくない。

5　財政破綻後の対応

財政破綻の後、政府に残された選択肢は結局「厳しい財政再建」になるだろう。財政危機を回避することが「最善」であれば、こうした事態が起きた後の対処をあらかじめ想定するのが「次善」の策となる。本節ではこの次善策として危機直後の歳出の執行停止・先送り、当面の「止血措置」として大幅な歳出カットについて考える。このうち歳出カットにあっては何を残して何を切るかという「歳出のトリアージ」を提言する。

◉では、どうするか？

デフォルトでもインフレでもないとすれば、財政赤字を減らすための残った選択肢は痛みを伴う財政再建である。2010年に財政危機が起きたギリシャでも消費税の増税や社会保障のカットが行われた。これまでも政府は財政再建の目標を掲げてきたが、財政破綻後は、財政再建が市場から強制されるかたちになる。財政が持続可能なことを投資家に納得させなければ、国債への信頼も取り戻せない（未達の状態を解消できない）からだ。

財政再建の負担を国民に押し付ける前に公務員の給料を減らすべきとの意見もあるだろう。国家公務員の人件費は5兆円ほどである一方、国の財政赤字は約30兆円に上るから、仮に全額カットでも到底足りない。歳出削減となれば、結局、国の予算で30兆円を占める社会保障に手を付けざるをえないだろう。増税にしても一部の富裕層だけを狙い撃ちすることには無理がある。彼らの所得や資産が海外に流出しては元も子もない。そのため消費税を含む大衆増税は不可避かもしれない。

なお、財政危機のような「非常時」は「平時」の体制の不備を露呈させる面がある。東日本大震災では歳出削減の対象として当時の子ども手当が「ばらまき」、無駄な支出として槍玉に挙がった。しかし、ばらまきは子ども手当に限ったことではない。国から地方への補助金や医療・介護を含む社会保障サービス、公共事業にも非効率なものが残っているはずだ。これらは従前、堅固な既得権益によって守られてきた。

こうした「切りやすいところを切る」の論理がまかり通る理由の一つとしては費用対効果を測定する予算マネジメントに欠いていることがある。そもそも、わが国の財政は、赤字になりやすい体質だった。各省庁による概算要求は社会保障であれ、公共事業であれ、個々の支出項目を積み上げるボトムアップ型である。これに対して予算要求を前年度並みにするゼロシーリングや中期財政フレームのように（国債費を除く）予算総額に枠をはめる対応がなされてきた。しかし、こうした抑制が効くのは当初予算だけである。補正予算が抜け穴になって当初予算では認められなかった支出が回されたりしてきた。総額を抑える仕組みに欠いているのである。

財政への不安で社会全体が閉塞感を抱え続けるよりも、いったん破綻してゼロから出直すほうがスッキリすると思う向きもあるだろう。ゲームをリセットするのと同じというわけだ。事実、わが国には戦後の廃墟から高度成長を成し遂げた歴史がある。

しかし、同じ奇跡を再び起こすにも、いくつかの困難を伴う。そもそも、わが国の置かれた状況は芳しくない。少子高齢化で人口は減少している。人口減は成長を支える労働人口の減少や国内市場の縮小を意味する。実際、わが国の人口は今世紀中に半減することが見込まれている（第1章参照）。すでに過疎地を中心に地域によっては消滅可能性のあるところも少なくない。政府は人口1億人を堅持するとともに、成長率を3％まで高める成長戦略を掲げてきたが、これらの目標も健全な財政があればこそ実現が見込めるのであって、財政破綻した後になって着手できるものではない。政府が破綻して治安サービスや社会インフラなどに事欠く経済において、市場メカニズムだけが機能して（神の見えざる手に導かれて）経済が成長することなどない。

いずれにせよ、厳しい財政再建は国民生活を直撃する。これに似た実例が北海道夕張市である。2007年、当時人口1万3000人ほどだった夕張市は380億円余りの借金を抱えて破綻した。その後、財政再建団体に指定されて国・北海道の管理のもと、夕張市財政再建計画を作成して実行している。職員は給与カットのうえ人数も半分以下になった。住民への公共サービスの水準も大幅に引き下げられた。市立病院は機能を縮小、小中学校などの削減も進められた。住民税をはじめ住民への増税も行われている。軽自動車税は他の自治体の1・5倍だ。ゴミの有料化のほか公共施設の使用料金も引き上げになっている。夕張市の例から分かるように国の財政破綻と

表2-7　夕張市の財政再建

歳入面の計画の概要

個人市民税の均等割	3,000円→3,500円
所得割の税率	6%→6.5%
固定資産税税率	1.4%→1.45%
軽自動車税	現行税率（標準税率）の1.5倍へ
入湯税新設	宿泊客　150円　日帰り客　50円

歳出面の計画の概要

職員数	2006年4月　269人→2010年度　103人
一般職給与	給料月額　平均30%削減
特別職給与	平均60%以上削減
物件費	平成17年度決算額比　4割程度削減
扶助費	原則単独事業廃止 例外　敬老乗車証　自己負担　1回200円→300円
投資的経費	災害復旧以外実施しない
観光事業会計	2007年3月末日閉鎖

資料：橋本恭之、木村真（2014）「夕張市の財政再建の現状と課題」『關西大學經済論集』。

は究極的には国民自身の生活の破綻なのである。

◉プランBの必要性

財政危機は起きないに越したことはないが、いったん危機が生じたならば、問われてくるのは危機への対応である。あらかじめ、その対処を想定しておくことが一案だろう。危機を防止するべく財政再建を講じることがプランA＝最善ならば、危機後の対応策がプランB＝善後策にあたる。無論、「危機感を煽るべきではない」という向きもありそうだ。しかし、こうした主張は原因と結果を混乱させている感が否めない。プランBが財政危機を煽る＝「原因」になるわけではなく、財政の現状の「結果」としてプランBがあるわけだ。

表2-8　予算執行の先送り

政府部内	行政経費（庁費・旅費・諸謝金等）	毎月、予算額を12で除した額の50%以下に支払いを抑制。
独立行政法人等向け	独法運営費交付金等	3ヶ月毎に、予算額を4で除した額の50%に相当する額以上の交付を留保。
	国大運営費交付金	
地方公共団体向け	地方交付税	道府県分の普通交付税については、当面9月交付分について、9〜11月について月割りの交付。
	裁量的補助金	新たな交付決定は行わず、決定済みでも可能な限り執行を留保。
民間団体等向け	裁量的補助金	新たな交付決定は行わず、決定済みでも可能な限り執行を留保。
		私学助成は、交付時期において、国大運営費交付金と同様に対応。
	法令で支払時期が定められていない負担金等	できる限り支払いを延期。
特別会計繰り入れ		一般会計からの繰入金を財源とする経費について、一般会計に準じた対応。
		一般会計からの繰入れ時期の延期について、一層の取り組み。

資料：内閣府「平成24年度9月以降の予算執行について」（平成24年9月7日閣議決定）、大和総研経済レポート「特例公債法案の早期成立を望む〜日本版「財政の崖」を回避せよ」（2012年10月18日）。

他方、仮に危機に陥った後で再建策を打ち出すにも、総論賛成・各論反対となって合意形成できないリスクがある。事前（危機前）に包括的なプランを定めることが速やかな財政再建につながるだろう。危機直後からの時間の経過に沿って善後策は①時間稼ぎ、②止血措置、そして③財政再建の出口に向かうための構造改革からなる。

第一段階は、資金繰りが悪化したときの措置（＝時間稼ぎ）である。積立金を取り崩す特別会計や、先送りないし執行停止する支出項目とその順位を決めておく。実際、「ねじれ国会」

の影響で特例国債法案が承認されず、特例（赤字）国債が発行できなかったとき、当時の民主党政権は「予算執行抑制方針」（平成24年9月7日）を打ち出し、政府部内の支出、地方交付税の配分、独立行政法人への運営交付金の交付などの執行を抑制したことがある（表2－8）。あわせて国債価格の下落で損失をこうむる金融機関への政府・日銀による緊急支援も明記する必要があるだろう。こうして市場のパニックの鎮静化を図る。なお、地銀の救済を含む財政危機の初期対応については、東京財団（2013）が詳しい。

◉歳出のトリアージ

第二段階は、増税と歳出カットで赤字の垂れ流しを抑える緊縮財政＝止血処置になる。緊縮財政の規模については危機の程度や経済状況によって、いくつかのシナリオを設定する。政府は国債市場を鎮静化させるよう迅速に財政赤字の削減計画を作成して、市場（投資家ら）に示すことが求められる。

以下では国・地方を合わせた財政赤字の削減に向けた増税や歳出削減の項目とその順位を列挙する。歳出カットが国の予算にとどまらないのは、国と地方の密接な財政関係による（第5章参照）。

無論、最低限の公共サービスは確保されなければならない。堅持すべき公共サービスも列挙しておくことが必要だろう。いわば歳出（公共サービス）の「トリアージ」である。あれも守る、これも守るではなく、何を守るのかをあらかじめ決めておかなければならない。そのためには、事務事業評価や政策評価、費用対効果などを分析し、必要な項目、守れる項目をあらかじめピックアップしていくという備えがあってよい。

前述の通り、東日本大震災の折には震災復興の財源として、公的年金・公共事業などではなく、当時の子ども手当が槍玉に挙げられた。ニーズではなく、(子育て世帯は総じて政治力が弱いという) 政治力学が働いた結果といえる。こうした事態を避けるためにも、トリアージは必須だ。具体的には必要最小限の防衛費と治安維持のための警察費、災害救助費などが例になろう。医療の分野では救急、周産期医療・透析などが挙げられる。未来への投資として、義務教育や保育園といったものも守るべきかもしれない。基礎年金を含め、介護・医療といったサービスを限定し、最小限の支出に抑え込む。無論、緊縮財政への国民の「信認」を得るためには政府自身も「身を切る」必要があろう。公務員・国会議員などの給与・歳費のカットは必須だ。これは財政的貢献というよりも政府が真摯に財政再建に取り組んでいる (国民に負担を押し付けて、自分たちの既得権益を守っているわけではない) ことの「シグナル」とするのが狙いだ。加えて、国や自治体が保有する未活用の不動産があれば、その売却も進める。他方、再建のペースが成長を著しく損なわないよう危機の程度や経済状況によっていくつかのシナリオを設定する。

それでは、優先順位を付けながら歳出削減を行うことによってどの程度の財源を確保できるのか。以下では、国民経済計算ベースの平成27年度の一般政府の支出額 (一般政府内の移転を除く）204・4兆円をベースに、簡単なシミュレーションを行ってみた。なお、平成27年度の一般政府支出額204・4兆円のうち、主要な支出項目は、年金、医療、介護、生活保護等からなる社会給付が半分強の113・4兆円を占めており、雇用者報酬（人件費）の28・6兆円も15％近くを占めている。

シミュレーションにあたっては以下のように想定した。第一に、国民生活に直結しない雇用者報酬は一律3割カットする。具体的には、防衛、公共の秩序・安全、教育、社会保護に関する雇用者報酬（＝人員）は維持しながら、その他については一律で3割カットする。他方、第二に、将来世代のための支出である教育費・子育て費は削減しない。第三に、外国政府や国際機関への交付金は全額カットする。第四に、現金による社会保障給付のうち年金については、厚生年金・共済（長期経理）の報酬比例部分をカットし、全体として2割の支出削減を行う。国民年金は一律で1割削減する。第五に、医療・介護をはじめとする現物社会保障給付や生活保護は、国民の生命に直結するため原則として削減対象にしないが、後期高齢者医療の自己負担率を3割に、介護保険の自己負担を2割にそれぞれ引き上げる。

以上の想定のもとで歳出削減の簡易シミュレーションを行った結果が表2－9である。国・地方を合わせた削減額は合計で21兆円であり、うち8・1兆円が社会保障の現金給付、4・2兆円が現物給付のカットから捻出された。歳出削減後の支出総額は183・5兆円だが、国民経済計算ベースでは平成27年度の一般政府の歳入のうち、税収が100兆円、社会保険料が67兆円であ

表2-9　歳出カットのシミュレーション

（単位：10億円）

	H27年度実績額	歳出削減率	削減後支出額	削減額
支出合計	204,444	10%	183,479	20,965
1　雇用者報酬	28,589	9%	25,908	2,680
一般公共サービス	4,418	30%	3,093	1,325
防衛	1,927	0%	1,927	0
公共の秩序・安全	4,649	0%	4,649	0
経済業務	2,202	30%	1,541	661
教育	10,860	0%	10,860	0
社会保護	2,218	0%	2,218	0
その他	2,315	30%	1,620	694
2　財・サービスの使用	17,915	30%	12,540	5,374
3　固定資本減耗	17,501	0%	17,501	0
4　利子	10,932	0%	10,932	0
5　補助金	3,408	0%	3,408	0
6　交付金	631	100%	0	631
61　外国政府に対するもの	187	100%	0	187
62　国際機関に対するもの	445	100%	0	445
7　社会給付	113,374	11%	101,096	12,278
a. 現金による社会保障給付	66,833	12%	58,706	8,127
厚生年金	23,266	20%	18,613	4,653
国民年金	21,665	10%	19,499	2,167
共済（長期経理）	6,538	20%	5,230	1,308
児童手当・子ども手当	2,180	0%	2,180	0
社会扶助	7,067	0%	7,067	0
その他	6,117	0%	6,117	0
b. 現物による社会保障給付	46,541	9%	42,390	4,151
国民健康保険	9,958	0%	9,958	0
後期高齢者医療	14,059	22%	10,935	3,124
共済（短期経理）	1,088	0%	1,088	0
組合健保	3,728	0%	3,728	0
協会けんぽ	5,069	0%	5,069	0
介護保険	9,239	11%	8,213	1,027
社会扶助	3,161	0%	3,161	0
その他	238	0%	238	0
8　その他の支出	12,094	0%	12,094	0

り、財政危機時には税・社会保険料の範囲内で歳出を賄わなければならないとすれば、こうした大規模な歳出削減を行ったとしてもさらに15兆円以上不足することになる。

なお、このシミュレーションは簡易なものであり、さまざまな限界がある。たとえば、財政危機時は利払い費が急増していると考えられるため、削減額のうち一定程度は相殺される可能性が高く、年金などの給付が削減されれば、その分生活保護費が増加する可能性もある。これらの点には十分留意されたい。なお、公的年金と生活保護の「棲み分け」については第5章を参照されたい。

◉危機の克服に向けて

こうした財政再建を進めるにあたっては財政再建のプロセスと年数を明記した工程表を作り、国民に先行きを見せる必要がある。先の見えない財政再建は国民の支持を得られないし、国民は疲労する。無論、危機にはさまざまな不確定要素が伴う。プラン通り再建できないかもしれない。とはいえ、事前のプランは再建の指針（たたき台）になるはずだ。

プランBの実施にあたっては、共同責任として超党派的に取り組む。たとえば、「社会保障と税の一体改革」は、超党派の3党合意があったために可能だった。国民に一定の痛みを求めるのであれば、政争の具にしないためにも、何らかのかたちで財政再建内閣を作っていく。ここで肝要なのは、財政破綻の責任を問うような「戦犯探し」はしないことだ。責任の所在は後世の歴史家の判断に任せればよい。むしろ重要なことは、早期に危機を脱して、健全な財政を将来世代に引き継ぐことであろう。

また、財政破綻を前提にしたプランBを考えることは、現行の財政制度の課題を改めて認識することにもつながる。たとえば、危機時の歳出のトリアージにしても、政策の優先順位があらかじめ付けられていることが前提になる。これは平時（＝危機前）における適正な政策（事務事業）評価を促す契機になろう。危機への対応は平時の課題（優先順位付けの欠如）を明らかにするとともに、その対応を促すことになりうる。

いずれにせよ、財政危機を「想定外」のままにしておくのではなく、最善＝危機の回避を期待しつつ、最悪＝危機の発生に備えるのが適切なリスクマネジメントともいえる。

【参考文献】

小黒一正・小林慶一郎（２０１１）『日本破綻を防ぐ2つのプラン』（日本経済新聞出版社）。
佐藤主光・小黒一正（２０１６）「首都圏直下地震と財政問題」齊藤誠・野田博（編集）『非常時対応の社会科学――法学と経済学の共同の試み』第14章、有斐閣。
東京財団（２０１３）『財政危機時の政府の対応プラン』東京財団。

第 3 章

日銀と政府の関係、出口戦略、日銀引き受けの影響

小黒一正　法政大学教授
左三川郁子　日本経済研究センター主任研究員

政府と日本銀行を一体で考える場合、日銀が国債を保有するか否かにかかわらず、統合債務の負債コストは基本的に変わらない。いまは金利が概ねゼロのために負債コストが顕在化していないが、デフレ脱却後に金利が正常化すると、財政赤字を無コストでファイナンス可能な状況は完全に終了し、巨額の債務コストが再び顕在化する。

日銀が満期保有を前提にマイナス金利で国債を買い入れると、その時点で損失が確定する。また、将来の出口局面で超過準備の付利を引き上げれば、保有国債の利回りとの間で逆ザヤが生じ、日銀は赤字に陥る可能性がある。このとき、金利の正常化を図りたい日銀と、政府債務のコスト増を回避したい財政当局との間で「中央銀行の独立性」の問題が浮上する。

政府が日銀に直接国債を引き受けさせることが明らかになれば、おそらく市場に激震をもたらす可能性が高い。その影響は、市場や国民が抱く将来の見通しにも依存し、多少の引き受けくらいなら、さほど大きな影響は出ない可能性もあるが、財政ファイナンスは「麻薬（ドラッグ）」であり、政治が少額の成功に味をしめ、少しずつ額を増やしていくとすると、財政規律が弛緩し、やがて通貨や国債に対する信認が崩れ、制御不能のインフレに陥る可能性がある。

1 日銀が国債を買い切っても、財政再建はできない

「日銀が国債をすべて買い切れば、国民負担なしで財政再建が終了する」という主張は正しくない。財政の持続可能性を確保するためには、財政再建をしっかり進める必要がある。

金利が正常化するなかで、日銀が市場金利との比較で、「超過準備」の付利を適切な水準まで引き上げずに抑制する場合、統合政府で見ると、それは預金課税を行っているのと実質的に同等となる。逆に、「超過準備」の付利を適切な水準まで引き上げる場合、統合政府で見ると、「超過準備」は実質的に国債発行（短期国債の発行）と概ね同等となる。

少子高齢化や人口減少で社会保障費が急増し、財政赤字が恒常化するなか、GDPの2倍以上の債務を抱える日本の財政はきわめて厳しい状況にある。にもかかわらず、財政の持続可能性に対する国民の危機感は薄い。

この理由の一つには、日銀が〝異次元〟の金融政策で大量に国債を買い取り、長期金利をきわめて低い水準に抑制できていることも大きな影響があろう。その結果として、国債の利回りが1％程度（発行済み国債の加重平均金利）で済んでおり、約1000兆円の政府債務の利払い費が約10兆円に抑制できている。

また、過去の歴史的な教訓から、金融政策の運営を担う中央銀行には政治的な独立性が法的に確保されるケースも多く、日本の中央銀行である日本銀行においても、日銀法3条1項や5条2項により、金融政策の独立性や業務運営の自主性が定められている。この意味で、日銀は政府から政治的に独立した機関だが、日銀の正副総裁や審議委員の人事は国会承認事項でもあり、また、財務省所管の認可法人で政府（財務大臣）が出資証券のうち55%を保有していることなどから、日銀は政府の子会社のような存在ともみることができる。

現時点（2017年末）で、国債発行残高に占める日銀の保有比率は4割を超えている。2018年には5割に迫ると見られ、現状のペースで日銀が大量に国債を買い続けていけば、市場に流通する国債は減少し、国債市場の機能低下が懸念される。このような状況の中で、「日銀が国債をすべて買い切れば、国民負担なしで財政再建が終了する」旨の主張も出てきているが、経済学の重要なメッセージは、「There is no such thing as a free lunch.」（世の中にただのランチなどない）というもので、この主張は誤解である。日銀が国債を買い切っても、財政再建ができるわけでない。政府と日銀との関係を議論する前提として、この事実を深く理解しておくことはきわめて重要であり、まずはこの理由を以下、順番に説明しておこう。

第一の理由は、金融政策は資産の「等価交換」で、日銀が買い取る国債を支えているのは主にわれわれの預金であるためである。この意味を理解するため、以下の簡易ケースで考察してみよう。

図3-1　政府部門・日銀・民間銀行のバランスシート

政府部門

資産		負債	
政府預金	50	国債	800

日銀

資産		負債	
国債	400	現金	100
		政府預金	50
		準備	250

民間銀行

資産		負債	
準備	250	預金	1,600
国債	400		
貸出	950		

まず、現実の経済にはいくつもの異なる家計や企業、銀行等の金融機関が存在しているが、ここでは政府部門・日銀のほか、一つの民間銀行しか存在しないものとする。

また当初、政府部門・日銀・民間銀行のバランスシートは以下の通りとする（簡略化のため、日銀が保有する国債以外の資産や自己資本のほか、民間銀行の自己資本などは無視する）。

図3－1の日銀のバランスシートの負債側にある「現金」は市中に流通している日銀券残高を意味し、「準備」は中央銀行が民間銀行から預かっている預金（＝日銀当座預金）を意味する。

このとき、金融政策で国債の買いオペレーションを行い、日銀が民間銀行から、国債１００を買い取ってみよう。この政策は「国債と準備を等価交換」する措置であり、日銀は国債購入の対価として、民間銀行の日銀当座預金を１００増やす。つまり、日銀のバラン

図3-2　政府部門・日銀・民間銀行のバランスシートの変化

政府部門

資産		負債	
政府預金	50	国債	800

日銀

資産		負債	
国債	500	現金	100
		政府預金	50
		準備	350

民間銀行

資産		負債	
準備	350	預金	1,600
国債	300		
貸出	950		

スシート上では資産側の国債が１００増加、負債側の準備が１００増加する一方、民間銀行のバランスシート上では資産側の準備が１００増加、国債が１００減少する。その結果、政府部門・日銀・民間銀行のバランスシートは**図３－２**の通りとなる。

図３－１と異なる部分が灰色マーカーの部分であるが、**図３－２**は何を意味するのだろうか。まず、民間銀行のバランスシートを見てみよう。このバランスシートの資産側には準備３５０、国債３００、貸出９５０があるが、これらの合計１６００を負債側の預金１６００が支えている。つまり、負債側にある預金の一部（３５０）が資産側の準備３５０を支えている。

次に、日銀のバランスシートを見てみよう。このバランスシートの負債側には現金１００（＝市中に流通している日銀券）、政府預金50、準備３５０があり、それらの合計５００が資産側の国債５００を支えている。つまり、負債側の準備350が資産側にある国債の一部350を支えている。

その結果、民間銀行のバランスシートの負債側にある預金の一部（350）が、資産側の準備350を通じて、日銀のバランスシートの資産側にある国債の一部350を間接的に支えている構図になる。なお、日銀のバランスシートの資産側で大部分を占める「国債」は「日銀の政府に対する債権」、負債側で大部分を占める「準備」は「民間銀行の日銀に対する債権」（日銀から見ると負債）である。このため、債権債務の関係から、日銀保有の国債と準備を一般的に相殺することはできないが、たとえば図3－2で、財政再建を図る観点から、仮に日銀保有の国債の一部（350）と準備（350）を相殺すると、それは政府部門が準備350に100％課税を行う政策と実質的に同等であり、最終的に民間銀行に預けているわれわれの預金の一部（350）が消滅してしまう。

ところで、政府が発行する国債残高を賄っている原資は基本的にわれわれの預金であり、金融政策はその原資を増やすものではないという事実も重要である。この事実は、日銀と民間銀行を合わせた統合銀行のバランスシートから簡単に理解できる。まず、図3－2の日銀のバランスシートと民間銀行のバランスシートを統合し、資産側・負債側の両方に記載のある準備を相殺すると、図3－3となる。この統合銀行のバランスシートは、負債側の現金100（＝市中に流通している日銀券）、政府預金50、われわれの預金1600が、政府が発行した国債残高800、企業や家計等への貸出950を支えていることを意味する。

図3-3　政府・日銀＋民間銀行統合バランスシート

政府部門 資産		政府部門 負債		日銀＋民間銀行（統合銀行） 資産		日銀＋民間銀行（統合銀行） 負債	
政府預金	50	国債	800	国債	800	現金	100
				貸出	950	政府預金	50
						預金	1,600

また、**図3−1**で日銀と民間銀行のバランスシートを統合し、資産側・負債側の両方に記載のある準備を相殺しても、**図3−3**とまったく同じバランスシートが得られる。この事実は、政府が発行する国債残高を賄っている原資は基本的にわれわれの預金であり、金融政策はその原資を増やすものではないことを意味する。

世の中にフリーランチが存在しない第二の理由は、もし金利が正常化するなかで、日銀が市場金利との比較で、「超過準備」の付利を適切な水準まで引き上げずに抑制する場合、政府部門と日銀を合わせた統合政府で見ると、それは預金課税を行っているのと実質的に同等となるためである。また、「超過準備」の付利を適切な水準まで引き上げる場合、統合政府で見ると、「超過準備」は実質的に国債発行（短期国債の発行）と概ね同等になるためである。この意味について、順を追って説明しよう。

まず、この理解を深めるため、**図3−1**と**図3−2**の各ケースについて、政府部門と日銀（統合政府）のバランスシートを考えてみよう。統合政府のバランスシートの資産側と負債側の両方に記載がある政府預金や国債を相殺すると、各ケースにつき、**図3−4**が得られる。

図3−4から読み取れる事実のうち、最も重要な視点は二つある。一つ

図3-4　統合政府と民間銀行のバランスシート

（1）　図3－1のケース

政府部門＋日銀（統合政府）				民間銀行			
資産		負債		資産		負債	
		現金	100	準備	250	預金	1,600
		国債	400	国債	400		
		準備	250	貸出	950		

（2）　図3－2のケース

政府部門＋日銀（統合政府）				民間銀行			
資産		負債		資産		負債	
		現金	100	準備	350	預金	1,600
		国債	300	国債	300		
		準備	350	貸出	950		

は、図3－4の(1)・(2)のどちらのケースも、統合政府（政府部門＋日銀）のバランスシートの負債側にある「国債」と「準備」の合計650は、民間銀行のバランスシートの資産側の「国債」と「準備」の合計650に一致し、その資産を支えているのは民間銀行のバランスシートの負債側にあるわれわれの「預金」1600であるという視点である。

もう一つは、統合政府（政府部門＋日銀）のバランスシートの負債側にある「現金」「国債」「準備」のうち、現金の金利コストは「ゼロ」、国債の金利コストは「長期金利（例‥10年物国債の金利）」、準備の金利コストは「付利」であるという視点である。

デフレ下で名目金利が概ねゼロである状況では、国債の金利コスト（＝長期金利）も、準備の金利コスト（＝付利）も概ねゼロであるから、図3－4の⑴ケースと⑵ケースにおける統合政府（政府部門＋日銀）の負債コストは概ね同等となる。

しかし今後、金利の正常化に伴い、国債の金利コスト（＝長期金利）が準備の金利コスト（＝付利）から大きく乖離するようになると、図3－4の⑴ケースと⑵ケースにおける統合政府（政府部門＋日銀）の負債コストに大きな差が生じる。たとえば、付利を長期金利よりもずっと低い水準に維持できれば、統合政府（政府部門＋日銀）の負債コストは図3－4の⑴ケースよりも⑵ケースのほうが低くなる。

では、金利が正常化した場合に、付利を長期金利よりもずっと低い状態に維持すると、何が起こるだろうか。結論を先に述べると、統合政府（政府部門＋日銀）で見ると、それは預金課税と同じになる。

以下では議論を分かりやすくするため、少し極論だが、将来の一定期間、短期金利と長期金利が3％で一定であるとしよう。これは「イールドカーブ」がフラットな状況を意味する。また、民間銀行の利潤はゼロ（資金運用利回りと資金調達コストが同じ水準）とし、市場の名目金利は一つしかないものと仮定する。

このとき、たとえば市場の名目金利が3％に上昇すると、市場で裁定が働き、長期金利（＝10年物国債の金利）や貸出金利も3％に上昇していくので、日銀は付利を3％に引き上げる必要が出てくる。

だが、日銀がもし付利を3％に引き上げないと、預金金利も3％を割ってしまう。これをたとえば、**図3－4**の⑵ケースで考えてみよう。長期金利（＝10年物国債の利回り）や貸出金利が3％で、もし付利がそれよりも低い1％であれば、民間銀行が得る金利収入は41（＝350×1％＋300×3％＋950×3％）になる。民間銀行の利潤はゼロであるから、この金利収入のすべてを預金者に還元すると、預金金利は2・56％（＝41÷1600）と計算できる。付利がゼロなら、預金金利は2・34％になる。

なお、「純粋期待仮説」（長期金利は将来の短期金利の期待値で決まるという仮説）に従えば、この状況では裁定取引が可能なので民間銀行から預金が流出する可能性があり、市場金利の再調整が起こるはずであるが、「市場分断仮説」（長期金利と短期金利は別々の市場で、各期間の金利に対する資金需給により決定されるという仮説）が一定の妥当性をもつならば、預金金利を低めに抑制できるかもしれない。いずれにせよ、このようなかたちで付利を市場の名目金利よりも引き下げて抑制する場合、預金金利が低下し、それは預金課税を行っているのと実質的に同等であることを意味する。

では、金利が正常化した場合、付利を適切な水準まで引き上げると、何が起こるだろうか。この場合も、長短金利や、預金と貸出金利の区別がなく、市場の名目金利が一つしかないケースで考える。

たとえば、長期金利（＝10年物国債の利回り）や貸出金利が3％のときに、付利を3％に引き上げる場合を考えてみよう。このとき、図3－4の⑴・⑵のどちらのケースにおいても、統合政府（政府部門＋日銀）のバランスシートの負債側にある国債と準備のコストは3％で変わらない。厳密には、超過準備の付利は短期金利（コールレートなど）と同水準であり、これは統合政府で見ると、「超過準備」は実質的に償還期間がきわめて短い超短期国債の発行と概ね同等になることを意味する。もっとも、短期金利と長期金利の区別はあるので、金利が正常化した場合、付利を長期金利よりも若干低い水準に維持できる可能性もあるが、資金の貸借市場の需給が需要増に傾くと、短期金利の下限であるコールレートも長期金利と同様の水準まで上昇する。

なお、日銀が保有する国債は満期（償還）があるため、何もしなければ、日銀のバランスシートから徐々に落ちていく（日銀が２０１７年12月末時点で保有している長期国債のうち、約51兆円の国債が２０１８年中に償還を迎える見通しである）。このとき、国は60年償還ルールに則り、償還額の一部を借換債の発行で再調達するため、民間銀行などが保有する国債や市場に流通する国債は増加する。つまり、国債市場の需給バランスが供給増に変化するため、長期金利に上昇（国債の価格に下落）圧力がかかる。

現行のイールドカーブ・コントロール（Yield Curve Control：ＹＣＣ）のもとでは、長期金利が上昇すると、日銀は国債の買い入れを増やして10年物国債の流通利回りを０％程度まで下げると考えられる。このとき金融政策は、国債管理政策からの影響を強く受ける「財政従属」（Fiscal Dominance）に陥りかねない。また、長期金利が上昇すれば政府債務の利払い費が増加し、財政を直撃するため、最終的に財政再建が求められる。

したがって、「日銀が国債をすべて買い切れば、国民負担なしで財政再建が終了する」という主張は正しくない。財政の持続可能性を確保するためには、財政再建をしっかり進める必要がある。

2 日銀が抱える損失と潜在的リスク

仮に日銀が2019年度まで、減額しながら長期国債の買い入れを継続し、2020年度以降に付利を引き上げるとともに、償還を迎えた長期国債を別の利付国債に置き換えるケースでは、付利の引き上げ幅が3%を上回ると、単年度の損失が10兆円を上回る可能性がある。


以上のほかに、日銀が金融政策で国債を大量に買い取るなかで、いまの日銀が独自に抱えている損失や潜在的リスクもある。

その最も代表的な事例の一つが、日銀がマイナス金利政策の開始以降に、長期国債を「オーバー・パー」（額面を大幅に上回る価格）で購入した結果、抱えることになった損失である。

図3-5　償却原価法のもとでの受取利息の考え方

（損益計算書の）国債利息 ＝ 受入利息 ＋ 利息調整額

注：額面を上回る価格（オーバー・パー）で買った場合の利息調整額はマイナスの値に、額面を下回る価格（アンダー・パー）で買うと利息調整額はプラスの値になる。

たとえば、日銀が国債の買いオペで額面１００円の長期国債を１０５円で買い入れ、これを満期まで保有しても、満期で１００円しか戻ってこないために５円の償還損が発生する。この間、償還損を補うだけの十分な利息収入が得られないと、最終的な運用利回りはマイナスとなる。日銀はこれまでのところ、量的・質的金融緩和のもとで買い入れた長期国債を売却せずに保有し続けている。満期保有を前提にマイナス利回りの長期国債を購入すれば、その時点で損失が確定する。

詳しく見ていこう。日銀は長期国債の取得原価と額面価格の差額を、満期まで毎年均等に処理する「償却原価法」と呼ばれる会計方法を採用している。たとえば、満期まで５年を残した額面１００円の国債を１０５円で購入したとする。日銀は満期までの５年間、簿価と購入価格の差を毎年均等に「受入利息」に加える。上の例では差額がマイナス５円なので、実際には毎年１円の「利息調整額」を受入利息から差し引くことになり、損益計算書には（マイナスの）利息調整額を加えた後の金額が「国債利息」として記載される。これとあわせ、バランスシートに記載する国債の簿価も、毎年１円ずつ落としていく。

金利収入が得られる利付国債の保有額が増えれば、受入利息が増えるため、利息調整後の国債利息も増えると考えられる。ところが、金利低下局面での国債買い入れは、オーバー・パーで購入することを意味し、利息調整額はマイナスの値となる。とくに、流通利回りがマイナスの国債を買い入れると、受入利息よりも利息調整額のマイナス幅が大きくなり、国債利息は結果的にマイナスとなる。

２０１６年2月からのマイナス金利政策のもとで日銀は、マイナス利回りの長期国債を買い入れることになり、買いオペのたびに損失が増えていくという状況が発生した（図3－6の円で囲んだ部分）。以前は額面を上回る価格で国債を購入しても、マイナスの利息調整額を受入利息でカバーできていたが、マイナス金利政策のもとではマイナスの利息調整額が大きくなり、受入利息でカバーできなくなった。償却原価法は、国債を満期まで保有することを前提としているため、仮に長期金利が上昇しても（国債の価格が下落しても）、日銀はその期の決算で評価損を計上する必要はない。ところが、マイナス利回りでの国債買い入れが増えた結果、日銀には16年3月から11月までの9ヵ月間、損失が累積していた。長期国債に加えて、日銀がマイナス金利で購入した短期国債の償還損も（日銀の）利益を圧迫した。16年度は短期国債に１２３０億円の評価損が発生した。

その後、16年9月に導入されたイールドカーブ・コントロール（ＹＣＣ）のもとで10年物国債の流通利回りが０％程度で推移するようになると、日銀がオペで買い入れる長期国債の平均利回りもプラスに戻った。

図3-6　日銀の国債買い入れ：YCC以降は平均利回りがプラスに

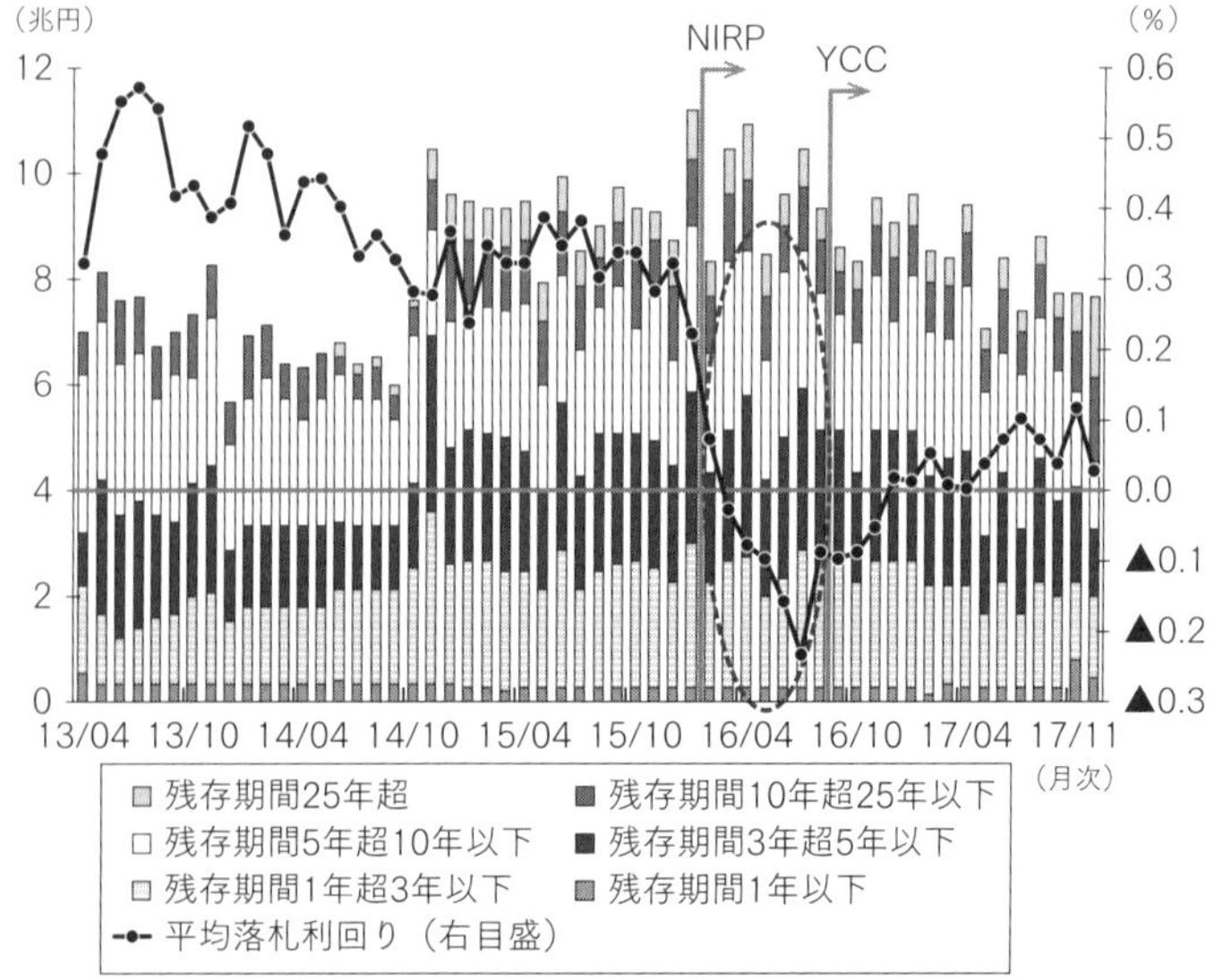

注：1. 棒グラフは毎月の買い入れ額、折れ線グラフ（右目盛）は日銀が購入したときの平均落札利回りを表す。
2. 物価連動債と変動利付債を除く。
3. 詳しい試算方法については、左三川・高野（2017）を参照。

資料：日本銀行「日本銀行が保有する国債の銘柄別残高」、「オペレーション」、日本証券業協会「公社債店頭売買参考統計値」より試算。

日銀の損失は、デフレ脱却後における金融政策の出口で顕在化する。日銀の主な資産は国債である（2017年9月末の保有額は435兆円）。このうち固定金利の長期国債が404兆円と、9割近くを占めている。日銀が保有する長期国債は平均残存期間が7年[1]を超えている。しかも、最近は過去に発行された比較的高めの金利の国債が次々と償還を迎えて低金利のものに置き換わっている。

日銀保有の長期国債の運

用利回りは２０１７年度上期で０・３２６％である。平均残存年数が７年超の長期国債を日銀が満期保有することを前提とすれば、償還を迎えた国債を別の国債に再投資するだけで長期国債の運用利回りがすぐに上昇するとは考えにくい。

これに対し、日銀当座預金は超短期の負債であるから、金利正常化の過程で短期金利を引き上げれば、日銀はあっという間に逆ザヤに陥ってしまう。バランスシートを膨らませた状態で逆ザヤが長引くと、日銀は債務超過に陥りかねない。

日銀が出口で金利を引き上げる方法は主に二つある。第一の方法は、日銀が保有する国債を売却し、金利上昇を誘導する方法である。日銀が民間金融機関に国債を売却すると、売却代金が、民間がもつ日銀当座預金から引き落とされるため、日銀のバランスシートは縮小する。

しかし、２０１３年５月にバーナンキ元ＦＲＢ（米連邦準備制度理事会）議長が資産買い入れの縮小（テーパリング）を示唆しただけで、米国の国債市場が急落（米長期金利が高騰）したことは記憶に新しい。市場への影響を考えると、日銀が大量に抱えた保有国債の売却を進めるとは考えにくい。

金利上昇で国債価格に下落圧力がかかるなかでの売却は、日銀にキャピタル・ロスが発生するリスクを伴う。国債価格が下落すると、民間銀行が保有する国債に評価損が発生する。さらに、１０００兆円もの巨額債務を抱える日本の財政も、金利上昇で債務の利払い費が急増するリスクに直面する。

金利引き上げの第二の方法は、日銀が超過準備の付利を引き上げることである。[2] 超過準備の付利は事実上、短期市場金利の下限（フロア）となっているため、付利を引き上げれば、無担保コール翌日物金利などの短期金利の上昇を誘導することができる。この場合にも、国債価格が下落して日銀が評価損を抱える可能性はあるが、上述の通り、日銀が2004年度から採用している「償却原価法」では、国債の満期保有を前提としているため、国債価格が下落しても、保有期間中に評価損を計上する必要はない。

損失が発生するのはむしろ、日銀が逆ザヤになったときである。日銀の負債の大部分を占める超過準備への付利の支払いが、主な運用資産である国債からの受取利息を上回ると、損失が顕在化する。

たとえば、日銀の資産を400兆円の国債とし、運用利回りを0・3％とする。一方、日銀の負債は100兆円の銀行券と300兆円の超過準備で構成され、超過準備の付利が0・1％であるケースを考えてみよう。このとき、運用資産から1・2兆円（＝400兆円×0・3％）の利息を受け取りながら、負債コストとして0・3兆円（＝300兆円×0・1％）の金利を支払うため、トータルでは0・9兆円の純利益を得ることができる。

日本銀行が得た最終的な利益、すなわち所要の経費や税金を支払った後の当期剰余金は、準備金や出資者への配当に充当されるものを除いて、国庫に納付される（日本銀行法第53条）。日銀の国庫納付金は、国の一般会計の歳入の一部となっている。日銀の国庫納付金は1992年度に

図3-7　日銀の国庫納付金

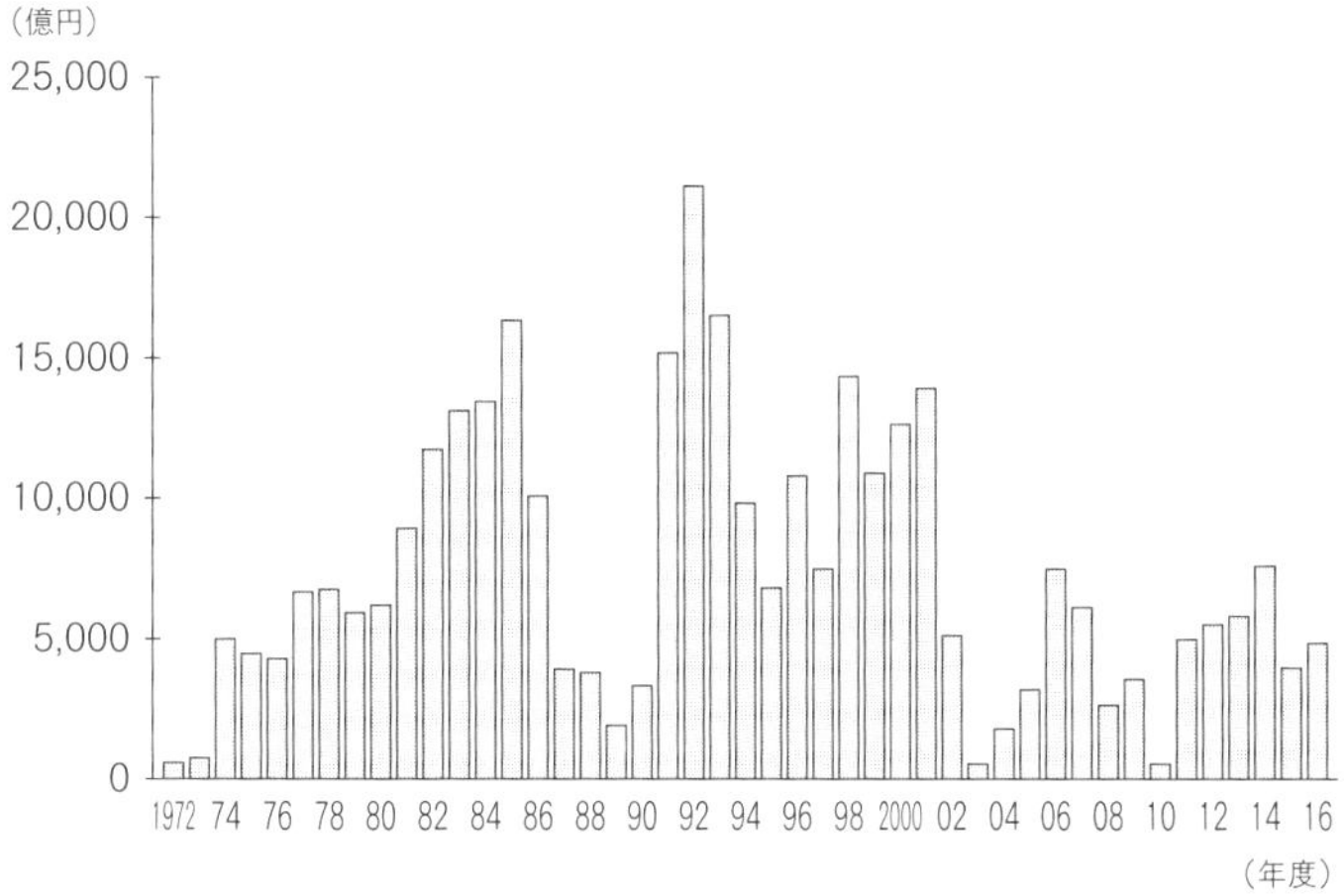

資料：財務省「一般会計　歳入決算明細書」。

2兆円を上回ったが、最近では5000億円前後で推移している（図3－7）。

それでは、日銀が物価上昇を抑制するために超過準備の付利を引き上げるケースではどうか。消費者物価上昇率が▲0・5%～1・5%のときの付利が0・1%だから、物価上昇率が2～3%になった場合の付利は、実質金利を現在と同水準（▲1・4%（＝0・1%－1・5%））から0・6%（＝0・1%－▲0・5%）の範囲）に維持すると仮定すれば、0・6%（＝2%＋▲1・4%）～3・6%（＝3%＋0・6%）程度まで引き上げる必要がある。このとき、日銀が保有する長期国債はほとんどが固定金利のため、資産運用利回りも当面は0・3%程度にとどまると考えられる。運用資産からの利息収入が概ね1・2兆円のままである一方、負債コストは1・

8兆円～10・8兆円（＝300兆円×0・6％～3・6％）に膨らみ、日銀に0・6兆円～9・6兆円の損失が発生する。

日銀が仮に2019年度まで、減額しながら長期国債の買い入れを継続し、2020年度以降に付利を引き上げるとともに、償還を迎えた長期国債を別の利付国債に置き換える（再投資する）ケースを考えてみたい。日銀の保有長期国債（17年末で418・5兆円）と、付利の対象となる補完当座預金制度の対象当座預金（17年末で346・9兆円）から試算した結果は図3－8の通りである。

図3－6で示した通り、複数の公表データから、日銀が長期国債をいくらで買い入れたかという価格（平均落札利回り）の情報が得られる。日銀が買い入れた長期国債を満期まで保有するとの前提に立てば、購入価格をもとに、日銀が将来手にする国債利息（利息調整額を除いたネットの利息）も試算できる。また、2020年度以降の再投資額は2017年末に保有していた長期国債の償還スケジュールに従うものとする（再投資で置き換えられる国債金利は付利プラス0・5％と想定）。

付利を引き上げた場合の日銀の損失は図3－8に示した通りである。付利の引き上げ幅が大きければ、その分再投資する国債の金利も高くなるが、年を追うごとに償還額が減少するため、再投資分だけでは高金利のメリットを十分に享受できない。付利の引き上げ幅が3％を上回ると、単年度の損失が10兆円を上回る可能性がある。3

図3-8　超過準備の付利を引き上げた場合の日銀の損失

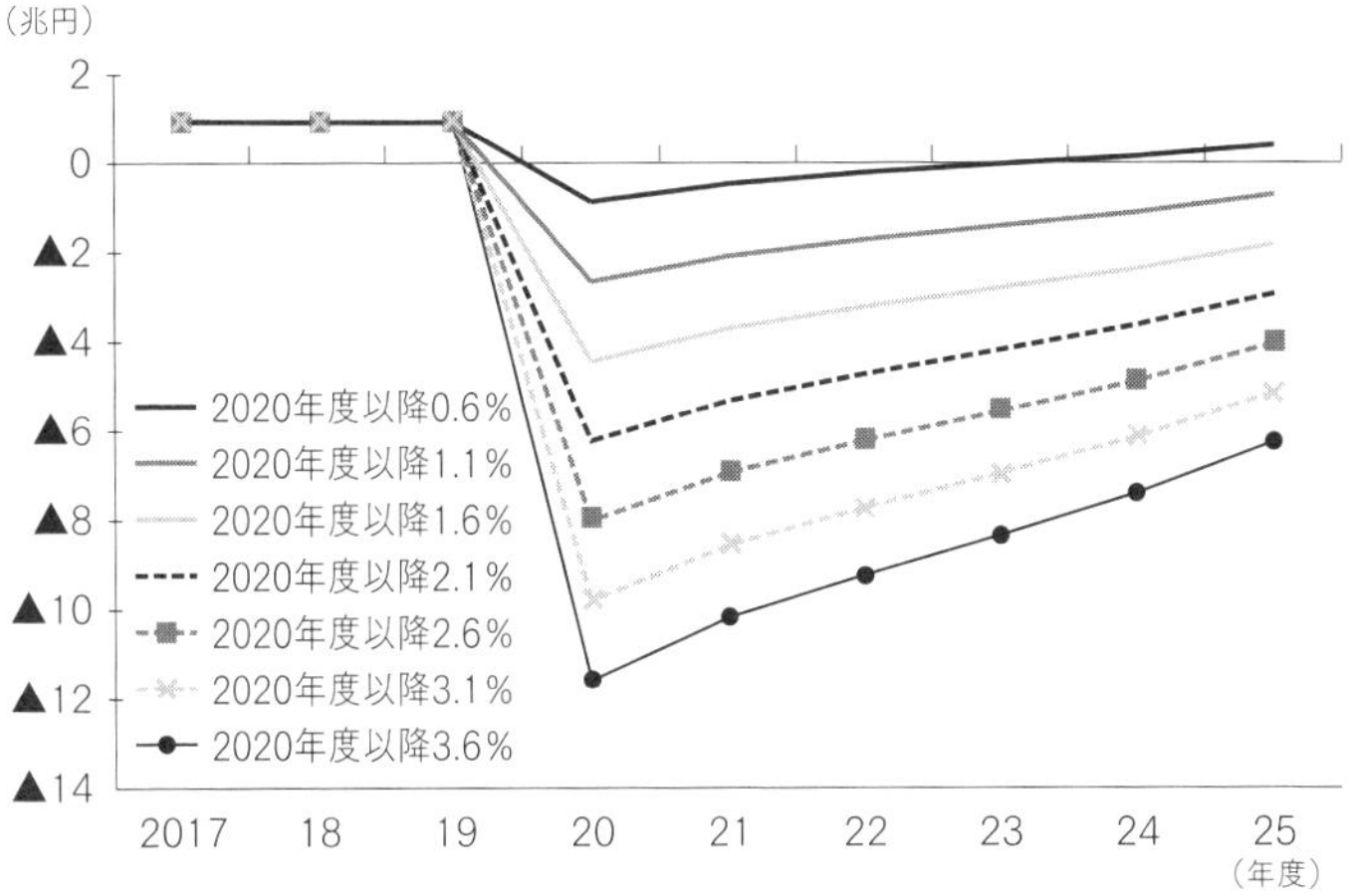

注：日銀の公表データなどから筆者試算。

なお、政府・日銀は２０１５年11月26日、日本銀行法施行規則（平成10年大蔵省令第３号）や日銀の会計規程を改正し、国債の償還や売却に伴う損失などに備え、債券取引損失引当金の拡充に乗り出した（債券取引損失引当金は自己資本［引当金勘定］の一部で、日本銀行法施行令第15条及び同令附則第１条の２、日本銀行法施行規則第９条―第11条及び同規則附則第３条並びに会計規程第18条及び同規程附則の規定に基づき計上する）。準備金と異なり、債券取引損失引当金は決算が赤字になる前に取り崩すことができる。日銀は２０１６年度に債券取引損失引当金を４６１５億円積み増し、同引当金の残高は３兆１５５０億円に拡大した。また、準備金や引当金を含む自己資本は７・８兆円にのぼる。だが、ひとたび付利が２％に上昇すれば国債の受取利息と超過準備に対する利払いの差だけで6兆円近くの赤字が発生する。日銀の資本は1年半で枯渇し、債務超過に陥ってしまう。

また、前述の通り、日銀が超過準備に対して支払う付利が短期の金利であるのに対し、日銀が保有する国債の利回りは長期の金利である。このため日銀が民間金融機関から国債を買い取り、マネタリーベース（準備）を供給する政策は、統合政府の負債コストの一部を長期金利から短期金利に置き換えるもので、統合政府の財務を金利上昇に対して脆弱にしている。

逆ザヤによる損失を回避するには、長期金利を短期金利より先に引き上げていく方法があるが、日銀が保有する長期国債は2017年11月末時点で平均残存期間が7・4年まで長期化しており、仮に長期金利が上がっても、再投資によって高金利の国債に置き換えられるのは一部である（図3－9）。しかも、長期金利の上昇は政府債務の利払い費を増加させることを意味し、財政当局や政治が日銀の動きを牽制（あるいは束縛）する可能性もある。

金利の引き上げ局面では一般に、インフレを抑制したい中央銀行と、景気刺激的な政策を継続したい政治との間で対立が生じやすく、この点が「中央銀行の独立性」の問題として議論される。しかし、日本の次の出口局面では、金利の正常化を図りたい日銀と、政府債務のコスト増を回避したい財政当局との間で「中央銀行の独立性」の問題が浮上する可能性がある。

逆ザヤによる損失が膨らむと、日銀は債務超過に陥るリスクもある。もっとも、海外ではチェコ中央銀行が一時的（1990年代～2015年）に債務超過に陥ったが問題が顕在化していな

図3-9　日銀保有国債の償還スケジュール（2017年12月末基準）

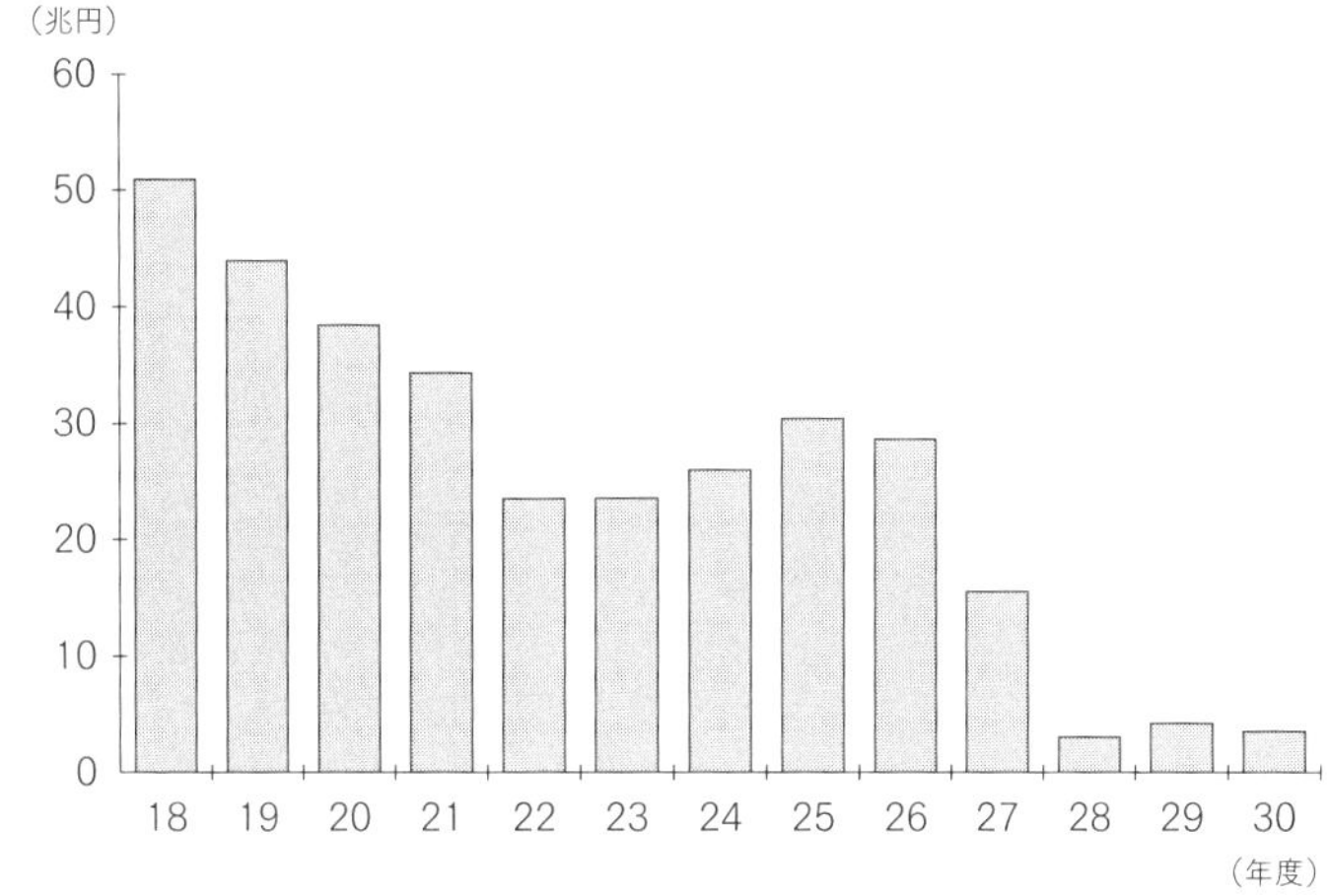

資料：左三川ほか（2018）。

いケースもあり、日銀が一時的に債務超過に陥っても本質的な問題が発生するとは断定できない。

Stella（1997,2002）などによると、中央銀行が債務超過に陥った事例はいくつも存在する。たとえば、ドイツ連邦銀行（Bundesbank、1977年～79年）、ベネズエラ中央銀行（1980年代～90年代）、ジャマイカ銀行（1980年代～90年代半ば）、旧フィリピン中央銀行、チリ中央銀行（1997年～2000年）、インドネシア中央銀行（1997年～98年前後）、などである。

このうち、ベネズエラ中央銀行、ジャマイカ銀行、旧フィリピン中央銀行の債務超過ケースでは、物価安定の目標を中央銀行が達成することが困難になり、高いインフレが発生している。一般的に、中央銀行が債務超過を自力で解消に努める場合、貨幣供給を増加させて追加的な通貨発行益を確保することが多く、それが物価上昇を加速してしまう。

現行の日銀法（1998年施行）では、旧法にあった損失補塡条項が削除されており、日銀が債務超過に陥った場合に政府がその埋め合わせをするという規定は存在しない。日銀は財務的には政府から独立しているため、金融政策の結果としての損失は日銀の自己責任で処理される必要があるという考え方に立っている。

損失補塡ルールはこれまでのところ、復活していない。もっとも、財政当局が損失補塡を行い、中央銀行の債務超過を解消することも考えられる。しかし、それは国民負担の増加を意味することから、損失補塡の規模や方法につき、財政当局や政治の介入が強まり、中央銀行が目指す物価安定目標と整合的でない条件が課される可能性もある。

たとえば、物価上昇を抑制するために金融引き締めを行えば、どうしても長期金利の上昇を許容する必要があるが、巨額の政府債務が存在するなか、それは利払い費の増加を通じて財政を直撃する。

日銀には政治的な独立性が認められているが、選挙で選ばれる政治家と一段しか離れておらず、世論やマスコミから批判を浴び、政治的な強い風圧にもさらされることも確実である。そうなると、日銀は国債購入を通じて長期金利の上昇抑制を優先し、その結果、貨幣供給が拡大してしまい、これは日銀が直接責任を問われる物価安定の放棄を意味する。

つまり、日銀は直接責任を問われる実際の物価上昇の抑制か、財政の救済か、二者択一を迫られる。この関係で、たとえば、シカゴ大学のジョン・コクラン教授は最近の論文（２０１４年）において、「歴史的に見ると、インフレは貨幣的現象というよりも財政的現象である」という主張をしている。「物価水準の財政理論」（Fiscal Theory of the Price Level：ＦＴＰＬ）の考え方である（ＦＴＰＬについては章末のコラムを参照）。

なお、チリ中央銀行やインドネシア中央銀行などのように、中央銀行の債務超過が高いインフレを引き起こさなかったケースもある。拡張的な金融政策の裏側で、国が緊縮的な財政政策を行ったからである。

いずれにせよ、政府と日銀を一体で考えたとき、日銀が国債を保有していても、統合債務の負債コストは基本的に変わらないという視点のほうが重要である。現在は金利が概ねゼロのために負債コストが顕在化していないが、デフレ脱却後、日銀のバランスシートの負債側にある現金と準備は、物価が何倍にもならなければ維持不可能なものであり、日銀はバランスシートを縮小するために保有国債を減少させるか、バランスシートの規模を維持する代わりに準備に対する付利を引き上げる必要などが出てくる。

そのとき、財政赤字を無コストでファイナンス可能な状況は終了し、巨額の債務コストが再び顕在化するわけで、金融政策の出口や限界を考慮する場合、異次元の金融緩和リスクや将来コストを十分に考える必要がある。

3　ステルス・エグジットと異次元緩和の迷路

「ストック・ビュー」が妥当な場合、「ステルス・エグジット」で長期金利に上昇圧力がかかり始めるのは、ネットで買い取る長期国債のボリュームが年間で財政赤字（約30兆円）を下回ったときである。

以上のリスクを含め、もはや異次元緩和の限界は明らかで、すでに日銀は2016年9月下旬、異次元緩和を軌道修正し、短期金利を▲0・1％に誘導するマイナス金利政策を維持しながら、長期金利を0％に誘導する新しい金融政策の枠組みの導入を決定した。この新たな枠組みは「量」重視から「金利」重視への政策転換を意味する。

そしていま、日銀は密かに異次元緩和を縮小する「ステレス・エグジット」を進めている（図3－10）。にもかかわらず、長期金利が0・1％を下回っているのは、市場はそれを「忖度」しているためであるという見方もあるが、本当にそれだけの影響だろうか。

そもそも、「ステルス・エグジット」を進めているといっても、これまでネットで年間約80兆円のスピードで日銀が長期国債を買い取っていたものを、いまもネットで年間約50兆円のスピードで買い取る程度に減速しているだけで、日銀のバランスシートは膨張を続けている。その結果、

図3-10　日銀の国債保有額：前年からの増加額

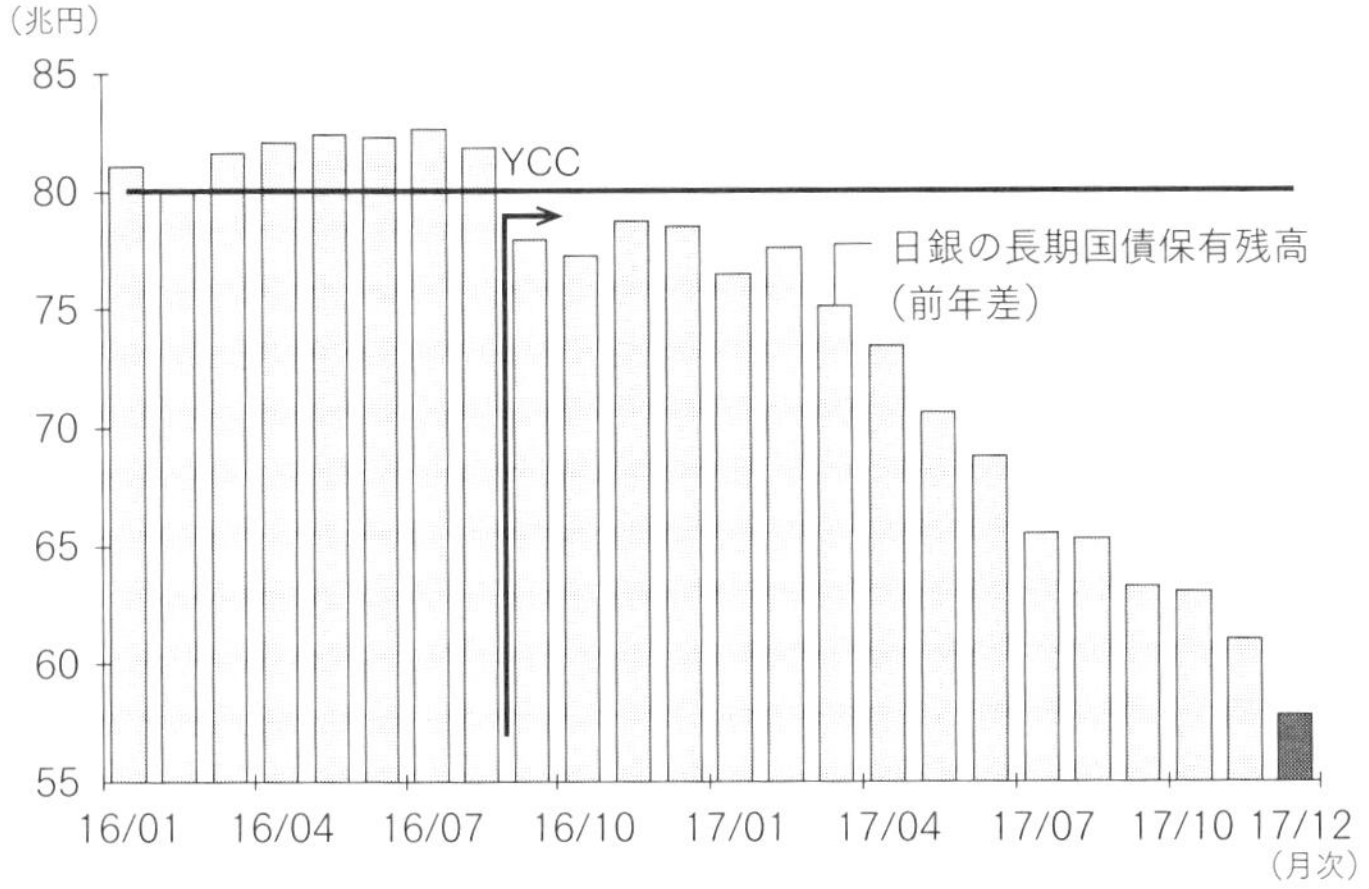

注：日銀の長期国債残高の前年同月からの変化額を示している。
資料：日本銀行。

現時点（２０１７年末）の日銀のバランスシートは約５２１兆円、ＧＤＰに匹敵する規模に膨らんでいる。日銀のバランスシートに記載された長期国債残高は約４１８兆円にも達し、２０１８年末には発行残高の半分を日銀が保有することが見込まれている。市場には事実上の財政ファイナンスに対する警戒感が広がっている。

日銀のバランスシート縮小には、年間にネットで買い取る長期国債のボリュームを、財政赤字（新規国債発行）の規模まで縮小する必要がある。財政赤字を超えて買い入れる場合、民間が保有する国債を日銀が引き取ることを意味し、（それだけの国債が市中に存在しないという技術的な制約はあるにせよ）理論的に異次元緩和は手仕舞いできない。現在は買い取る長期国債をネットで年間約50兆円に縮小しているが、財政赤字のボリューム約30兆円を下回っておらず、民間が保有するストックの長期国債は減少している。

このように考えるならば、いま日銀が「ステルス・エグジット」を実行しているにもかかわらず、長期金利が低い水準に抑制できているという事実は、いわゆる「ストック・ビュー」が妥当な証拠と思われる。ストック・ビューとは、量的緩和が長期金利に及ぼす影響は、中央銀行が保有する長期国債のストック量や発行残高に占める中央銀行の保有割合に依存するという見方である。すなわち、中央銀行以外の民間部門が保有する国債のストック量が減少していけば、国債に超過需要が発生し、長期金利には低下圧力がかかるとする考えが背後にある。これに対し、中央銀行が行う日々のオペ量（フローである長期国債の買い取り量や売却量）が長期金利に影響を与えるという見方を「フロー・ビュー」という。

「ストック・ビュー」が妥当な場合、「ステルス・エグジット」で長期金利に上昇圧力がかかり始めるのは、ネットで買い取る長期国債のボリュームが年間で財政赤字（約30兆円）を下回ったときとなる。

しかも、この問題がさらに複雑になるのは、米国のＦＲＢは保有資産の縮小に着手し始めており、ＥＣＢ（欧州中央銀行）も２０１８年初から資産買い入れの縮小を開始した。マネーが世界を駆け巡るグローバル経済のもとでは、国外の金利水準と比較して、国内の金利のみを低い水準に抑制するのはきわめて難しい。世界的な大規模緩和は転換点を迎えており、米国などの長期金利が上昇していけば、日本の長期金利にも上昇圧力がかかる。

にもかかわらず、日本の長期金利のみを無理に低い水準に抑制しようとすれば、米国などとの金利ギャップが拡大し、高い利回りを求めてマネーが国外に流出するため、円安が進行するだろう。そして、円安は最終的に輸入物価の上昇を通じてインフレ率を押し上げ、結局のところ、それは名目の長期金利に上昇圧力をもたらす。すなわち、いずれのシナリオでも、長期金利は徐々に上昇していく。

そのとき、巨額の債務を抱える日本財政は、債務の利払い費が増加する。現在の国債残高（対GDP）は約200％である。債務が約1000兆円もあるものの、国債金利の加重平均が約1％であるから、国債の利払い費は約10兆円で済んでいるが、金利が3～4％に上昇しただけで、利払い費は30兆～40兆円に増加する。つまり、国債利払い費は3～4倍に膨らむ。

このようなリスクに対応するには、できるかぎり早急に財政再建を進め、財政赤字を縮小していく必要がある。それが、「ステルス・エグジット」の先にある金融政策の出口を強化することにもつながる。

だが、社会保障改革や増税による財政再建が政治的に不可能で、それが行き詰まった場合、金融政策は財政に完全従属する可能性が高い。この場合、財政の政策的な視点で見ると、かなり踏み込んだ意見であり右記の議論とは矛盾するが、もし可能ならば、すべての国債（あるいは可能なかぎり多くの国債）を日銀が買い切り、終戦直後の特別な財政再建と似た発想で、なんらかの処理を行う方法もある。

この方法は、社会保障改革や増税といった正攻法の財政再建と異なり、より痛みを伴う処理のために重い責任と覚悟を伴う。このため、現時点では最終的な判断がつかないが、政府・与党や財政当局あるいは財政を専門とする立場としては、長期金利が急上昇し、国債市場が制御不可能な状態で財政危機になることは、絶対に回避する必要がある。

その際、政府・与党が社会保障改革や増税による財政再建を行えば問題ないが、それが進まない場合、債務の利払いの増加を通じて、財政を直撃する可能性が高い。

このような事態を回避するため、金利が正常化しても、法定準備率の大幅な引き上げなどなんらかの方法で準備（日銀当座預金）をとどめおかせ、超過準備の付利をゼロか低めに抑制できれば、日銀は保有する長期国債のボリュームを維持しつつ、実質的に預金課税というかたちで債務を縮減できる可能性がある。

たとえば、法定準備率は、準備預金制度に関する法律（昭和32年法律第135号）第4条から第6条に基づき、日銀の判断で変更可能で、最大20％に設定することができる。いまの準備率は概ね1％で法定準備は約10兆円であるから、20％への引き上げによって約200兆円を法定準備として金利ゼロで「凍結」できる。法改正が必要で、われわれの預金への影響も冷静に検討する必要があると思われるが、状況によっては、この法定準備分を含む一定規模の超過準備をそれに対応する国債と一緒に区分経理し、当分の間、完全に「塩漬け」する政策的措置も考えられる。

以上の措置は、提案する筆者らも本当は推奨する施策でなく、これで財政問題のすべてが解決するわけではないが、債務問題の一部は解決できる可能性がある。

4 最後の貸し手としての中央銀行、国債の直接引き受けで何が起こるのか?

デフレ脱却後、日銀がバランスシートを縮小し、大量保有する国債を縮小できるならば「財政ファイナンスにはならない」が、もしバランスシートを縮小できず、将来も国債を大量に保有し続けるならば「本当の財政ファイナンス」になる。

歴史的に見ると、インフレは貨幣的現象というよりも財政的現象であり、財政が原因で発生するインフレを「財政インフレ」という。財政インフレで一時的な高インフレが発生している場合には、通常の財政再建よりも、さらに踏み込んだ増税や歳出削減が必要になる。

なお、財政が本当に行き詰まり、国債が発行できなくなった場合、政府が国債を日銀に直接引き受けさせることで資金調達を行い、日銀が引き受けた国債を償還しない方式が考えられる。つまり、「財政ファイナンス」である。

ではいま、財政ファイナンスは行われていないかといえば、実はそうとは言い切れない。すでに事実上は行われている可能性もある。政府は国債を発行し、それを間接的に大量購入する日銀から資金を調達し、社会保障といったさまざまな公共サービスを通じて国民に配っている。年金や医療・介護の給付などはその典型であろう。税収によって賄われている部分もあり、全額ではないが、そこに「財政ファイナンス的」な資金も混じっている。

もっとも、「財政ファイナンス的」というのは、「本当の財政ファイナンス」になるか否か、現時点では断定できないためである。「本当の財政ファイナンス」になるか否かは、日銀が大量保有する国債が最終的にどうなるかに依存する。すなわち、デフレ脱却後、日銀がバランスシートを縮小し、大量保有する国債を縮小できるならば「財政ファイナンスにはならない」が、もしバランスシートを縮小できず、将来も国債を大量に保有し続けるならば「本当の財政ファイナンス」になる。

この見通しは国民の消費行動にも影響を及ぼす。というのは、国債を多く発行するほど、返済額も大きくなるが、それを誰が負担するかといえば、結局はわれわれ国民（将来世代を含む）である。合理的な国民は、国債の発行から将来の増税を予想して消費を控える可能性がある。いいかえるなら、資金調達の手段として課税を選択しても、国債発行を選択しても、結果的に実体経済には何ら影響を与えない可能性もある。これは、提唱した経済学者の名から「リカード＝バローの中立命題」と呼ばれるものである。

しかし、日銀が国債を永久に持ち続けるとすると、話は違ってくる。これを「マネタイゼーション（貨幣化）」というが、日銀が国債購入の対価として発行した紙幣を回収しないわけで、まさに財政ファイナンスになる。これは、米国の経済学者ミルトン・フリードマンがかつて、ヘリコプター・マネーと名付けた政策である。

英国の元FSA（金融サービス庁）長官のアデア・ターナー卿は、ヘリコプター・マネーには、①中央銀行が紙幣を増発して将来拡大する財政赤字を直接ファイナンスする方法と、②中央銀行が既発の国債を買い入れ、バランスシート上に無利子永久債として計上して、事実上消却する方法があると述べている（詳細は2016年6月7日付の日本経済新聞「経済教室」、「ヘリコプター・マネーの是非（上）日銀の財政資金供給不可避」を参照）。

これらの政策はいわゆる「財政ファイナンス」であり、ヘリコプター・マネーとは「国債を無利子の中央銀行の債務に置き換えること」を意味する。ただし、ターナー卿はヘリコプター・マネーのコストとして、次のように述べている。

「中央銀行は利子の付かない国債を引き受けるので、それに見合う負債（商業銀行が追加で中央銀行に預け入れる準備）に利子が付けば、損失が発生する。じつは、中央銀行は（究極的には常に「紙幣を刷れる」ため）、会計上、絶対に支払い可能である必要はないが、損失が続くとその行き着くところは以下の2つのどちらかになる。⑴政府が予算から補助金を支給する形で、中央銀行の損失を穴埋めする。（ただし、それには増税か歳出削減が必要で）、将来、景気に収縮効果を課すことになる。⑵中央銀行がさらに通貨を増発し、潜在的に過度な刺激効果を生み、有害なインフレを引き起こす。これに対して、新たに創造された商業銀行の準備の利子をゼロとすることで損失を回避し、こうした将来の2つのリスクを避けることができる」

補助金を支給するためには、日銀法の改正が必要となる。また、右記の⑵についても、準備の利子をゼロとするためには「法定準備率を引き上げる必要」があるが、それは民間銀行等が日銀に預けている準備預金を事実上「預金封鎖」することを意味し、最終的には一種の預金課税となる。ターナー卿も、「所要準備の金利をゼロにすることは、事実上、将来の信用創造に対して課税しているのと同じことである」と述べている。すなわち、日銀が国債を買い取ったからといって、無コストで財政再建することは不可能なのである。

なお、国民にマネーを配るのは「再分配政策」で、政府による財政政策の領域に属し、中央銀行による金融政策に属すものではない。金融政策とは、中央銀行が民間金融機関との間で国債と準備を等価交換するもので、国民にマネーを配る再分配政策等を行ってはいけないルールになっている。これは、財政民主主義の観点から、国民の財産や所得に影響を及ぼす可能性のある再分配政策や課税等は財政政策の領域に属し、議会を通して決めるべきという前提があるためだ。

政府が日銀に直接国債を引き受けさせることが明らかになれば、おそらく市場に激震をもたらす可能性が高い。たとえば、最近の事例では、「ハンガリーの悲劇」が最も有名である。同国では２０１１年末、外貨準備高を景気刺激策に活用することを含め、中央銀行の独立性を脅かす「新国立銀行法」を可決した。その結果、ハンガリー通貨（フォリント）、国債の格付けも投機的水準に下落し、ハンガリー国債は暴落。そこで金融支援の条件として、ＩＭＦ（国際通貨基金）・ＥＵ（欧州連合）・ＥＣＢは、中央銀行の独立性を脅かす新国立銀行法の修正を求め、ハンガリー政府は法改正の内容を撤回・修正した。

また、日本においても、かつて東日本大震災の際に、日銀が国債の直接引き受けを行うかもしれないという話が出たとたん、金利が一時的に急騰（国債価格が下落）したことがある。瞬間的に財政規律に対する信認が失われるという判断が働いた可能性もある。ただ実際に、どの程度買うとどのような影響が出るかは予測できない。多少買うくらいなら、さほど大きな影響は出ない可能性もある。しかし、財政ファイナンスは「麻薬（ドラッグ）」であり、政治が少額の成功に味をしめ、少しずつ額を増やしていくとすると、財政規律が弛緩していく。やがて通貨や国債に対する信認が崩れ、制御不能のインフレに陥る可能性もある。

財政ファイナンスの効果は、市場や国民が抱く将来の見通しにも依存するが、国と地方の債務残高（対ＧＤＰ）が２００％を超えるなか、正攻法の財政再建（社会保障改革や増税など）を政府が断念し、インフレで債務を帳消しにする政策に転換しようとしていると多くの人が予測する可能性もある。その場合、インフレで貨幣の価値が大きく毀損する可能性が高いため、ならば、いまのうちに使ってしまおうと競うように消費したり、土地やマンションなどの実物資産に換えたりしておこうとする動きが出てきてもおかしくない。そうなると、市中に大量の資金が溢れることになるため、誰にも制御できない激しいインフレに見舞われる可能性が高い。

このように財政が原因で発生するインフレを「財政インフレ」と呼ぶが、財政インフレで一時的な高インフレが発生している場合には、通常の財政再建よりも、さらに踏み込んだ増税や歳出削減が必要になる可能性もある。かつての日本経済でも1945年の終戦直後から数年間、高インフレが発生したが、そのインフレを終息させたのは、超財政金融引き締め政策を盛り込んだドッジラインであった（その後、朝鮮特需という神風が吹いたが、それがなかった場合、引き締め政策は深刻な景気後退をもたらした可能性が高い）。

なお、インフレが財政に及ぼす影響を考察するサンプル事例としては、1974年の「狂乱物価」も参考となる。

狂乱物価とは、1973年からの列島改造ブームによる地価高騰で発生していたインフレが、73年10月に勃発した第四次中東戦争に伴う第一次オイルショック（原油価格の急騰）やその便乗値上げで加速した現象をいう。実際、消費者物価指数は1973年で約12％であったが、74年には約23％に急上昇している。政府は、狂乱物価を抑制するため、公共事業の抑制や公定歩合の引き上げを含む「総需要抑制政策」を実施し、インフレは沈静化したが、74年の経済成長率は戦後初めてのマイナスを記録した。

表3-1　狂乱物価時の国家予算（一般会計）の姿

（単位：億円）

	1973年度	1975年度	伸び率
歳出合計（当初予算）	142,840	212,888	49%
うち社会保障関係費	21,145	39,269	86%
税収（決算）	133,656	137,527	3%
基礎的財政収支	▲10,813	▲41,781	286%
基礎的財政収支（対GDP）	▲0.9%	▲2.7%	
国債利払費	4,422	7,800	76%
国債残高（対GDP）	6.5%	9.8%	
名目GDP	1,195,636	1,560,802	31%
CPI上昇率（1974年／1972年）			38%

資料：財務省・内閣府資料。

では、狂乱物価で財政はどのような影響を受けたのか。この影響は、1973年度と75年度の予算（国の一般会計）を比較すると把握できる（**表3－1**）。物価上昇が予算に反映されるには一定のタイムラグがあることから、**表3－1**では、CPI上昇率（消費者物価指数の伸び）は72年～74年のものを掲載しており、この2年間で約38%も物価は上昇している。

しかし、表を見れば一目瞭然であるが、税収は1973年度から75年度の2年間で約3%しか伸びていない。一方で、歳出のうち公共事業費の抑制政策（名目で前年同額に抑制）をとったものの、社会保障関係費が約86%も伸び、歳出合計（国の一般会計当初予算）は約49%というかたちで、物価上昇を上回って伸びてしまった。

その結果、1973年度から75年度の2年間において、国の一般会計における基礎的財政収支の赤字（対GDP）は0・9%から2・7%に悪化し、国債残高

（対ＧＤＰ）は６・５％から９・８％に上昇してしまう事態を招いた。また、１９７３年度から75年度の２年間において、名目ＧＤＰは31％しか増加していないが、この間、国債利払い費は76％も増加している。

もっとも、この間の国債利払い費の増加が76％で済んだのは、当時の国債残高（対ＧＤＰ）が６・５％であったからである。現在の政府債務（対ＧＤＰ）は２００％超で、債務が約１０００兆円もあるものの、国債金利の加重平均が約１％であるから、国債の利払い費は約10兆円で済んでいるが、金利が５～６％に上昇しただけで、利払い費は50兆～60兆円に増加する。つまり、国債利払い費は５～６倍に膨らむ。

これが日本財政の現実の姿であり、財政インフレを止めるには、その原因である財政赤字を縮小するため、国民が痛みを伴う増税や歳出削減を実行する必要がある可能性が高い。すなわち、「打ち出の小槌」は存在せず、痛みを伴わずに財政再建できるという、「魔法」の理論はないのである。

column

「物価水準の財政理論」(Fiscal Theory of the Price Level：ＦＴＰＬ)

「物価水準の財政理論」(Fiscal Theory of the Price Level：ＦＴＰＬ）は学術的に発展途上の理論で、その妥当性に対する論争もあるが、デフレ脱却に向けた２％の物価目標が達成できず、「異次元緩和」の限界が明らかになるなか、注目されている。

ここでは「財市場」「公債市場」「貨幣市場」の三つの市場があり、「政府部門（日銀を含む）」と「民間部門」の２部門しか存在しないという想定のもと、ＦＴＰＬが成立する条件を考える。まず、貯蓄手段が貨幣と公債しか存在しない場合、民間部門の資金源と使途の関係は以下の通りとなる。

期末の貯蓄（民間部門が保有する公債残高＋貨幣残高）＋消費＋税負担
＝生産所得＋期首の貯蓄（民間部門が保有する公債残高（元利合計）＋貨幣残高）　……(1)

財市場の均衡（生産＝消費＋政府支出）が成立する場合、(1)式は次の(2)式と同等になる。

民間部門が保有する公債残高の変化
＝基礎的財政収支（税負担－政府支出）＋貨幣残高の変化（貨幣発行益）　……(2)

この(1)式と(2)式は、民間部門と政府部門における一時点の予算制約を意味するが、両式を現在価値（present value：ＰＶ）にして将来にわたって積み上げると、以下の通時的予算制約を得る。

民間部門保有の貯蓄残高÷**物価水準**＋Σ実質所得のＰＶ
＝Σ実質税負担のＰＶ＋Σ貨幣保有の実質機会費用のＰＶ＋Σ実質消費のＰＶ　……(3)

民間部門保有の公債残高÷**物価水準**
＝Σ実質基礎的財政収支のＰＶ＋Σ実質貨幣発行益のＰＶ　……(4)

(3)式は、民間部門が現在の貯蓄残高と将来所得の合計の範囲内で、将来の税負担、貨幣保有の機会費用のほか、将来消費の経路を選択することを意味する。また、(4)式は、現在の公債残高は、将来の基礎的財政収支と貨幣発行益で返済される必要性を意味するが、両式で重要なことは、財市場の均衡が成立する場合、(3)式と(4)式は互いに表裏の関係にあるという視点である。

たとえば(4)式で政府が減税を実行したとしよう。このとき、(4)式の右辺にある基礎的財政収支が悪化するので、(5)式のように書き換えられる。

民間部門保有の公債残高÷物価水準
＞Σ実質基礎的財政収支のＰＶ＋Σ実質貨幣発行益のＰＶ　……(5)

一方、その裏にある(3)式では、民間部門の税負担が減少するため、(3)式でも「左辺＞右辺」となる。これは、以下のように書き換えることができる。

民間部門保有の貯蓄残高÷物価水準＋Σ実質所得のＰＶ
＞Σ実質税負担のＰＶ＋Σ貨幣保有の実質機会費用のＰＶ＋Σ実質消費のＰＶ　……(6)

しかし、(3)式で「左辺∨右辺」となるのは非効率である。なぜならば、「左辺∨右辺」の場合、それは「生涯で貯蓄を使い残す」ことを意味し、民間部門の家計は消費（Σ実質消費のPV）を増やすことができるためである。すなわち、合理的な家計であれば、(3)式の等号が成立するまで消費を拡大しようとする。その過程で、財市場で超過需要が発生し、物価に上昇圧力がかかる。その結果、(5)式と(6)式の左辺にある「物価水準」が上昇し、(3)式と(4)式が成立する。以上が、FTPLが成立するために想定する標準的なメカニズムの本質である。

◉合理的な家計という理論の前提は妥当か

「合理的な家計であれば、(3)式の等号が成立するまで消費を拡大しようとする。その過程で、財市場で超過需要が発生し、物価に上昇圧力がかかる」という点が重要であり、このメカニズムが働くためには、たとえば以下のような前提が存在する。

(A) 民間部門の家計が将来を正確に予測している
(B) 政府が実施する財政政策に不確実性がない

(A)の前提は「(3)式で「左辺∨右辺」となっているとき、無限の将来にわたって、民間部門の家計は必ずそれを正確に予測できる状況」を意味する。だが、家計がそれを正確に予測できず、「左辺＝右辺」になっていると誤って予測するとき、民間部門の家計は消費を拡大しない。また、Bの前提は、政府が提示する財政政策（税負担や政府支出）の経路に対するコミットメントの強度や信認とも深く関係する。

(3)式で「左辺∨右辺」となる可能性があっても、政府が実施する財政政策に不確実性があり、突然に政策を変更して増税（あるいは歳出削減）し、(4)式の等号が成立する可能性があると判断するとき、それは(3)式の等号が成立する可能性を意味するため、民間部門の家計は消費を拡大しないかもしれない。

なお、上記は「代表的家計」（現在から将来にわたって無限に生きる家計）を念頭に置いたときの留意事項だが、世代交代や家計の異質性などを考慮するときに前提がどう変化するかの議論も重要であることはいうまでもない。また、増税が予定なく実施され、最終的に物価上昇で価値が目減りする可能性が高い公債を、合理的な家計が購入・保有しようとする誘因も明らかではない。

ところで、(4)式で等号が成立せず、(4)式で「左辺∨右辺」となるのは、どのようなケースか。たとえば、(4)式で等号が成立している場合でも、政府が恒久的な減税（あるいは歳出拡大）を実施し、(4)式で「左辺∨右辺」とする場合が考えられる。また、別の例としては、公債残高が累増するなか、正攻法の財政再建である増税や歳出削減が政治的に行き詰まり、財政収支改善の限界が明らかになった場合などが考えられる。

しかし、前者（恒久的な減税）のケースで、上述の前提(A)も(B)も成立せず、むしろ将来の増税を予測する場合、減税が物価の上昇をもたらすとは限らない。他方、後者（増税や歳出削減の行き詰まり）のケースでは、FTPLが成立し、財政インフレが突然発生する可能性もある。

財政インフレを制御できるか否かは予測不可

FTPLの理論が正しい場合、一時的な高インフレが発生しても、(4)式の等号が成立するまで物価が上昇すれば、いつか財政インフレは終息するはずである。しかし、それは理論的な話であって、現実の世界で非常に高いインフレが発生した場合、政治的な問題に発展する可能性もあるが、そのようなかたちで発生する財政インフレについて、国民が許容する適切な水準以内に日銀や政府が本当に制御できるか否かは誰も予測できない。

インフレを抑制するために日銀が金融引き締めを行えば、長期金利の上昇を許容する必要があり、巨額の公債残高が存在するなかでは利払い費の増加を通じて財政を直撃してしまう。このため、日銀は物価の制御か、財政の救済かの選択を迫られるが、政治の圧力などで日銀が物価の制御を断念する可能性も高い。これを「財政従属」（Fiscal Dominance）という。

　ＦＴＰＬの理論では、増税や歳出削減によってインフレを抑制することも考えられる。たとえば増税の場合、(3)式で「税負担の増加　↓　可処分所得の減少　↓　消費の減少　↓　インフレ圧力の低下」というメカニズムが働くためである。しかし、増税や歳出削減を行うためには、国会で歳出削減のための予算法案や増税のための税制改正法案を成立させる必要があり、そのような法案が国会で速やかに議決できるか否か、という問題にも直面する。

　このため、あらかじめ増税の条件をルール化しておき、たとえばインフレ率が２％を超えたら、消費税率を１％引き上げるという提案なども存在するが、現実の世界では、原油価格の高騰や急激な円安、民間銀行による信用創造や海外マネーの流出入など、ＦＴＰＬが想定する以外のさまざまな複合的要因や外生的ショックで物価が上昇することも考えられ、単純なルールでの拘束は難しい可能性があるとともに、ルールに従って１％の消費増税を実行してもインフレが終息しない場合も考えられる。

　また、財政インフレで一時的な高インフレが発生している場合には、もっと踏み込んだ増税や歳出削減が必要になる可能性もある。すでに述べたように、かつての日本経済でも１９４５年の戦後直後から数年間、高インフレが発生したが、そのインフレを終息させたのは、超財政金融引き締め政策を盛り込んだドッジラインであった。

　この関係で、現スタンフォード大学（元シカゴ大学）のジョン・コクラン教授は最近の論文（２０１４年）において、「歴史的に見ると、インフレは貨幣的現象というよりも財政的現象である」という主張をしており、財政インフレを止めるには、その原因である財政赤字を縮小するため、国民が痛みを伴う増税や歳出削減を実行する必要がある可能性が高い。

【注】

1 立憲民主党の風間直樹議員は自身のウェブサイトで、日銀が作成した資料「日本銀行が保有する利付国債の残高等」を定期的に公開している。同資料によると、日銀が保有する利付国債の平均残存年数は、2017年12月末時点で7・5年である。http://www.kazamanaoki.com/

2 日銀がマネタリーベースを吸収する方法として売出手形の売却も考えられるが、日銀に金利負担が発生するという点では、超過準備の付利引き上げと同義である。

3 なお、利上げを受けて市中に流通していた現金が日銀に還流すると、当座預金（超過準備）に置き換わるため、日銀の利払い負担はさらに増大する点には留意する必要がある。また、本シミュレーションでは1回の利上げ効果しか見ていないが、金利正常化の過程では利上げが段階的に実施される可能性が考えられる。利上げ幅やスピードの程度によっては、複利効果で当座預金残高が膨らみ、日銀の利払いが一層増加するなかで損失額（＝当座預金の利払い負担－国債の利息収入など）が雪ダルマ式に拡大するリスクもある。

【参考文献】

左三川郁子・高野哲彰（2017）「日銀の損失、今すぐ出口に向かうとどのくらいか」『2017年度金融報告③：異次元緩和からの出口』日本経済研究センター、2017年8月。

左三川郁子・高野哲彰・牛田雅人・富田泰弘・福山翔士・谷中崇能（2018）「日銀が直面する金融政策運営のジレンマ」『日本経済研究センター2017年度金融研究班報告③』日本経済研究センター、2018年3月。

Cochrane J.H.（2014）“Monetary Policy with Interest on Reserves,” NBER Working Paper No.w20613.

Stella, P.（1997）“Do Central Banks Need Capital？” IMF Working Paper, No.97/83.

Stella, P.（2002）“Central Bank Financial Strength, Transparency, and Policy Credibility,” IMF Working Paper, No. 02/137.

第 4 章

公的医療・介護・福祉は立て直せるか?

松山幸弘　キヤノングローバル戦略研究所研究主幹

財政破綻が起きれば公費の流れが止まり、社会保障制度の資金繰りが窮地に陥る。国民は、年金給付がストップ・削減されても貯金を取り崩すことである程度対応可能である。しかし、医療・介護・福祉サービスの提供体制が崩壊すれば即座に生命の危険や生活の質低下に直面する。

これから2060年までの期間における総人口の減少ペースは年率0・7%である。一方、いずれの先進諸国でも高価な医薬品、医療機器の登場による医療費押し上げ効果が1%超あると指摘されている。したがって、わが国の医療費も人口減少のもとでも増え続ける。介護費は2040年頃までそれ以上のペースで増加する。

そのようななか、国が国債発行できない事態が発生すれば、診療報酬・介護報酬の公費分が未収金となり、報酬マイナス改定の時代が長期化するため、多くの民間医療・介護事業体が倒産する。

現行制度が完全に崩壊し、制度設計をゼロからスタートさせるということであれば、逆に新しい制度設計は容易である。これまで改革を阻んできた既得権益者たちが消えるからである。しかし、財政破綻しても医療・介護・福祉制度のセーフティーネット機能を維持し、大混乱を短期間で収拾しなければならない。そのために、いまから取り組んでおくべき改革を提言する。

1　人口減少下でも増え続ける医療・介護・福祉の必要財源

２０１７年に発表された新将来推計人口と医学の進歩に伴い登場する高価な医薬品・医療機器の影響を前提に医療費と介護費の予測を行った。その結果、医療費は人口減少の下でも増え続ける。介護費は２０４０年頃まで医療費を上回るペースで増加する。一方、わが国の医療提供体制は構造的に過剰供給状態にあり、追加財源確保につながる改善の余地が大きい。

国債札割れが生じ、公費の流れが止まったときに最も混乱する分野は、医療・介護・福祉だと予想される。医療・介護・福祉は利害関係が錯綜している。そのため、危機発生前から周到な事前準備をしておかなければ、危機乗り切り案を速やかに国民に提示し納得させることが困難である。後述するように、危機乗り切り案の柱の一つは高齢者の負担増である。高齢者の患者負担割合を現役世代と同じ原則3割にすることが不可避としても、高齢者が安心して暮らすことができる仕組みを構築しなければならない。

医療・介護・福祉のうち福祉は、財政破綻すれば生活困窮者が増えることからその必要財源は平時より膨らむ。一方、医療・介護の必要財源は、国債札割れの発生とはほとんど無関係であり、

図4-1　医療・介護費（実質ベース）の将来予測

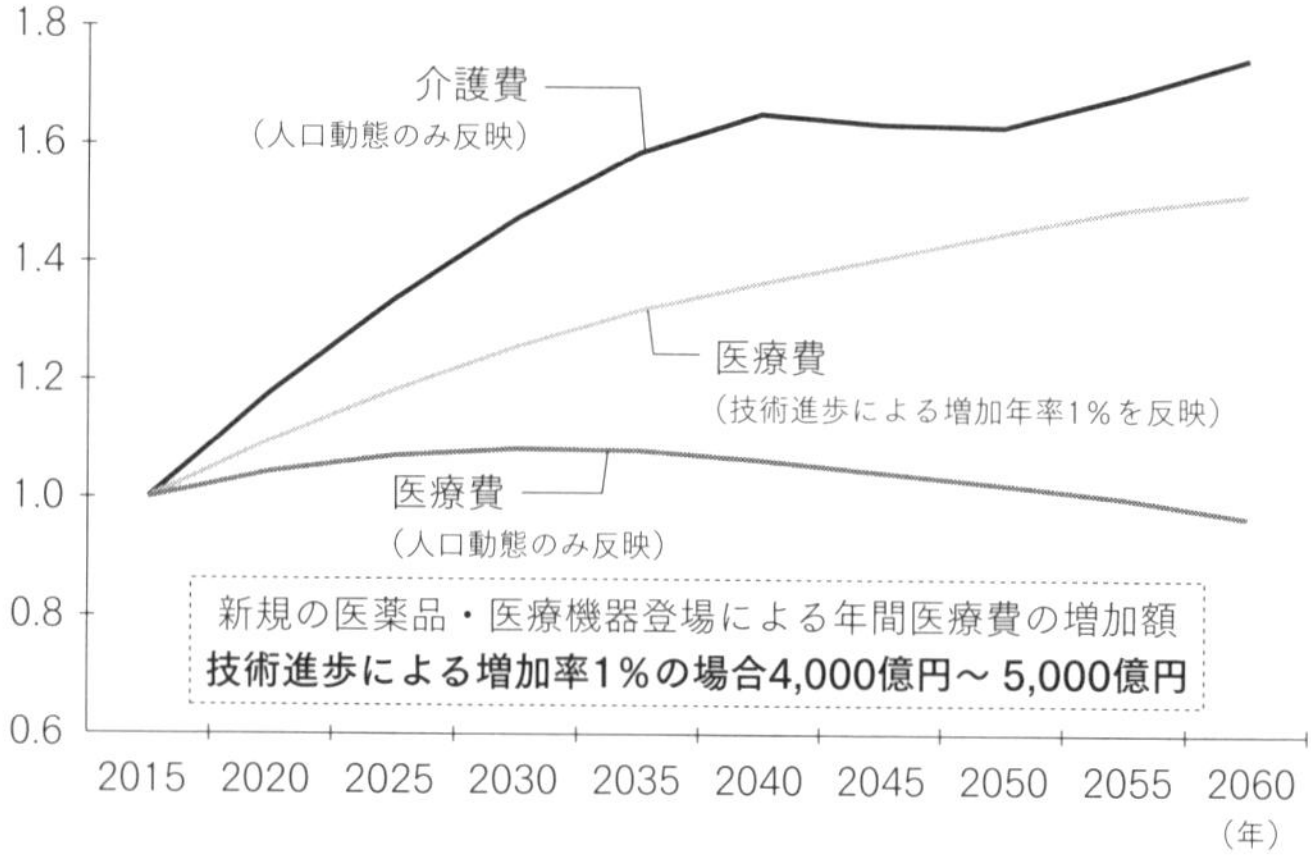

資料：筆者作成。

人口動態、疾病構造の変化、技術進歩などにより決まる。そこで本節では、まず医療・介護の必要財源が２０１７年に発表された新将来推計人口を前提にした場合にどうなるか検証してみた。

図４－１がその結果であり、物価上昇と賃金上昇を加味せず人口動態のみを反映している医療費と介護費、および技術進歩により高価格の医薬品・医療機器が登場する影響を反映させた医療費を示している。その算出方法と結果の要点は次の通りである。

①　人口動態のみを反映する医療費は、「２０１５年度国民医療費の男女別５歳刻み一人あたり医療費」に「新将来推計人口の男女別５歳刻み人口予測値」を掛けて積算した。これにより、人口減少による医療費マイナス効果が高齢化による医療費プラ

ス効果を上回り医療費が減少に転じるのが２０３０年頃であることがわかった。

②抗がん剤オプジーボの登場で再確認されたように、技術進歩により新たに臨床適用された医薬品・医療機器は高価になりがちであり、先進諸国では医療費全体を毎年１％以上押し上げているといわれている。そこで、①の結果に年率１％のプラス効果を加えて算出した。その結果、人口減少による医療費マイナス効果が顕著になる２０３０年以降も実質ベースで医療費が増え続けることが見てとれる。これは、技術進歩のプラス効果１％が２０１５年から２０６０年の期間における人口減少の平均年率０・７％より大きいからである。

③介護費については、まず年齢階級別介護認定確率を算出するために、２０１４年度介護保険事業状況報告（全国計）に記載されている２０１５年３月末時点の要介護（要支援）認定者数を新将来推計人口に記載の２０１５年時点人口実績値で割った。その割算は、要支援１～２、要介護１～５の７段階、および第１号被保険者（65歳以上）については65歳から89歳までは５歳刻みで90歳以上は一括り、第２号被保険者（40歳～64歳）については一括りにし、男女別に行った。こうして算出した介護認定確率に新将来推計人口を掛けることで将来の要支援、要介護の人口を推計、これに要支援、要介護の各段階別一人あたり費用単価（２０１４年度実績）を乗じることで将来介護費とした。**図４－１**の通り、介護費の実質ベース増加率は、新しい医薬品・医療機器登場の押し上げ効果１％を反映した医療費をも大きく上回る。

なお、厚生労働省の医療費・介護費の将来推計には〝過大〟との批判がよく聞かれる。厚生労働省は、2012年に作成した「社会保障の費用に関わる将来推計の改定について（平成24年3月）」において、2015年度の医療費のうち患者等負担（患者負担に原因者負担「公害健康被害の補償等に関する法律及び健康被害救済制度による救済給付等」をプラスしたもの）を除く給付費を39・5兆円、介護費（負担軽減措置である高額介護サービス費、高額医療合算介護サービス費、特定入所者介護サービス費を含む）のうち利用者負担を除く給付費を10・5兆円と予測していた。

一方、医療費の患者等負担割合は12・3％（2015年度実績）、介護費の利用者負担割合は9・6％（同）である。したがって、患者等負担と利用者負担を含めた場合、厚生労働省の予測は、医療費45・0兆円、介護費11・6兆円と換算される。これに対して2015年度の医療費実績値は42・4兆円、介護費実績値は9・8兆円であった。

さらに厚生労働省は、2025年度の医療の給付費を54兆円、介護の給付費を19・8兆円と予測していた。これは、患者等負担を含めた医療費を61・6兆円、利用者負担を含めた介護費を21・9兆円と予測していることを意味する。この予測には、前提条件として2015～2025年度の10年間における物価上昇率（年率平均1・2％）と賃金上昇率（年率平均2・5％）が反映されている。したがって、前述した筆者の2015年度を起点とした実質ベースの医療費・介護費と比較するためには、筆者の予測値に厚生労働省が仮定している物価上昇率と賃金上昇率を加味する必要がある。

筆者の予測によれば、２０１５年度から25年度の期間における技術進歩による増加要因１％を加味した実質ベース医療費の倍率は１・１８３倍、実質ベース介護費の倍率は１・３３７倍である。医療費の場合、２０１５年度の実績値42・４兆円にこの１・１８３倍を掛け、医療費の半分が賃金上昇率の影響を受ける人件費、残りが物価上昇率の影響を受ける非人件費として計算すると60・４兆円になる。介護費の場合、２０１５年度の実績値９・８兆円に１・３３７倍を掛け、介護費の７割が人件費、３割が非人件費と仮定して同様の計算をすると２０２５年度の介護費は16・２兆円となる。

以上の結果、厚生労働省の予測を評価すると、医療費については物価上昇率と賃金上昇率の影響を除去した実質ベースでは筆者予測と近似していること、介護費については実質ベースの予測値が筆者予測よりかなり大きいことがわかる。また、アベノミクスの将来成果を虚飾するために現状から乖離した物価上昇率と賃金上昇率を前提に置いたことが、厚生労働省予測に対する信頼度を低めた原因として大きいと判定できる。

２０１８年４月に診療報酬、介護報酬、障害福祉サービス報酬のトリプル改定が行われる。そこで、次に医療・介護福祉財源が現在十分に供給されているかどうかを検証してみたい。

筆者は、医療機関の診療報酬全体の水準を評価する判断基準として社会医療法人の平均経常利益率が有効と考えている。社会医療法人は、国公立病院が赤字の原因と主張する政策医療（救

表4-1　社会医療法人の財務データ集計結果

	2015年度	2016年度
売上高	1兆8,880億円	1兆9,133億円
経常利益	556億円	368億円
（平均経常利益率）	（2.9%）	（1.9%）
総資産	2兆1,834億円	2兆2,733億円
純資産	8,405億円	8,610億円
（平均自己資本比率）	（38.5%）	（37.9%）

注：2017年末時点で所轄庁による情報開示準備ができていない社会医療法人を除く278法人の集計結果。

急、周産期、へき地などの医療）を補助金がなくても実践していることを条件に非課税優遇を受けている事業体であり、急性期病院以外のケアサービスにも取り組み、社会医療法人全体の診療構成が診療報酬体系に近似しているとみなすことができるからである。

表4－1の通り、社会医療法人の平均経常利益率は2015年度2・9%、2016年度1・9%と全体で黒字である。この利益率の水準から財源の適正度を考えるとき、わが国の医療提供体制全体が構造的過剰供給になっている事実が重要である。

表4－2の通り、単位人口当たりの病院数は諸外国と比べて多い。また、高額医療機器の設置数も突出して多いことが知られている。厚生労働省の資料「医療機器の配置及び安全管理の状況等について」（2016年7月15日第3回医療計画の見直し等に関する検討会）によれば、人口100万人当たりCT（Computed Tomography：コンピューター断層撮影装置）台数は101・3台であり、

表4-2　単位人口当たり病院数の国際比較

	日本	米国	ドイツ	カナダ	フランス	オーストラリア
総人口（100万人）	127	324	82	35	67	24
病院数	8,426	5,564	1,956	1,417	3,111	1,359
100万人当たり病院数	66	17	24	40	46	57

注：病院数は日本が2017年6月、米国・ドイツ・カナダが2015年、フランス・オーストラリアが2014年。人口は日本・フランスが2017年、他国は2016年のデータ。
資料：米国は米国病院協会、United States Census Bureau。ドイツ・カナダ・フランス・オーストラリアの人口は日本外務省の国・地域情報WEBサイト。カナダ・オーストラリアの病院数は政府公表資料。ドイツ・フランスの病院数は医療経済研究機構の調査研究報告書。

ＯＥＣＤ（経済協力開発機構）諸国平均の24・6台の4倍以上である。同じくＭＲＩ（Magnetic Resonance Imaging：核磁気共鳴画像装置）台数は46・9台であり、これもＯＥＣＤ諸国平均14・3台を大きく上回る。日本では、診療所ですらＣＴやＭＲＩを備えている。つまり、過剰投資でも医療機関の経営がなりたつ過剰な財源が供給されているのである。

さらに、都道府県間で1人当たり医療費に大きな格差があることが問題である。それを見るデータとして、年齢構成の差が医療費に与える影響を除去した「地域差指数」がある。市町村国民健康保険と後期高齢者医療制度を合わせた場合の地域差指数で見ると、最大なのは福岡県で1・194、最小の新潟県が0・867である。このように地域差指数が全国平均「1・0」より20％近く高い医療過剰消費の県が存在していることも、診療報酬財源が過剰供給されている証である。

これに対して、「病院収支が悪化しており、財源不足で

図4-2　社会医療法人の2016年度業績分布

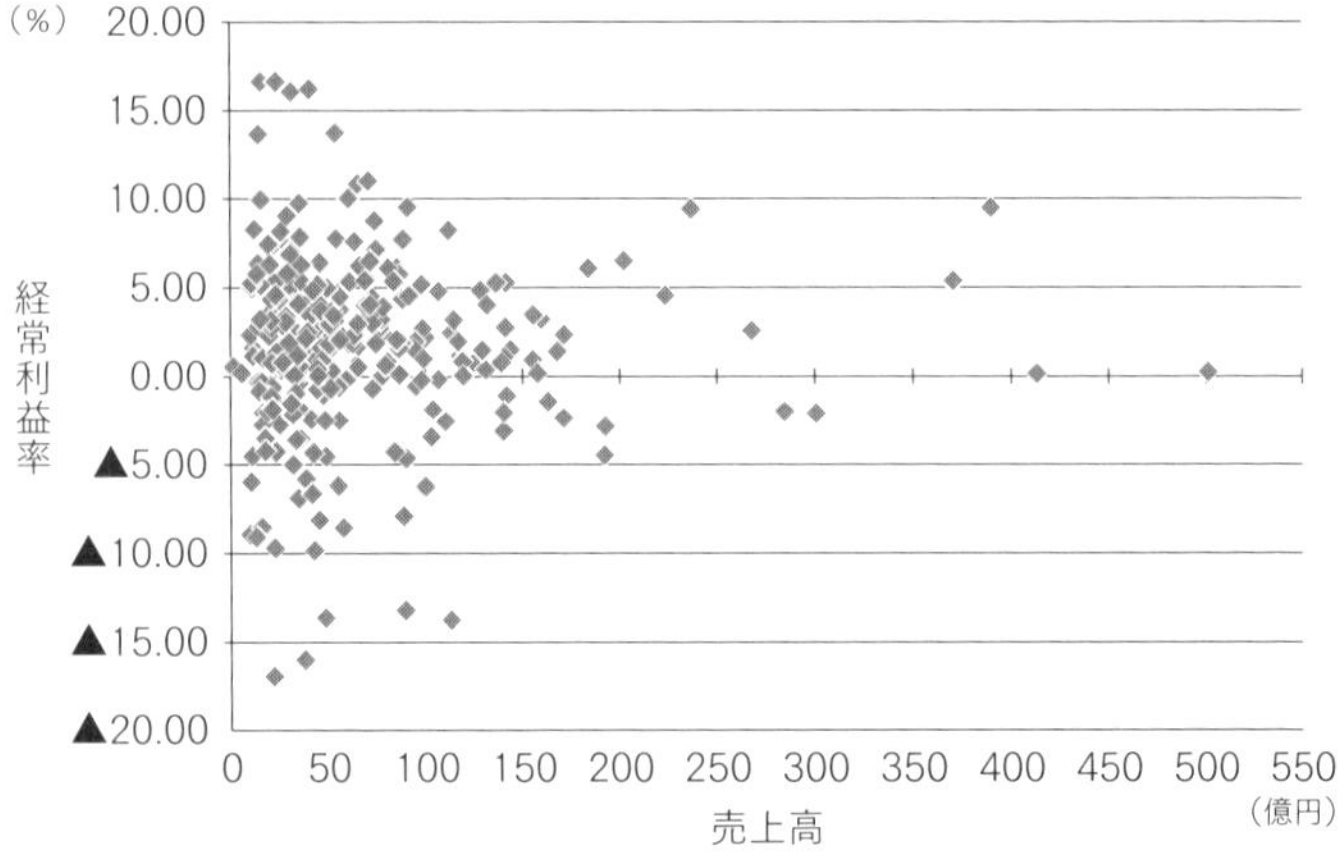

資料：社会医療法人2016年度財務諸表から筆者作成。

ある」という反論を聞くことがある。しかし、どの産業においても赤字経営に陥る最大の理由は、その事業体の財・サービス供給体制がニーズとミスマッチを起こしていることにある。そもそも医療の進歩とともに患者が入院以外のケアサービスをより多く受けるようになった時代に、急性期入院ケアサービスに固執した経営を続けていることが誤りなのである。

図4－2は、278の社会医療法人の2016年度における業績分布である。相対的に規模が小さい社会医療法人の経常利益率の格差がマイナス16％からプラス16％と非常に大きい。そのうち赤字になっている事業体は、地域住民のニーズとミスマッチな診療体制から脱却できていないと考えられる。

column

医療介護費がGDPに占める割合

表4-3　医療介護費がGDPに占める割合

（%）

	2000	2010	2014	2015	2016
	実績				見込み
米国	12.5	16.4	16.5	16.9	17.2
スイス	9.3	10.7	11.6	12.1	12.4
ドイツ	9.8	11.0	11.1	11.2	11.3
フランス	9.5	10.7	11.1	11.1	11.0
日本	7.2	9.2	10.8	10.9	10.9
オランダ	7.1	10.4	10.9	10.7	10.5
英国	6.0	8.5	9.8	9.9	9.7

医療制度を国際比較する際の指標として、ＯＥＣＤが毎年発表している医療費がＧＤＰに占める割合が重要である。この医療費には、病院や診療所での診療報酬や薬剤費（狭義の医療費）のみならず介護費も含まれる。

日本は、２０００年時点では英国、オランダと並び低かった。そのため、医療経営者たちはさらなる公費投入を主張していた。しかし、２０１６年時点では、米国、スイス、ドイツ、フランスに次ぐ第５位まで上昇した。これは、ＧＤＰの低成長が続いていること並びに急増する高齢者の介護ニーズに応えるため２０００年に公的介護保険制度を導入した影響が大きい。

column

介護サービスを必要とする確率

表4-4　介護の必要度を判定するときのサービスの分類

直接生活介助	入浴、排せつ、食事等の介護
間接生活介助	洗濯、掃除等の家事援助等
問題行動関連行為	徘徊に対する探索、不潔な行為に対する後始末等
機能訓練関連行為	歩行訓練、日常生活訓練等の機能訓練
医療関連行為	輸液の管理、褥瘡の処置等の診療の補助

公的介護保険制度では介護サービスを5つに分類している（表4−4）。介護のレベルは、これらのサービスを提供するために必要な時間を基準に決定されている。たとえば、要介護1の基準時間は32分以上50分未満、要介護5の基準時間は110分以上と定められている。

2014年度介護保険事業状況報告をもとに「介護保険から介護サービスの受給資格を認定されている確率」（2015年3月時点の実績値）を計算すると、男性の場合75歳〜79歳8・42%➡80歳〜84歳16・00%➡85歳〜89歳28・14%➡90歳以上47・51%、女性の場合75歳〜79歳9・14%➡80歳〜84歳20・81%➡85歳〜89歳39・30%➡90歳以上65・97%となった。80歳を超えると介護ニーズが急上昇するのである。

2　公費依存が大きい医療・介護・福祉で何が起こるか？

国が国債発行できない事態が発生すれば、診療報酬・介護報酬の公費分が未収金となり積み上がる。未収金の満額回収ができない上に報酬マイナス改定の時代に突入するため、民間医療・介護事業体の多くが倒産に追い込まれる。また、がん患者や人工透析患者の医療に大きな支障が出る。

筆者は、２０１７年９月９日金沢市で開催された「第59回全日本病院学会 in 石川」において、「財政破綻に備える次なる医療介護福祉制度改革」というテーマで基調講演する機会をいただいた。医療団体からこのようなテーマで講演依頼が来るということは、医療界でも財政破綻リスクに対する関心が高まっていることを表している。

しかし一方で、最近医療経営者たちからしばしば次のような珍説に基づく反論を聞くようになった。曰く、「日本銀行は政府の一部なのだから日本銀行が国債を買えば国の債務も消える」「日本は純債権国だから財政破綻はありえない」である。このような反論が誤りであることの詳しい解説は本書の他章に譲るが、金融制度に知見のない医療経営者に対して筆者は、次のように問い返している。

すなわち、「もし日本銀行が国債を買えば国の借金が消えるということが正しいのであれば、①政府が国債発行して国民一人ひとりに1億円配っても日銀が国債を買うのであれば政府の借金は増えない、あるいは②日銀に国債を買ってもらった資金で日本政府が世界中の株、不動産を買い占めることができる、ということになるが、本当にそんなことができると思うか?」である。

また、財務省が公表している「本邦対外資産負債残高の内訳」によれば、2016年末現在の本邦対外資産998兆円のうち中央銀行および一般政府に所有権があるといえるのは外貨準備143兆円にほぼ限定され、残りの大半は民間企業や個人に帰属する財産である。しかも、対外債務を差し引くと中央銀行および一般政府の純債権は33兆円にすぎない。したがって、わが国が純債権国であっても、国が信用失墜し国債札割れが生じることはありえるのである。

その大混乱の中で医療・介護・福祉業界に大きな影響を与えると予想される事象を列挙すると以下の通りである。

◉(1) 診療報酬・介護報酬の公費分が未収金となり積み上がる

国債札割れが起これば国の資金繰りが止まり、診療報酬・介護報酬を支える公費の流れも止まる。その影響の規模を想像するためには、医療費・介護費の財源構成、保険者ごとの財政構造の特徴、支払い準備となる資金残高を知る必要がある。

2015年度の医療費42兆3644億円のうち公費が占める割合は38・9%である。これは、

表4-5　医療保険制度の財政構造（2015年度）

（単位：10億円）

	協会健保	組合健保	国保	後期高齢者	その他保険含む全体計
患者負担	1,417	984	2,107	1,186	5,994
保険料	7,295	6,800	3,288	1,129	20,727
65歳未満	6,859	6,644	2,068	0	17,754
前期高齢者	436	156	1,220	0	1,844
後期高齢者	0	0	0	1,129	1,129
公費	1,216	30	4,529	7,044	12,823
国	1,216	30	3,259	4,493	9,001
都道府県	0	0	1,024	1,373	2,397
市町村	0	0	246	1,178	1,424
計	—	—	—	—	39,544

注：後期高齢者の財源には上記以外に他制度からの移転5兆9,031億円がある。
資料：厚生労働省「医療保険制度の財政構造表（平成27年度）」から筆者作成。

2000年度の33・2%から5・7パーセンテージポイントの上昇である。**表4－5**は、2015年度の医療費のうち公的医療保険制度が給付した部分の財政構造を示している。全体計の医療費39兆5444億円のうち公費は12兆8223億円である。ここで注目すべき点は、組合健保は公費支援をほとんど受けていないが、協会健保、国保、後期高齢者は公費依存度が大きく国債札割れの影響を大きく受けることである。

そこで、公費の流れが止まったときに各保険者が資金繰りのバッファーとなる支払い準備資金をどのくらいもっているかが問題になる。**表4－6**の通り、1ヵ月当たり給付額に対して何ヵ月分の支払い準備金をもっているかを見ると、協会健保2・9ヵ月分、市町村国保0・55ヵ月分、後期高齢者0・17ヵ月分にすぎない。

表4-6　保険者の準備金残高

	協会健保	市町村国保	後期高齢者	介護保険
支払い準備となる資金（10億円）A	準備金残高 1,310	基金積立金等 438	基金残高 195	準備基金 388
1ヵ月当たり給付額（10億円）B	450	796	1,170	758
A÷B（ヵ月分）	2.9	0.55	0.17	0.51

資料：各保険者の2015年度決算データから筆者作成。

したがって、国債札割れと同時に医療機関は診療報酬のうち公費分が未収金となるのである。

なお、介護保険制度では介護サービス利用者負担を除く給付財源の構成を、保険料2分の1、公費2分の1（国庫負担4分の1＋地方負担4分の1）としている。2015年度の費用額9兆8326億円の内訳は、給付費8兆8918億円、利用者負担9408億円である。つまり、介護保険のための公費は約4・5兆円（＝8兆8918億円÷2）である。介護保険の支払い準備となる基金も半月分しかない。したがって、国債札割れと同時に介護事業者にも未収金が積み上がることになる。

◉(2) 積み上がった未収金に対する満額支払いは期待できずマイナス改定時代に突入

国債札割れが発生した後、一定期間をおいて国債発行が再開されるが、長期金利が5％、あるいは10％と上昇する結果、国の利払い負担が急増する。年間国債発行額は、基礎収支赤字補塡のための新発債に加えて既発債の借り換えがあるため、2017年度で154兆円が予定されていた。したがって、国の利払い負担の増加ペースは非常に速く、しかもこれまでの低金利国債から高金利国債への振り替わりが長期間続くと予想される。これは、国が診療報酬・介護報酬に拠出する公費財源が大きく縮小することを意味する。したがって、医療機関や介護事業体に積み上がった未収金に対して国が満額を支払うことは期待できない。それどころか、公的保険の給付対象を縮小することに加えて、診療報酬・介護報酬が大幅に引き下げられるマイナス改定の時代になることを覚悟しなければならない。

◉(3) 多くの民間病院が倒産に追い込まれる

診療報酬が大幅に引き下げられれば、ほぼすべての病院が赤字になる。その中で国公立病院の場合、赤字になっても誰かが財務上の責任をとる仕組みにはなっていないので、赤字を垂れ流しながらでもしばらくの期間、存続すると予想される。しかし、民間病院は大打撃を受ける。民間病院経営者は資金調達するときに銀行から連帯保証を強いられている。病院が赤字経営になり借入金返済が困難になったとみなせば、銀行は民間病院経営者に連帯保証の責任履行を求めてくること必至である。保有国債の価格暴落で自己資本を毀損した銀行には構造赤字に陥った病院を支援する余裕などないからである。

ここで国債札割れ後の金利上昇が民間医療経営者に与えるリスクについてコメントしておきたい。日本医師会総合政策研究機構（日医総研）は、2017年3月に発行したワーキングペーパ

―No.379「マイナス金利政策1年と医療等への影響」において次のように警鐘を鳴らしている。

「医業経営にとって気をつけなければならないのは、今のマイナス金利ではなく、将来、金利が上昇した時である。借入金利が本格的に引き上げられたなら、医療機関によっては医業利益が失われ、経営が苦境に陥る恐れもあるだろう」

この警鐘のロジックに誤りはないが、医療経営のリスク管理の観点からは的外れなアドバイスである。なぜなら、金利上昇が始まっても、日本の政治・経済、社会保障制度が混乱している期間（おそらく3～5年）、設備投資を控え銀行借り入れをしなければ、銀行側の都合で医療機関が倒産に追い込まれることはない。それよりも、現在の低金利に幻惑されて近未来の金利高騰リスクから逃れることができない融資契約を、いま締結することこそが危険だからである。

具体的には、病院建設のために期間20年の融資契約を結ぶ際、前半10年間を変動金利（銀行側の短期資金調達コスト＋利ザヤとなる上乗せ金利）、後半10年間を現在から10年後の長期固定金利とするケースである。この仕組みは、銀行側が金利上昇リスクを借り手である医療機関側に完全に転嫁するものである。そして10年後に国債札割れが起きていると、医療機関側は耐えきれないほどの高金利での借り換えを余儀なくされて倒産に追い込まれる。

筆者は、医療・介護福祉事業体の経営者の方々に無料コンサルタントを行っている関係で、これまでにこのような融資契約を銀行と交渉中、もしくはすでに契約してしまった医療経営者に何度か遭遇した経験がある。すでに融資契約を結び資金調達をしてしまった医療経営者に対する筆者のアドバイスは、「低金利のうちに融資条件を固定金利に変更する交渉を銀行と行うべき」である。

◉(4) 大企業が本社を海外移転することで社会保険料収入が減少する

国債札割れが起こり金利上昇による利払い負担増という外圧で日本政府が強力な財政再建を余儀なくされる事態になれば、法人税、所得税、相続税、消費税の大増税が必至となる。このうち法人税率引き上げがすでにグローバル化している大企業の本社や工場の海外移転の誘因になることは、容易に想像できる。

しかし、筆者は所得税率引き上げの影響が、法人税率引き上げと同等以上にあるのではないかと考えている。なぜなら、大企業の本社には役員をはじめとして当該企業の中で給与水準の高い幹部職員が集中している。彼らの給与を手取りベースで大増税前の水準に維持することは、本社を日本に置くコストが跳ね上がるため無理である。また、給与が手取りベースで激減することを幹部職員やその家族が素直に我慢するとは思われない。財政難から国立大学をはじめとする高等教育機関が劣化するため、子どもの教育のためにも富裕層の海外志向が高まる。その結果、大企業本社が幹部職員と一緒に海外移転するようになれば、社会保険料収入の減少がもたらされることになる。

◉(5) 急激な円安により医薬品・医療機器の輸入が困難になる

日本の医薬品・医療機器の貿易赤字は、2010年度の1兆4849億円から2015年度2兆9628億円と5年間で倍増した。つまり、わが国の医療提供体制の物資面での海外依存度は高い。2015年度の医薬品輸入額2・9兆円と医療機器輸入額1・4兆円を合わせれば4・3兆円である。これは、仮に1ドル110円の為替レートが1ドル130円になれば約0・8兆円、150円になれば1・6兆円の追加財源を確保しなければ、世界標準の医療を提供できなくなるということである。

なお、医薬品開発力が世界一である米国でも、医薬品貿易赤字が2016年で450億ドル（約5兆円）と巨額である。これは、米国の法人税率がわが国同様に他国に比べて高いことを理由に、製薬企業が生産拠点を海外に作り、そこから医薬品を逆輸入する状況になっているからである。

日本の医薬品技術貿易収支（医薬品に関係する特許料の収支）が2015年度に3013億円の黒字になったのも、日本の製薬企業が生産拠点子会社を海外に作り、医薬品を逆輸入すると同時に子会社から特許料を得ていることを反映している。そのため、トランプ大統領が政権スタート時に、製薬企業に対して生産拠点を米国内に置くことを要求していると報道された。そして、

２０１７年12月には米国の法人税率を大幅に引き下げることが決定された。

◉(6) がん患者や人工透析患者が大きな影響を受ける

財政破綻によって医療の財源確保と提供体制が崩壊した場合に国民生活にどのような影響が出るのか。それを知るには、２０１１年に財政破綻したギリシャから学ぶことができる。

ギリシャは、面積が13万平方キロメートル（日本の約3分の1）、人口１０８１万人（２０１５年）、名目ＧＤＰ１８５２億ユーロ（24兆円で日本の22分の1、２０１６年データ）という国である。財政破綻から6年が経過した２０１７年時点においても、ギリシャ、ＥＵ、ＩＭＦ（国際通貨基金）との間で再建計画内容の合意が難航している。そのおかげで国民生活のインフラである医療の崩壊に関する報道も頻繁になされている。そのポイントを列挙すれば、次の通りである。

- 財政破綻により最も大きな影響を受けたのは医療分野である。
- 医療提供体制の中心であった国立病院の予算が半分に削減されたため、深刻な医薬品や診療材料不足、医師、看護師不足に陥っている。
- 国民の約25％にあたる２５０万人が失業し、無保険者になっている。
- 初期医療であるプライマリーケアを受診することが困難になった結果、重症になってから医療機関に駆け込む患者が増えている。しかも、駆け込んだ医療機関で治療を受けられるとは限らない。

- 民間医療機関を受診する場合、患者自己負担が高額になる。
- 慈善医療を施すクリニックに患者が殺到している。
- まともな医療を受けるためには医師に賄賂を渡す必要がある。
- 国民の栄養状態が低下したこともあり、結核患者が急増している。
- 糖尿病や高血圧といった慢性病患者が薬を確保することが難しくなっている。
- 疾病別に見た場合、医療崩壊の影響が最も深刻なのは、がん患者である。

崩壊前のギリシャの医療制度より日本の現在の医療制度のほうがはるかにすぐれていることを考慮するにしても、財政破綻すれば、わが国も上記のような問題に直面することになる。たとえば、**表4－7**の通り、診療種類別の医療費を見ると悪性新生物（がん）の医療費が最も大きい。年間がん患者数は２０１６年に１００万人に達した見込みであり、抗がん剤の多くを輸入していることを考えると、わが国でも財政破綻による医療崩壊で最も被害を受けるのはがん患者であると想定される。

さらに、筆者ががん患者以上に深刻な事態に陥るのではないかと心配しているのが、人工透析患者である。わが国の場合、諸外国に比べて腎移植件数が少ないこともあり、人工透析患者が２０１５年末時点で32万人に達している。その２０１５年度医療費は１兆５６３７億円（１人当

表4-7　診療種類別にみた国民医療費（2015年度）

	国民医療費	42兆3,644億円	構成比
	医科診療医療費	30兆461億円	70.9%
内訳	悪性新生物	3兆5,889億円	8.5%
内訳	糸球体疾患・腎尿細管間質性疾患及び腎不全	1兆5,637億円	3.7%
内訳	糖尿病	1兆2,356億円	2.9%
内訳	高血圧性疾患	1兆8,500億円	4.4%
内訳	心疾患（高血圧性のものを除く）	1兆8,848億円	4.4%
内訳	その他	19兆9,231億円	47.0%
	歯科診療医療費	2兆8,294億円	6.7%
	薬局調剤医療費	7兆9,831億円	18.8%
	入院時食事・生活医療費	8,014億円	1.9%
	訪問看護医療費	1,485億円	0.4%
	療養費等	5,558億円	1.3%

資料：厚生労働省「国民医療費」より筆者作成。

たり年間481万円）である。人工透析患者は週3回透析治療を受けることができなければ命にかかわる。実際、1991年にソ連が崩壊した際、透析医療がストップしたため2ヵ月間で人工透析患者のほとんどが死亡した（正確なデータは不明）とのことである。

日本透析医学会『図説わが国の慢性透析療法の現況2015年12月31日現在』によれば、わが国には透析施設が4321ある。その大部分は民間医療機関である。したがって、財政破綻で医療崩壊が起きた際、32万人の人工透析患者を救済するためには、民間医療機関に赤字覚悟で透析医療を続けてもらう必要がある。前述したように公費分の未収金が積み上がり、ある時点で国が未収金を値切るかたちで償還することになるが、透析施設だけを優遇することは難しいと思われる。

3 現行制度が崩壊し、白地となった後の制度設計

現在の制度が崩壊した場合の選択肢は限られている。他の先進諸国がすでに行っている患者の医療必要度に基づくアクセスコントロールの強化、公的保険者の都道府県単位統合、高齢者の負担増、国公立病院／大学付属病院を広域単位で強制合併などである。また、社会福祉法人の黒字や余剰金融資産への課税も不可避と予想される。

このような医療崩壊が起こった後に目指すべき医療・介護制度のポイントを示すとすれば、以下の通りである。

◉(1) 英仏の制度を超える医療・介護サービスの配給制

新しい制度を一言で表現すると「配給制」である。これは、わが国の医療制度を他の先進諸国と比較することで導かれる結論である。日本の医療界と政治家はしばしば「世界に冠たる皆保険」と自画自賛することを繰り返してきた。しかし、64歳以下の勤労世代の医療保障を原則民間保険に委ねている米国を例外として、他の先進諸国も「皆保障」（医療財源を原則税収としている国も含む皆保険より広義の概念）を実現しており、国民全員に基礎的医療の給付を保障する仕組み

表4-8　公的医療制度における日本の特殊性

	日本	日米以外の先進諸国
皆保険（皆保障）の意味	費用対効果を精査することなく有効性が認められた医療をすべて保険の給付対象とする	有効性が認められた医療がすべて国民共通の公的医療保障の中に含まれているとは限らない
保険内容に対する国民側の選択権	全国民に一律適用	公的制度の枠組みの中で給付と負担のバランスを国民一人ひとりが選択できるオプションを組み込んでいる
受診アクセス制限	一部導入開始したが緩い	家庭医等による強い規制
設備投資規制	都道府県が作成してきた医療計画は過剰重複投資防止に効果がなかった	強い設備投資規制により過剰重複投資を防止
保険者（財源）と医療機関が連結する仕組みの有無	保険者と医療機関が対立	財源と提供体制がともに公中心の国々では両者が実質連結運営される仕組み
病院の利益が特定個人に帰属する割合	先進諸国の中で最も高い	公立病院と非営利病院が中心なので低い

資料：筆者作成。

としてわが国の制度が特別すぐれているという理由は見当たらない。それどころか、最近、医療改革に関する国際会議に出席すると、海外の研究者たちから「赤字国債に依存している日本の皆保険は持続性がない」との指摘を受けるようになった。

表4－8は、わが国の医療制度の特殊性を表している。まず、皆保険（皆保障）の意味が日本と他国では異なる。わが国の場合、費用対効果を精査することなく、有効性が認められた医療をすべて保険の給付対象にする非常に寛大な制度である。これに対して他国では、有効性が認められた医療であっても公的制度の給付対象にしないものがあり、優先順

位をつけて給付率に格差を設けるなどの工夫をしている。

たとえば、フランスでは薬の保険給付率（その差額は患者負担率）に段階を設けている。また、公的制度の枠組みの中で給付と負担のバランスを国民一人ひとりに選択させるオプションを組み込んでいるところがある。

日本の制度は、医療で格差が発生することを制度上一切認めないという考え方のもと、国が決めた給付と負担のバランスを全国民に一律適用するというものである。そして、決定的な違いは、日本は家庭医等を活用した患者トリアージ（患者の症状評価に基づく医療へのアクセスコントロール）の仕組みがほとんど機能していないことである。これを医療界は「フリーアクセス」と呼び、わが国の医療制度の長所と主張しているが、医療過剰消費の誘因にほかならない。したがって、財政破綻して医療・介護に回る財源が大幅削減された場合、現在、英国やフランスが行っている以上のより厳しい患者トリアージになることは必至と思われる。

◉(2) 組合健保を解散し都道府県単位で協会健保、国保と合併

表4－5で見た通り、大企業の職域で作っている組合健保は、協会健保や国保と異なり給付財源のための公費補助をほとんど受けていない。したがって、医療機関側も組合健保の加入者が患者であれば未収金が発生しないように思える。しかし、国債札割れが起きてマイナス成長となり企業業績が低迷すれば、保険料収入がかなり減少すると予測される。したがって、組合健保だけ

が現状維持できるとは思われない。この混乱を打開し医療制度運営の効率化を図るためには、公務員の職域保険である共済も含めて組合健保、協会健保、国保など保険者全体を都道府県単位で合併するしか選択肢がないように思われる。

◉(3) 患者負担割合を年齢に関係なく原則3割に

わが国の医療保険制度では、70歳未満の者の患者負担割合を3割とする一方で、70歳から75歳未満の者の同割合を原則2割、75歳以上の者を原則1割としている。そして、70歳以上であっても現役並み所得者（2017年現在の定義では課税所得が145万円以上で、夫婦2人世帯の年収が520万円、単身世帯の場合は383万円）については患者負担割合を3割としている。これを「年齢に関係なく患者負担割合は3割」に改めるべきである。なぜなら、後述する通り、高齢者は家計金融資産1809兆円（2017年3月末）の半分以上を所有しており、経済的には現役世代よりも恵まれているからである。

表4－5で示した通り、75歳以上後期高齢者の受診時患者負担額は約1兆1860億円である。したがって、仮に後期高齢者の患者負担割合を1割から3割に引き上げた場合、公費負担を約2兆円節約できる計算になる。しかし、高齢者の中には金融資産をあまりもっておらず3割負担になれば生活保護などの救済措置を必要とする者に変わる方々が存在する。したがって、患者負担割合を年齢に関係なく原則3割にした場合の公費節約額は控えめに約1兆円と考えるのが妥

当と思われる。

なお、国民に対して健康で文化的な最低限度の生活を保障する最後のセーフティーネットの役割を果たす仕組みとして、生活保護制度が大きな役割を果たしている。生活保護受給者は、1995年の88万2000人から2016年には214万5000人と著しく増加した。保護率（総人口に対する生活保護受給者の割合）も1995年の0・70％から2016年1・69％と上昇している。2015年度に政府が負担した生活保護費3兆6977億円のうち48・1％を医療費が占める。生活保護受給者の医療費はすべて公費であり、その金額は2015年度で1兆7785億円と大きい。

一方、生活保護受給者が受ける医療は、納税者が受ける医療より過剰だとの指摘がなされている。これは、レセプトに記載された診療内容の妥当性の審査を当該医療圏内の医師たちが担っていることが影響している。

筆者は、レセプト審査を行っている国民健康保険団体連合会で知人の医師が審査を行っている様子を見学したことがある。そのとき教えられたことは、「自分はライバル医療機関のレセプトを見ることがあるが、生活保護受給者である患者のレセプトには多少の疑義があっても承認している。自分の患者のレセプトは逆にライバル医療機関の医師に見られており、お互い様だからだ」という事情である。筆者が「しかし、先生が承認したレセプトが後で問題になったら先生ご自身が困るのではないか？」と質問したところ、「もちろんそのリスクがある。そこで、通過させてしまったら医学者としてのレベルを医師仲間に疑われるような内容のレセプトははねている」との回答だった。

最近、生活保護を受けている患者が医療機関から必要以上の薬の処方を受けてそれを販売しているという不正が明らかになった。このようなことが横行するのも生活保護患者たちの医療費支払いを国が保証しているなか、医師同士がレセプト審査をし合う仕組みだからである。格差が拡大するなかで、生活保護制度のセーフティーネットとしての重要性は今後ますます高まる。しかし、財源不足が深刻化するなかで、現在の制度の欠陥を放置したままでは制度維持が困難になると思われる。

◉(4) 国公立病院、大学付属病院を広域単位で強制合併

表4－8に示した通り、海外では医療分野に厳しい設備投資規制がある。たとえば、フランスではARSと略称される地方医療庁が24設置され、広域単位で公立病院と民間病院の設備投資を規制、過剰重複投資を封じている。オーストラリアも2011年の医療改革により、人口100万人前後の広域医療圏単位で州政府が設置者である公立病院を経営統合、民間病院、開業医との機能分担の仕組みを再構築した。

医療で自由競争のイメージが強い米国でも、34州が医療設備投資規制の法律を施行している。たとえばバージニア州ではガンマナイフ（開頭することなく脳病巣をナイフのように切り取る放

表4-9　設置者（経営形態）別病院数（2017年6月末）

総数			8,426
	国		328
		厚生労働省	14
		独立行政法人国立病院機構	143
		国立大学法人	48
		独立行政法人労働者健康安全機構	34
		国立高度専門医療研究センター	8
		独立行政法人地域医療機能推進機構	57
		その他	24
	地方政府		928
		都道府県	200
		市町村	629
		地方独立行政法人	99
	日赤		92
	済生会		79
	北海道社会事業協会		7
	厚生連		104
	健康保険組合及びその連合会		9
	共済組合及びその連合会		42
	国民健康保険組合		1
	公益法人		227
	医療法人		5,776
	私立学校法人		111
	社会福祉法人		201
	医療生協		83
	会社		39
	その他の法人		187
	個人		222

資料：厚生労働省「医療施設動態調査」（平成29年6月末概数）。

射線照射装置）といった高額医療機器をどこに何台置くかを州政府が決めており、医療機関側が自らの経営判断で購入することは許されない。

これに対してわが国の場合、これまでの都道府県が作成してきた医療計画は誰も実行責任を問われない、いわば画餅であり、国公立病院、大学付属病院が急性期ケアを主眼にした過剰投資を行い、それにあおられて民間病院側も過剰投資を繰り返してきた。その結果、表4－2に示したように、他国に比べて単位人口当たり病院数が突出して多い状況にある。

しかも表4－9の通り、病院設置者（経営形態）の種類が20以上あり、国や地方政府が設置者であっても同じ医療圏内で機能分担することなく補助金を使って競合している。とりわけ、地方政府が設置者である公立病院と地方独立行政法人病院には毎年7000億円以上の補助金が投入されている。財政破綻により、これらの病院群が存続不能に転落する機会をとらえて、オーストラリアのように広域医療圏単位で強制合併することは必然と思われる。

◉(5) 社会福祉法人の余剰資金の没収と課税

財政破綻して既存の社会・経済制度が崩壊すれば、生活困窮者が急増することになる。そのとき彼らの生活支援で大きな役割を果たすべきは社会福祉法人である。しかし、拙著『財政破綻に備える次なる医療介護福祉改革』（日本医療企画、2017年10月）に詳述した通り、社会福祉法人はこのような新たな福祉ニーズに積極的に応えようとする事業体と、蓄財に走っている事業体に二極化している。

表4－10は、福祉施設経営を行っている社会福祉法人約1万8000のうち6187法人の財務諸表の集計結果である。ちなみに2015年度の経常利益額は2000億円、金融資産から借入金を差し引いた純金融資産は1兆2440億円である。したがって、残りの約1万2000の社会福祉法人の平均規模が3分の1と仮定しても、施設経営を行っている1万8000の社会福祉法人全体の経常利益額は3000億円超、純金融資産は2兆円超と推計できる（ただし、別格に規模が大きい済生会と聖隷福祉事業団は除く）。この経常利益と純金融資産の源泉はすべて補助金と非課税優遇措置にあると言いきることができる。なぜなら、金融資産を蓄積する源となっている古い施設を建設した時代には建設費の約4分の3の補助金が入っていた、現在でも保育所などには黒字額より大きな運営費補助金が入っており黒字の源泉は100％補助金である、上場企業の平均経常利益率を上回る黒字率を毎期あげていても非課税である、からである。

また、本書の他の章で説明があるように、国債札割れが起きれば大増税は必至であり、預金封鎖を行い個人の金融資産に課税することもありうる。そのような事態のもとにおいては、社会福祉法人にたまった公金を国民が黙認するとは到底思われない。ちなみに、社会福祉法により清算時の残余財産の帰属先は社会福祉法人その他の社会福祉事業を行う者もしくは国に限定されている。つまり、社会福祉法人に蓄積されている金融資産は、特定個人に帰属しない公共財産と位置付けられている。社会福祉法人に課税し、福祉ニーズに積極対応する模範的社会福祉法人に財源

表4-10　社会福祉法人2015年度財務諸表の集計結果

	集計法人数	収入 A （10億円）	費用 B （10億円）	経常利益 C （10億円）	経常利益率 C÷A （%）
高齢専業	2,142	1,512	1,464	36.3	2.4
保育専業	991	235	219	17.6	7.5
障害専業	1,008	451	425	29.7	6.6
児童専業	152	40	37	3.6	9.0
児童保育	94	46	43	3.5	7.6
高齢保育	335	346	330	15.9	4.6
高齢障害	606	674	649	25.5	3.8
障害と保or児	233	187	174	14.4	7.7
その他施設	24	5	5	0.2	4.2
複合体	602	1,436	1,388	53.2	3.7
全体合計	6,187	4,932	4,733	200	4.1

	総資産 （10億円）	純資産 （10億円）	金融資産 D （10億円）	借入金 E （10億円）	純金融資産 F＝D－E （10億円）	純金融資産対費用倍率 F÷B （倍）
高齢専業	3,977	3,053	936	730	207	0.14
保育専業	435	362	123	43	80	0.37
障害専業	1,044	910	341	59	282	0.66
児童専業	90	79	27	5	21	0.58
児童保育	91	79	28	6	22	0.51
高齢保育	850	614	182	189	▲7	▲0.02
高齢障害	1,574	1,213	387	260	126	0.19
障害と保or児	417	354	126	30	96	0.55
その他施設	15	13	5	1	4	0.68
複合体	2,988	2,328	810	397	412	0.30
全体合計	11,481	9,004	2,965	1,721	1,244	0.26

注：「障害と保or児」は障害者施設に加えて保育所または児童施設を兼営している法人。四捨五入のため合計は必ずしも一致しない。以下同じ。
資料：松山幸弘著『財政破綻に備える次なる医療介護福祉改革』（日本医療企画、2017年10月）から転載。

をシフトさせるべきである。

4　新制度を早く軌道に乗せるために、いまから取り組むべきこと

医療・介護・福祉制度の運営責任を都道府県に集約する改革が現在進められているが、その実務を担う専門人材を多数育成しなければならない。医療・介護・福祉サービスの質向上と効率化を同時達成し、より公平な制度を構築するためには、すでに実施されたマイナンバーによる金融資産の把握、医療マイナンバーの導入によるビッグデータ活用促進が不可欠である。公的医療保険を二階建てにすることによる追加財源確保も検討に値する。

このような新しい制度を早く軌道に乗せるためには、国債札割れが発生する前から準備しておくべきことがある。それは、政府が現在進めようとしている医療・介護・福祉改革にも寄与することである。

◉(1) Population Health 専門人材の育成

2018年度は、診療報酬、介護報酬、障害福祉サービス報酬のトリプル改定を行うとともに、

医療の財源と提供体制の両方をコントロールする権限・責任を都道府県に集約する年でもある。これは、第3節で述べた都道府県単位で保険者を統合一本化することや国公立病院、大学付属病院を広域単位で強制合併し、過剰重複投資の解消を目指すことの布石になる。

このように、医療・介護・福祉の財源と提供体制の全体最適を考察する社会科学を米国、カナダ、オーストラリアなどでは"Population Health"と呼んでいる。これらの国々の大学にはPopulation Health 学科や研究所を開設しているところがある。また、米国のＩＨＮ（Integrated Healthcare Network）と呼ばれる非営利大規模地域包括ケア事業体には、医療・介護・福祉サービス提供部門と保険部門を連結している事業体が多数存在し、ベンチマーキングやビッグデータを活用しながらPopulation Health を実践、そのノウハウを蓄積している。

残念ながらわが国の場合、人口数百万人単位の広域医療圏で患者情報を共有するような仕組みがないこともあって、Population Health の実務を担える専門人材が皆無に近い。このことが２０２５年を目標年とする医療・介護・福祉改革のネックになることを厚生労働省も認識しており、都道府県担当者の研修会を開催しているようである。しかし、Population Healthの部品にあたるベンチマーキングやビッグデータ解析の専門家はわが国にも相当数存在する。また、規模は米国のＩＨＮほど大きくないものの、ＩＨＮの基本形となる医療・介護・福祉事業体を構築できている民間経営者も少なからず存在する。したがって、Population Health 専門人材を短期間で育成することは可能と思われる。

◉(2) 医療マイナンバーによる患者情報共有

Population Health を全国に定着させ医療の質向上とコスト節約を同時追求するためには、諸外国がすでに実現しているように、広域医療圏単位で患者情報を共有する仕組みを構築しなければならない。そのためには医療マイナンバーの導入が必須条件である。

２０１７年に発表された「新産業構造ビジョン」と「未来投資戦略２０１７」によれば、政府はこの患者情報共有促進をＰＨＲで行うことを目指しているようである。ＰＨＲとは、Personal Health Record の略であり、個々の患者に自分の電子診療録、健診データを一元管理、携帯させる仕組みのことである。

しかし、このＰＨＲ構想はすでに失敗が確定した「どこでもＭＹ病院構想」の名前を変更した程度の代物であり、海外でのＰＨＲ失敗の本質からも学んでいない。どこでもＭＹ病院も患者自身に電子診療録を携帯させ重複検査をなくす仕組みなどを２０２０年までに構築することを目標にしていたが、まったくの失敗に終わった。したがって、何もインフラが整っていないなかで２０２０年までにＰＨＲを実現することは不可能である。この問題の詳細は、前掲の拙著をご参照いただきたい。

◉(3) マイナンバーで保有金融資産を把握し負担の公平化を図る

現在、患者負担が大きくなりすぎないようにするため高額療養費制度や医療費控除制度があるが、財政が破綻すればこれらの制度をいったん廃止し、高齢者の患者自己負担も原則3割とせざるをえない。その結果、生活困窮者が増えることになるが、救済すべき生活困窮者を正確、公平に判別するためにはすでに導入済みのマイナンバーを使って、国民一人ひとりの所得だけでなく、金融資産も正確に把握する仕組みを作る必要がある。

厚生労働省は、税制と社会保障制度による所得再配分の効果を所得再配分調査で3年ごとに検証している。同調査は、世帯を高齢者世帯、母子世帯、その他の世帯の三つに分類し、ジニ係数が税制と社会保障制度による所得再配分の前と後でどの程度改善するかを見ている。

高齢者世帯の定義は、65歳以上の者のみで構成するか、またはこれに18歳未満の未婚の者が加わった世帯である。ジニ係数とは、その集団におけるフロー所得の分布を表すもので、完全平等社会（全員のフロー所得が同じ）であればジニ係数は0、完全不平等社会（一人がフロー所得全部を独占）であればジニ係数は1と表される。したがって、ジニ係数が低いほど平等な社会と評価される。

「平成26年所得再分配調査報告書」によれば、全世帯のジニ係数は、再分配前の当初所得で0・5704だったものが、再分配により0・3759へと34・1％引き下げられている。とりわけ高齢者世帯の改善度が52・2％と大きい。所得再配分の仕組みがその使命を果たしていると評価できる。

ただし、ジニ係数には、金融資産保有額を考慮しておらず年金や医療・介護のコスト負担がストック面から不公平になっていても計測できないという欠点がある。なぜなら、世帯主が60歳以上である世帯の平均金融資産保有額は他の世帯より明らかに大きいためである。筆者が世帯主年齢層別金融資産と世帯数統計を使って試算したところ、世帯主が60歳以上の世帯は、家計金融資産の約65％を保有しているとの結果が出た。したがって、医療費の患者負担割合を年齢にかかわらず原則3割とする改革には合理性がある。ただし、後述するように、資力が相対的に低い弱者の救済策を別途作り直す必要がある。

◉(4) 地域医療連携推進法人を改変し、地域包括ケア連携推進法人に

医療法改正により2017年4月にスタートした地域医療連携推進法人には数々の欠陥がある。その詳細は前掲の拙著に譲るが、たとえば、地域医療連携推進法人制度の活用を期待されていたのは「持分あり医療法人」だったはずだが、2017年2月の医政局長通知により実質否定された。持分あり医療法人とは、設置者の私有財産でありその本質は株式会社に近い。この通知により、地域医療連携推進法人に参加した持分あり医療法人は将来除名されるリスクを抱えることになった。

なぜなら、私有財産である持分あり医療法人の場合、出資者である社員の死亡による相続問題発生や社員脱退などを契機に将来必ず過去の利益の累積である剰余金が法人外に流出する。これは、実質的な配当であり、医政局通知が記した「社員等になれない者」の要件に該当する。した

がって、地域医療連携推進法人は持分のない事業体で組成しなければならなくなった。これは、厚生労働省が地域医療連携推進法人の非営利性、公益性を高めるための措置と思われる。

しかし、この厚生労働省の方針変更のおかげで、地域医療連携推進法人は筆者が提案した非営利ホールディングという経営形態に近づくことになる。非営利ホールディングとは、特定の個人や組織の利益に偏ることなく常に地域全体の利益の最適化を図る経営判断を行うための経営形態であり、米国の地域包括ケアで中心的役割を果たしている仕組みである。わが国における非営利ホールディング事業体の第1号として、2018年4月に地方独立行政法人山形県・酒田市病院機構が核となり設立される地域医療連携推進法人「日本海ヘルスケアネット」が注目されている。

さらに、財政破綻時の生活インフラの崩壊を想像したとき、医療連携という発想をベースにした事業体では大量発生する生活困窮者の支援が十分に行われるか不安がある。また、地域医療連携推進法人制度創設の目的である地域包括ケアの充実のためには、医療よりも各制度の狭間に落ちた高齢者や生活困窮者の日常的な支援のほうが、優先度が高い。その機能を担っている事業体は地域によってさまざまであり、医療機関とは限らない。筆者には、むしろ社会福祉法人やNPOのほうが適任であるように思われる。実際に、社会福祉法人の中には病院、高齢者施設、障害者施設など地域包括ケアに必要なサービスを品揃えしている複合体が多数存在する。

そこで、地域医療連携推進法人を発展的に改変し、地域包括ケア推進法人とすることを提案したい。両者の違いは、地域包括ケア推進法人で非営利親会社機能を担う中核事業体を医療機関に

図4-3　地域包括ケア推進法人の基本形

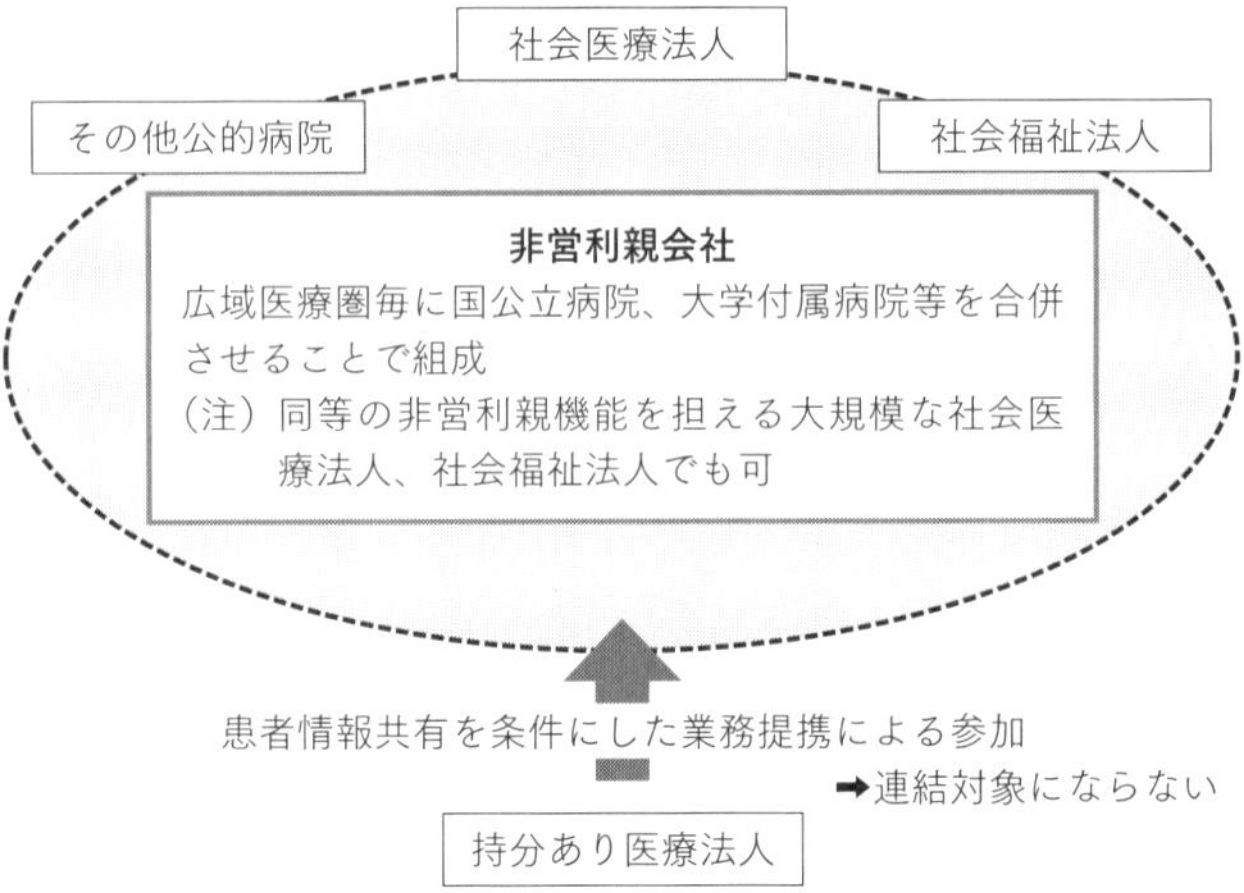

資料：筆者作成。

限定せず、社会福祉法人にも認める点にある。図4―3がその概念図である。

◉(5) 公的医療保険を二階建てにする

前述の通り、日本の医療保険制度は、医療で格差が発生することを制度上一切認めないという考え方のもと、国が決めた給付と負担のバランスを全国民に一律適用するという特色がある。そのため経済成長率、人口動態、疾病構造、医療技術といった制度設計の前提条件が大きく変わったときに、医療保険自体を変革することが困難な、レジリエンシー（Resiliency：環境変化に対する弾力性または回復力）の低い制度になっている。

この閉塞感を打開し、公費に頼らず医療の追加財源を獲得する方法として、筆者は、2002年に『人口半減――日本経済の活路』（東洋経済新報社）を出版して以降一貫して「公的医療保険を二階建てにする」ことを提案し続けている。その目的は次の3点にある。

◆医療改革に伴う政治的軋轢を緩和する

金融資産を一定額以上もつ裕福な高齢者まで過度に優遇する制度を改めるためとはいえ、患者負担割合を年齢に関係なく原則3割にすることには高齢者の抵抗が強い。そこで、現行制度における給付と負担のバランスを標準プランとしたうえで、「患者負担割合は3割だがその分標準プランより保険料が安いオプションプラン」を提供し高齢者一人ひとりに選んでもらうのである。おそらく多くの高齢者は保険料が安いオプションプランのほうを選ぶと思われる。

◆医療技術進歩を促すための追加財源を確保する

技術進歩により新しく登場する医薬品・医療機器を迅速に臨床現場に届けて国民に世界標準の医療を提供し続けるためには、追加財源が毎年4000億〜5000億円必要である。これを確保するためには、医療にもっとお金を使いたいと考えている人に拠出してもらえばよい。その有力な方法として、高価になりがちな新規医薬品・医療機器を保険適用開始するときに、まずオプション保険の対象とすることが考えられる。そうすることで、医療技術進歩を要因とした公費負担増が緩和されると期待できる。

◆医療に対する患者の価値観の多様性に対応する

受診行動は、患者やその家族の価値観によっても左右される。たとえば、終末期の延命医療については考え方が人によって大きく異なる。そこで、ある一定の年齢に達したときに延命医療のレベルを一人ひとりに選択させてその後支払う保険料に差を設ける制度を作るのである。また、外来受診時の定額負担の是非が政治問題になっているが、これも国民一人ひとりに選択させるべきである。定額負担があるが、その分保険料が安いオプション保険を選んだ人には健康管理のインセンティブが強く働くと思われる。

要するに、二階建て公的医療保険とは、給付と負担のバランスを自ら選択させることで人々の満足度を高めつつ医療制度を効率化、追加財源を獲得する仕組みなのである。その制度設計上の評価の視点として次のことが重要である。

- 国民が制度を容易に理解できるか？
- 公的医療保険制度の財政安定に寄与するか？
- 資力が相対的に低い弱者の救済策は十分か？
- 医療機関の経営安定に役立つか？
- 国民が新規の医薬品・医療機器の恩恵をより早く受けることを促すか？

このうち最も重要なのは「国民の理解」だが、繰り返し述べてきた通り、これは現行制度を標準プランとして残すことで解決可能である。

【参考文献】


厚生労働省「国民医療費（平成27年度）」。

厚生労働省「介護保険事業状況報告全国計（平成26年度）」。

厚生労働省「社会保障の費用に係る費用の将来推計の改定について（平成24年3月）」。

厚生労働省「国民生活基礎調査」。

厚生労働省「薬事工業生産動態統計年報」。

厚生労働省「医療費の地域差分析」。

厚生労働省「医療保険に関する基礎資料」。

厚生労働省「医療機器の配置及び安全管理の状況等について」（平成28年7月）。

厚生労働省「医療施設動態調査」。

厚生労働省「後期高齢者医療事業年報」。

厚生労働省「国民健康保険事業年報」。

厚生労働省「社会保障審議会生活困窮者自立支援及び生活保護部会」（第1回）資料。

医療経済研究機構「フランス医療関連データ集２０１６年度版」。

医療経済研究機構「ドイツ医療関連データ集２０１６年度版」。

医療経済研究機構「イギリス医療保障制度に関する調査研究報告書２０１５年度版」。

国立社会保障・人口問題研究所「日本の将来推計人口（平成29年推計）」。

国立社会保障・人口問題研究所「『生活保護』に関する公的統計データ一覧」。

財務省「貿易統計」。

財務省「本邦対外資産負債残高の概要」。

総務省「平成27年度病院事業決算状況（地方独立行政法人）」。

総務省「公立病院の損益収支の状況」。

文部科学省「国立大学法人等の決算について（平成27事業年度）」。

国立がんセンターがん情報サービス「２０１７年のがん統計予測」。

日本透析医学会「図説わが国の慢性透析療法の現況２０１５年12月31日現在」。

日本医師会総合政策研究機構「マイナス金利政策1年と医療等への影響」ワーキングペーパーNo.３７９。

全国健康保険協会「財務諸表」各年度版。

金融広報中央委員会（２０１６）「家計の金融行動に関する世論調査」。

松田晋哉（２０１７）『欧州医療制度改革から何を学ぶか』勁草書房。

松山幸弘（２０１７）『財政破綻に備える次なる医療介護福祉改革』日本医療企画。

United States Census Bureau, *Trade by Commodity.*

Australian Institute of Health and Welfare, *Australia's health 2016.*

OECD, Health Statistics 2017.

第 5 章

長期の財政再構築

佐藤主光　一橋大学教授
小林庸平　三菱UFJリサーチ&コンサルティング　主任研究員
小黒一正　法政大学教授

「Xデー（財政破綻）」の後の対応（財政再建）としては、①歳出の執行停止・先送りなど直後の対応、②歳出削減を含む「止血措置」、③財政赤字を作らない体質（構造）への転換に向けた「構造改革」に区別できる。本章では③の財政の「構造改革」について考えていく。

財政赤字の解消（債務残高の抑制）にあたっては⑴歳出削減・増税といった「マクロ」的な措置と⑵歳出・税制の「効率化」という「ミクロ」的な措置を組み合わせる必要がある。第2章で述べた「歳出のトリアージ」はあくまで一時的な措置であり、そのままでは国民生活を著しく損ないかねない。金利が低下傾向に転じるなど国債市場が落ち着いたら、速やかに第三段階（構造改革）に移っていく。本章が特に重視するのはミクロ的措置＝歳出・税制の効率化である。

本来、財政危機が生じる前（事前）に講じるべきだが、いったん危機が露呈するならば、財政を効率的にし、それによって財政赤字を作らない体質（構造）に転換する契機とすることが望ましい。そもそも、財政赤字が膨らんだ背景には赤字を最終的に解消（帳尻合わせ）する政策変数（消費税、社会保障給付等）についてコンセンサスがないことがある。結果、納税者も社会保障などの受益者、政治家も財政当局も、自身に都合のよい、自身の権益を損なわず、誰かが負担する「帳尻合わせ」を念頭に置いてきたように思われる。

総じて、財政への危機感は希薄になる。赤字が膨らんだときの対処をあらかじめ「財政ルール」として定めることだ。このことは財政赤字に対する国民のコスト意識を喚起するほか、市場からの国債への信認を確保することにもつながるだろう。

筆者らは増税をやむをえざる選択だと考えるが、中長期の成長を阻害するような増税は避けるべきだとする。経済のグローバル化や高齢化といった「新しい経済環境」において成長と両立するような税制の再構築を目指すことが必要だ。具体的には消費税を軸とした税制である。また、財政再建が低所得者など、社会的弱者の切り捨てになってはならない。不公平であるばかりか、社会の分断と政治的ポピュリズムの台頭を招きかねないからである。弱者を救済するセーフティーネットもあわせて整備していく必要がある。

1　財政の構造改革

本節ではマクロの構造改革として増税のほか、予算総額のコントロールを提言する。無論、増税や歳出抑制の幅は経済の見通しによるところが大きい。経済の将来見通しの客観性を担保して、国民の信認を得るためには政治・財政当局から一定程度「独立」した財政試算機関の設立が望ましい。

◉歳出抑制か増税か

第2章では、財政危機後のシナリオを執行の先送りなど危機直後の対応、歳出カットを中心とした止血措置（歳出のトリアージ）および平時への移行に向けた構造改革（財政赤字を作らない体質作り）の3段階に区別した（図5－1）。本章ではこのうち第三段階に位置する構造改革について考えていきたい。構造改革に向けた検討の時期、担当部署（司令塔）と手続きなどを決めておけば、具体的な改革に迅速に入ることができるだろう。結果、財政の持続性への見通しが立ち、国債への市場からの信認を回復させ、財政危機の非常時モードから平時のモードへの復帰も適うことになる。なお、ここでの処方箋は財政破綻が起きる前の事前の財政健全化にも当てはめることができる。

図5-1　財政危機後の時間軸

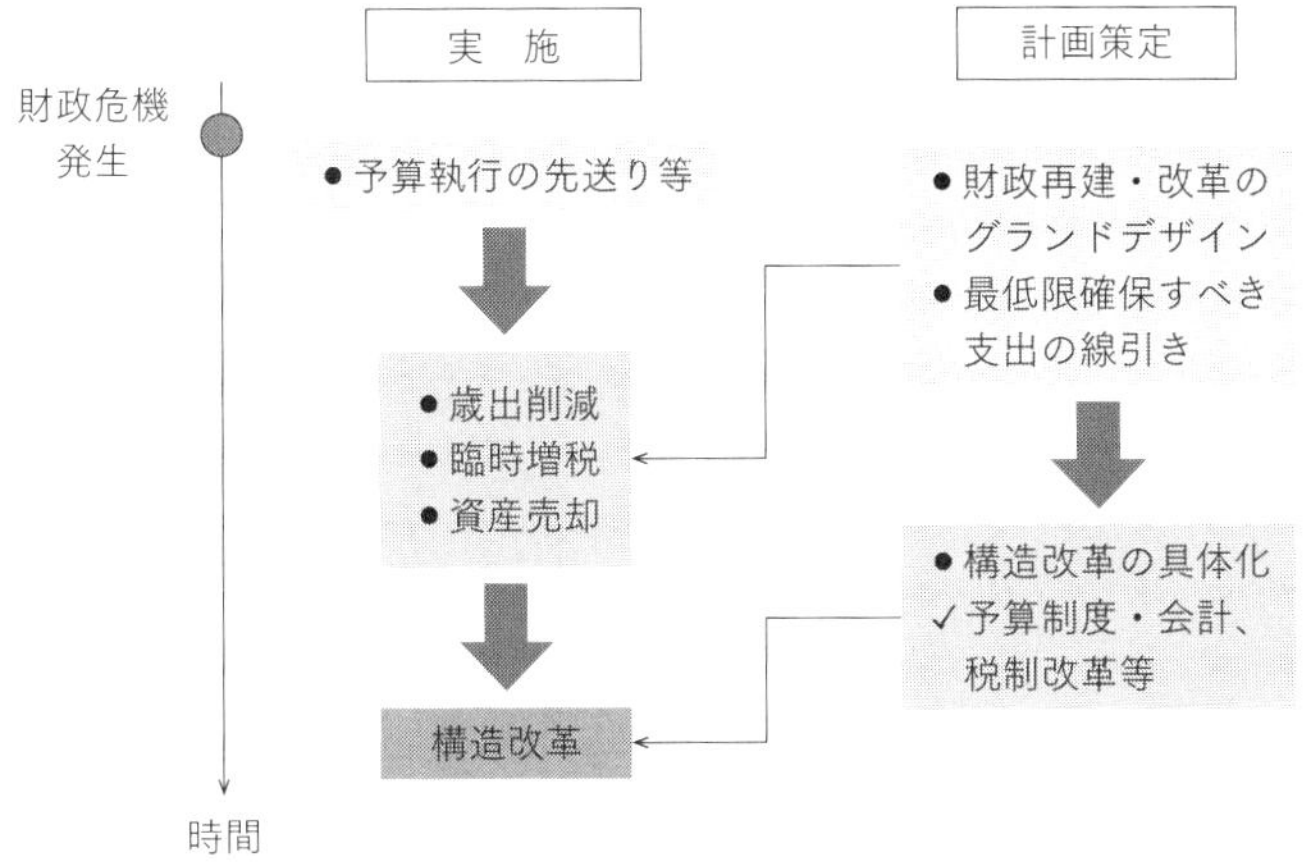

財政危機を克服（国債への信認を回復）するには、基礎的財政収支を黒字化に転じるよう、歳出の抑制と増税が求められる。これに関連して「アレシナの黄金律」と呼ばれるが、先進国の中で（財政収支が継続的に改善しているという意味で）財政再建に成功した国では、歳出の削減額と増税額の比率が概ね「７対３」か「２対１」となる。成功した財政再建では歳出削減の内訳として、社会移転費および公務員の賃金カットがＧＤＰ比で１・２％を占める。一方、成功しなかった財政再建では０・２％以下にとどまるという。よって財政再建を達成するには歳出削減、とくに社会保障・人件費の見直しを重視すべきということになる。

他方、國枝（２０１４）は「アレシナの黄金律」は日本には当てはまらないと反論する。実際、社会保障については欧州諸国の場合、失業者給付の比重が高く、就労支援を行う（後述する勤労税額控除などを活用する）ことで抑制の余地がある一方、わが国の社会保障の多くは高齢者向けでその増加は「構造的」だ。他方、消費税についていえば、わが国の税率（現行８％）は欧州諸国（標準税率20％強）に比して低く、増税の「伸びしろ」がある。

仮に増税が不可避であれば、早期に実施することで負担の「平準化」を図ることだ。先送りは財政再建を遅滞させかねない。その間に公的債務が累積して、さらに厳しい増税を迫られることになれば、将来の経済活動（投資や消費）を損なってしまう。現在の増税が景気に悪影響を及ぼすなら、その先送りは将来の景気に悪影響を及ぼすものとなる。また、仮に財政悪化が解消されないなかで、こうした経済危機を迎えるならば、どうだろうか？　さらなる赤字拡大を伴うような財政出動は国債自体への信用を揺らがせかねない。

結局、健全な財政、少なくとも健全化への道筋（計画と工程表）が定かでなければ、財政出動の余地も限られてくる。財政を健全にする、借金の残高を経済の「身の丈」に合う水準、具体的には公的債務の対ＧＤＰ比の水準を金利が高騰しても財政的に対処できる水準に抑えるべき理由は、経済危機や大規模災害など、いざというときに借金をする余地を残すためでもある。

ただし、増税だけで財政再建をするには「痛み」が大きそうだ。Hansen and Imrohoroglu（2011）は、（個人・企業の行動変容や市場の変化を織り込んだ）一般均衡モデルを用いて財政再建に必要な消費税率を算出している。彼らの試算によれば、社会保障制度は現状維持したうえで将来的に公的債務の対ＧＤＰ比率が60％で安定することを前提にすると、消費税率は恒久的に

30％を上回る。Braun and Joines（2012）も、持続性を回復するためには消費税率を33％まで増税しなければならないとする。

また、やみくもに増税だけに走るのも危うい。非効率なまま財政が膨張すれば、財政の持続性は確保されないからだ。税収が増えたことでかえって歳出増（厳しい財政再建の回避）の圧力も増しかねない。よって、後述の通り、効率化に向けては政策評価・行政事業レビューによるPDCA（Plan—Do—Check—Act）サイクルを徹底する必要がある。非効率な事業を洗い出すとともに、税の使途に対する国民からの信認確保につながる。そもそも財政再建と経済成長は相対立するものではない。政府は消費税の再増税と合わせて「経済再生と財政健全化の好循環」に向けて経済・財政一体改革を打ち出してきた。財政の効率化やPPP（Public-Private Partnership）の促進を含む公的サービスの産業化などを柱とする。

column

アイルランドの財政再建

厳しい財政再建と経済成長を両立させた国としてアイルランドがある。以下は筆者の一人（佐藤）も参加した「財務省財政制度等審議会海外調査報告」（平成28年4月）による。

同国は1990年代半ば以降、経済が高成長するなか、歳出を急速に増加させていった。たとえば、2000年比で現役世代への社会福祉給付額（2008年）は2倍超、国民年金の年金額（同）もほぼ2倍。

公的部門の職員の給料（2009年）は6割増になった。この間、税収も増えたため、財政黒字が続き、債務残高（対GDP比）を大きく減少させることができた。しかし、国内の不動産バブルの崩壊やリーマンショック以降の世界的な金融危機で経済が悪化して税収は大幅に減少した。一方、歳出増が収まらず、金融システム安定化のための財政出動もあって、財政は急速に悪化した。債務残高（対GDP比）は2011年には100％を超えるに至った。

そこで2010年11月には2011年から14年を対象として財政健全化や金融システム改革などを内容とする「国家再生計画」を策定、EU／IMFから財政支援を受けることになった。この「国家再生計画」では、150億ユーロの財政健全化策のうち100億ユーロの歳出削減策、50億ユーロの増税などの歳入増加策によることとした。歳出削減の内訳は公的部門職員の人件費・年金で12億ユーロ、社会福祉給付が27億ユーロ、そのほか、医療・教育を含む経常予算が30億ユーロ、公共投資などの予算も30億ユーロと厳しいものになっている。あわせて消費税率は2012年に21％から23％に引き上げられている。EU／IMF支援以前（2008年以降）を含めると2014年までに歳出削減・増税合わせて300億ユーロ（GDP19％相当）の大規模な財政健全化策を実施した。

他方、やみくもに歳出削減したわけではない。競争力強化や成長・雇用創出と整合的に実施されていた。たとえば、公共投資を雇用創出効果の高いものに重点化、社会における弱者への支援・必要な医療・教育サービスの確保などである。また、政策に優先順位付けをして歳出額を決められた枠の中に納めるようにした。歳出のトリアージができていたようだ。

こうした結果、アイルランド経済は早期にプラス成長に回帰している。無論、小国開放経済であるため財政健全化策の悪影響が（当時、米英などの景気回復にも助けられ）輸出増により相殺されやすいこともある。いずれにせよ計画を上回るペースで財政赤字を減少させて、市場の信認を早期に回復し、国債金利は着実に低下した。債務残高（対GDP比）も2012年をピークに減少傾向に転じ、13年末にはEU／IMFの支援から

「卒業」を果たした。

なお、こうした厳しい財政再建に対して国民の理解を得た背景には、財政健全化は持続的な経済成長の前提条件だとの認識があったという。加えて、1980年代にも財政危機に見舞われ、80年代後半に抜本的な財政健全化策をとった結果、経済が回復したという成功体験も助けになったとされる。

◉予算の総額管理

構造改革にあたっては、①財政悪化を招いた制度的要因と②財政危機で露呈する平時の体制の不備を改める必要がある。前者は「マクロ的」には歳出総額へのコントロールの欠如であり、「ミクロ的」には予算配分の非効率である。わが国の予算制度は省庁の概算要求を基準にするボトムアップ型の政策決定だった。小泉政権の後、官邸主導が強化されてきたが、英国や北欧諸国のように歳出の総額があらかじめ定まるわけではない。

たしかに「経済財政再生計画」では国の一般歳出（国の一般会計歳出から国債費と地方交付税を差し引いた支出）の伸びを3年で1・6兆円ほどに抑えるというシーリング（上限）を設けている。しかし、これが適用されるのは当初予算のみである。結果、当初予算の枠に収まらない事業（公共事業等）を補正予算に回すこと（いわゆる「補正回し」）を許してきた。本来、補正予算は大規模な自然災害や（当初、予期されなかった）景気後退などに伴う経済対策のためにある。

しかし、実際のところ、当初予算と補正予算は「一体化」している。よって、当初予算で厳しめのシーリングを設けても補正予算でもって「尻抜け」になっているのが実態だ。

なお、総額をコントロールすることは、常にその削減・抑制を意図する（「小さな政府」を志向する）わけでないことに留意されたい。福祉など公共サービスを充実させるため歳出の拡大を図る（「大きな政府」を志向する）ことは政治判断としてあってよい。しかし、その意図を超えて歳出が膨張する事態は避けなければ、財政の持続性は担保できない。志向する歳出規模の如何によらず、そのコントロールが必須といえる。

無論、生活保護費を含む福祉（扶助）費などは経済の動向に左右され、年度当初見込んだ支出よりも決算が上振れすることも下振れすることもあろう。ここで重要なのは、①歳出目標を立てるにあたっては経済状況については（後述する通りデータに基づいた）「慎重」な見通しによること、②仮に目標とした歳出規模から決算が乖離したとき、翌年度以降の歳出規模をその分抑えるなどして修正を図る（平均的にみて歳出目標が達成できるようにする）ことである。

これに関連して2006年度医療制度改革のとき、経済財政諮問会議（内閣府）の民間議員が医療費の伸びを（高齢化率と経済成長率を加味した）一定率にとどめる「マクロ管理指標」を提案している（図5－2）。医療の現場を中心に評判が悪く、実現しなかったが、同指標の肝は医療費が目標額を超過したとき、（当初の目標に回帰するよう）翌年度の医療費の抑制に向けて診療報酬の改定を含む「ミクロ」（個別）施策による対応を求めたところにある。マクロ（＝総額）

図5-2　医療のマクロ管理指標

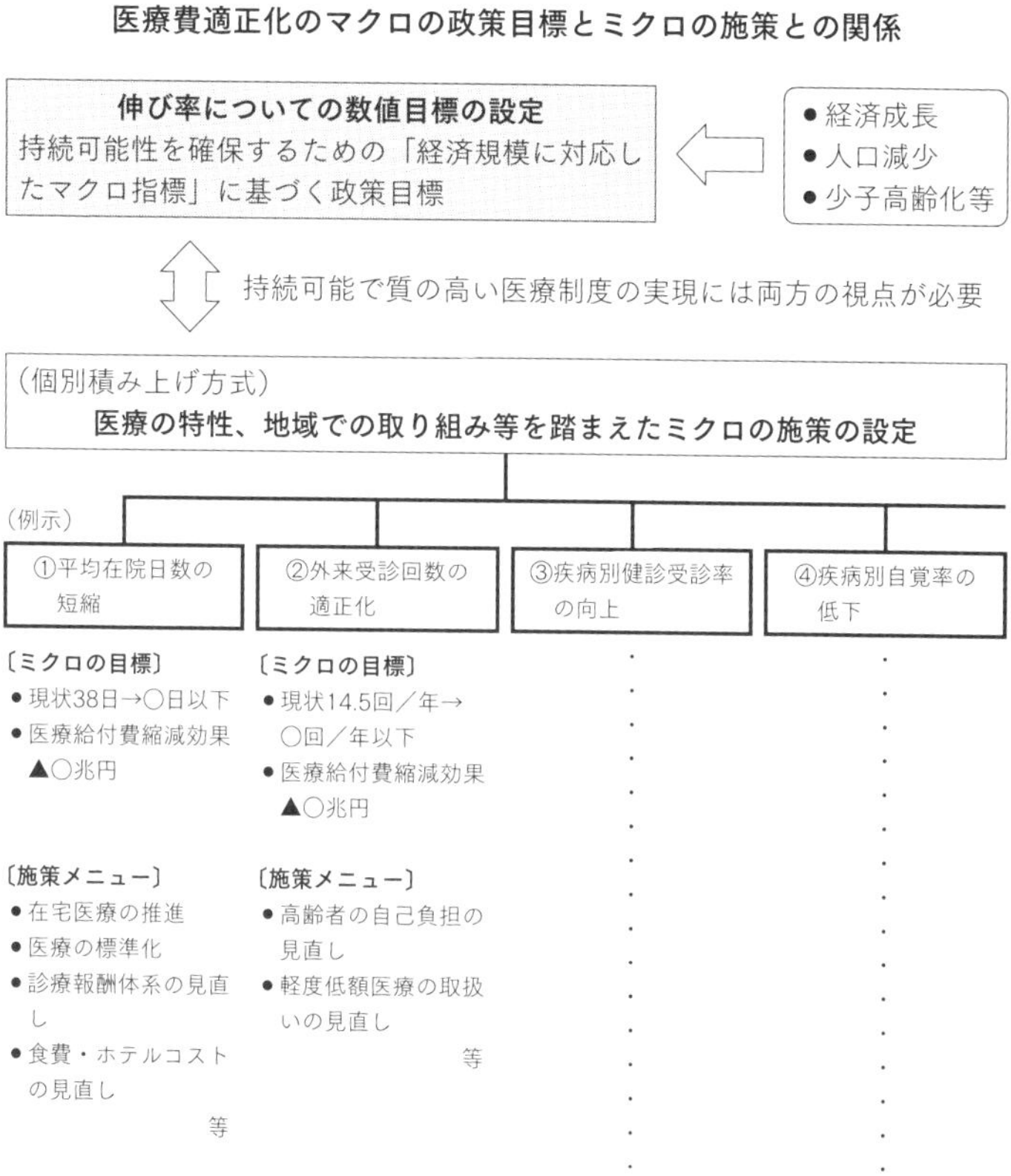
医療費適正化のマクロの政策目標とミクロの施策との関係
伸び率についての数値目標の設定
持続可能性を確保するための「経済規模に対応したマクロ指標」に基づく政策目標
●経済成長
●人口減少
●少子高齢化等
持続可能で質の高い医療制度の実現には両方の視点が必要
（個別積み上げ方式）
医療の特性、地域での取り組み等を踏まえたミクロの施策の設定
（例示）
①平均在院日数の短縮
②外来受診回数の適正化
③疾病別健診受診率の向上
④疾病別自覚率の低下
〔ミクロの目標〕
●現状38日→○日以下
●医療給付費縮減効果▲○兆円
〔施策メニュー〕
●在宅医療の推進
●医療の標準化
●診療報酬体系の見直し
●食費・ホテルコストの見直し
等
〔ミクロの目標〕
●現状14.5回／年→○回／年以下
●医療給付費縮減効果▲○兆円
〔施策メニュー〕
●高齢者の自己負担の見直し
●軽度低額医療の取扱いの見直し
等

資料：経済財政諮問会議民間議員提出資料（平成17年10月4日）。

とミクロ（＝医療資源の配分）がつながっていたのが特徴である。

◉試算への信認

マクロ（＝歳出総額）を規律づけるには成長率や金利の推移など経済の動向に対する適切な推計が必要になる。第2章で述べた通り、財政の持続可能性は公的債務残高の対GDP比を安定的に抑えられるか否かによる。基礎的財政収支の黒字化はその手段の一つだ。金利や成長率によっても比率は左右される。高い成長率（よって税収増）を見込むなど推計が過度に楽観的であれば、公的債務対GDP比の推計も過小になって、歳出に歯止めもききにくい。

わが国では内閣府が「中長期の経済財政に関する試算」を定期的に経済財政諮問会議に提出してきた。しかし、アベノミクスなど経済政策（脱デフレ・成長戦略）を担ってきた内閣府自身の試算では「お手盛り」感は否めない。実際、その「成長実現ケース」では2020年年度以降2％超という現行の潜在成長率（1％程度）よりも高い実質成長率を想定している。財政再建もこのシナリオに基づいて進められてきた。他方、財務省の長期試算（財政制度等審議会提出資料）は長期にわたって国の債務残高が対GDP比で見て発散するシナリオを与えている。内閣府よりも堅実な推計ともいえるが、消費税を増税するための「陰謀」との批判がつきまとう。

結局、経済政策であれ増税であれ、「当事者」の推計には信頼が置かれにくい。試算への信認を得るには客観性を担保する必要がある。たとえば英国では「財政責任庁」（OBR：Office for

Budget Responsibility、２０１０年設立）という（人事を含めて）独立した組織（「独立財政機関」）が財政・経済の推計を行ってきた。将来の経済見通しから経済政策・増税の影響（近年ではEU離脱のインパクトを含む）を試算している。①すべての省庁がこの財政責任庁の推計を用いて政策決定をしている一方、②財政責任庁の役割はあくまで推計であって政策への評価はしない。政策の「当事者」にならず、第三者的な視点を確保する工夫といえる。このように政府の試算への信頼を得るには、データが精緻であるということだけではなく、政治的独立を含めて、客観性がなければならない。

２０００年代以降では、財政赤字に対する政治的圧力を制御する目的で、欧州を中心に、高い専門性と分析力をもつ「独立財政機関」を設置するべきとの議論が盛り上がってきている。これら機関には一定の政治的独立性を付与し、①予算の前提となる経済見通し作成、②中長期の財政推計、③財政政策に関わる政策評価などを担わせることが想定される。独立財政機関としては、オランダの経済政策分析局（CPB：Central Planning Bureau、１９４７年設立）や米国の議会予算局（CBO：Congressional Budget Office、１９７４年設立）が長い歴史をもち有名だが、最近は、英国の財政責任庁（OBR：Office for Budget Responsibility、２０１０年設立）、スウェーデンの財政政策会議（２００７年）、カナダの議会予算官（２００８年）、アイルランドの財政諮問会議（２０１１年）などが設立され、このような役割を担っている。

日本も加盟するOECD（経済協力開発機構）諸国のうち独立財政機関を設置した国の数は

表5-1　諸外国の独立財政機関

国・機関	設立年	役割
カナダ Parliamentary Budget Office	2008	議会付属独立機関で、議員依頼の政府推計評価と議員立法の財政コスト推計
デンマーク Economic Council	1962	経済成長の監視、長期推計の作成
アイルランド Irish Fiscal Advisory Council	2011	政府財政目標の支援機関、政府のマクロ財政推計の評価
ドイツ Council of Economic Experts	1963	経済情勢・成長、財政、労働、社会保障を評価する独立機関
オランダ Centraal Planning Bureau	1947	マクロ経済政策および政策費用の独立的評価
英国 Office for Budget Responsibility	2010	第三者機関としての財政の持続可能性に関する調査と報告

資料：提言「独立財政機関を国会に」（2013年11月）東京財団。

２０１４年で20を超え、過去10年間で３倍になっている。このため、最近ＯＥＣＤは、「独立財政機関の指針に対する委員会勧告」を公表しているが、現在のところ日本において独立財政機関は存在しておらず、日本での設置を期待する声も強い。

2 財政の効率化に向けて

本節では歳出の効率化に向けた改革を取り上げる。具体的にはＥＢＰＭ（Evidence-Based Policy Making、証拠に基づく政策形成）、ＰＦＩなど民間資金・経営ノウハウの導入、公的不動産の収益化である。合わせて公共サービスのコストを「見える化」して国民のコスト意識を喚起する。これにより財政赤字を作らない体質（構造）への転換を図る。

◉ミクロの効率化

財政を持続可能にするにはマクロ（＝総額）の管理だけではなく、ミクロ（＝個別政策）の裏付けが必要になる。前述の「経済・財政一体改革」もインセンティブ改革を掲げるなどミクロ的措置に着目しているのが特徴だ。（総額管理によって）限られた予算を国民のニーズに即しつつ、最小限のコストで提供するという意味で効率化することだ。従前の財政再建に「痛み」が伴うのは、ニーズの如何によらず各政策の予算が一律に抑制されてきたことによる。

社会保障費を抑えると医療ニーズの高い地域や診療科において「医師不足」が生じたり、保育園が不足して待機児童が増えたりする。公共事業予算にしても、無駄な事業だけでなく、経済成長や防災に資する事業まで削減されてしまう。予算配分にメリハリを付けるよりも、官僚・政治

表5-2　財政再建とミクロとマクロ

マクロ＝量	歳出管理	・歳出目標の設定 例：社会保障費の増額を年間5,000億円に抑制
ミクロ＝質	財政の構造改革	・歳出の効率化 ✓民間資金・経営の活用＝PPP ✓政策評価の徹底＝PDCAサイクル ✓コストの見える化 □構造＝赤字を作らない体質への転換 □効率化の成果（歳出効果）＝各地域の新たなニーズ（子育て・活性化等）に浮いた財源を充当可

家を含む利害関係者間でいわば「痛み分け」になることから、政治的には合意しやすい面もある。しかし、経済や生活に与えるダメージ（＝痛み）が大きいことから、結局、財政健全化への国民の支持を失わせる結果になってきたように思われる。

ミクロの効率化に向けては個別政策（事業）のコストと効果＝ニーズの充足を検証する政策評価が求められる。ここで政策評価とは「客観的かつ厳格な実施を推進しその結果の政策への適切な反映を図るとともに、……情報を公表し、もって効果的かつ効率的な行政の推進に資する」（政策評価法第1条）ことを目的とする。評価結果を予算の作成および政策の企画立案に反映させることを通じてPlan（計画）→Do（実行）→Check（評価）→Act（改善）というPDCAサイクルによる財政運営を実現する。

政策評価における効果＝ニーズの充足は、具体的には①教育政策であれば学力の向上といったアウトカム（成果）、あるいは、②待機児童の解消といった（国民のニーズと想定された）当初の目標に対する達成度によって測られる。仮に目標達成や進捗状況が芳しくなければ、予算を含めて政策の中身を適宜見直すのがＰＤＣＡサイクルである。

こうした評価結果によって政策・施策を優先順位付ける。予算に限りがあるとき費用対効果の高い政策・事業を優先する一方、縮減・廃止、あるいは後年度に先送りできる政策・事業も自ずと明らかになろう。既得権益への配慮など政治の論理に代えて、一定の経済合理性（費用対効果）に即した判断が可能になるはずだ。

また、後述の通り、「証拠（エビデンス）に基づく政策形成」（ＥＢＰＭ）への要請が高まっている。実際、政府は「ＥＢＰＭ推進の要となる機能を整備するとともに、政策、施策、事務事業の各段階のレビュー機能における取り組みを通じてＥＢＰＭの実践を進め、ＥＢＰＭ推進体制を構築する」（基本方針２０１７）方針を打ち出している。従前の政策形成は「理念」に偏重してきた。たとえば、健全な子どもの成長や高齢者が安心して暮らせる街づくりといった具合だ。

他方、政策によって理念が実現されたかどうかには必ずしも関心が払われていない。政策の効果は検証の「結果」として導かれるよりも、「効果はあるに違いない」という楽観的な観測と希望のもとで「前提」となって議論されてきた感がある。政策の理念が正しければ、その結果は問わないのも政策現場の伝統的なスタンスであったことも否めない。

仮に効果を見るとしても、現場レベルの経験や感覚をもとに議論される場面も少なくなかった。エビデンスを積み重ねることで政策効果の検証とその改善につなげるのである。政策の実施、その見直しのための政治的な合意形成をするにあたってもエビデンスがなければ説得力を欠く。説得のためのＥＢＰＭでもあるわけだ。

◉見える化の徹底

あわせて「見える化」（情報公開）を徹底させる。近年、中央官庁・自治体では「見える化」が改革のキーワードになりつつある。具体的には一人当たり医療費やＰＰＰ・ＰＦＩなど民間委託の進捗状況など「経済・財政と暮らしに関する様々な地域差」を明らかにする。無論、高齢化や産業構造など地域のニーズの違いを反映した公共サービスの地域差はあってしかるべきだろう。その一方で年齢調整をしてもなお残る高齢者医療費の地域差、人口規模や経済状況が似た類似団体間でも異なる民間委託の程度などニーズの違いでは「説明できない」地域差については検討を要する。

こうした見える化は、とくに地方財政の効率化に寄与するだろう。後述の通り、国の財政危機は地方と無縁ではない。地方自治体の多くが国からの財政移転（補助金）に依存する現状を変える（地方の自立を促す）観点からも、その効率化は必須である。たとえば、待機児童や医療費、学力などの地域差は住民にとって有用な情報になる。経済環境の似通った他の地域における政策とその成果は、住民にとって自分らの地方自治体のパフォーマンスを評価するためのベンチ・マークを与えてくれるからだ。同じ水準（質）の地方公共サービスが近隣地域でより低い費用負担で供給されているとすれば、それは自地域の地方自治体の財政運営が相対的に非効率であることを示唆する。

地域差が自治体のパフォーマンス、具体的には公共サービス提供の創意工夫や効率性の違いにあるならば、そうした情報の「見える化」はパフォーマンスが劣ると判断された自治体においては従前の政策の見直しへのプレッシャーとなるだろう。非効率な運営をしていると判断される現役首長を再選させないならば、地方自治体は地域間比較という形で競争にさらされていることになる。これを「ヤードスティック競争」という。ヤードスティック＝杖とは、ここでは評価比較の基準（地域Aの住民にとってはBの業績）にほかならない。このヤードスティック競争を通じて両地域がしのぎ合う（切磋琢磨する）結果、改革の原動力＝インセンティブにつながることが期待される。

自治体の政策はややもすれば前例踏襲になりやすく、仮に見直しを図るとしても前年までの自分たちのパフォーマンスが比較対象になってきた。待機児童対策であれ、医療費の適正化であれ、前年の実績よりも改善が見られればよしとする傾向である。これに対して地域差の見える化は、他の自治体の動向を意識させることを狙いとする（これまでも近隣自治体との比較はあっても比較対象に広がりを欠いていた感は否めない）。

同じ改善であっても他の自治体のほうが改善の程度が大きいとすれば、その自治体のやり方に学ぶべきものがあるだろう。人口減や高齢化により、自治体財政の悪化はある程度「やむをえない」としても、現状に甘んじることなく広域化（自治体間の連携）を含め、現状打開の努力をす

図5-3　見える化（例）：病院の平均在院日数の地域差

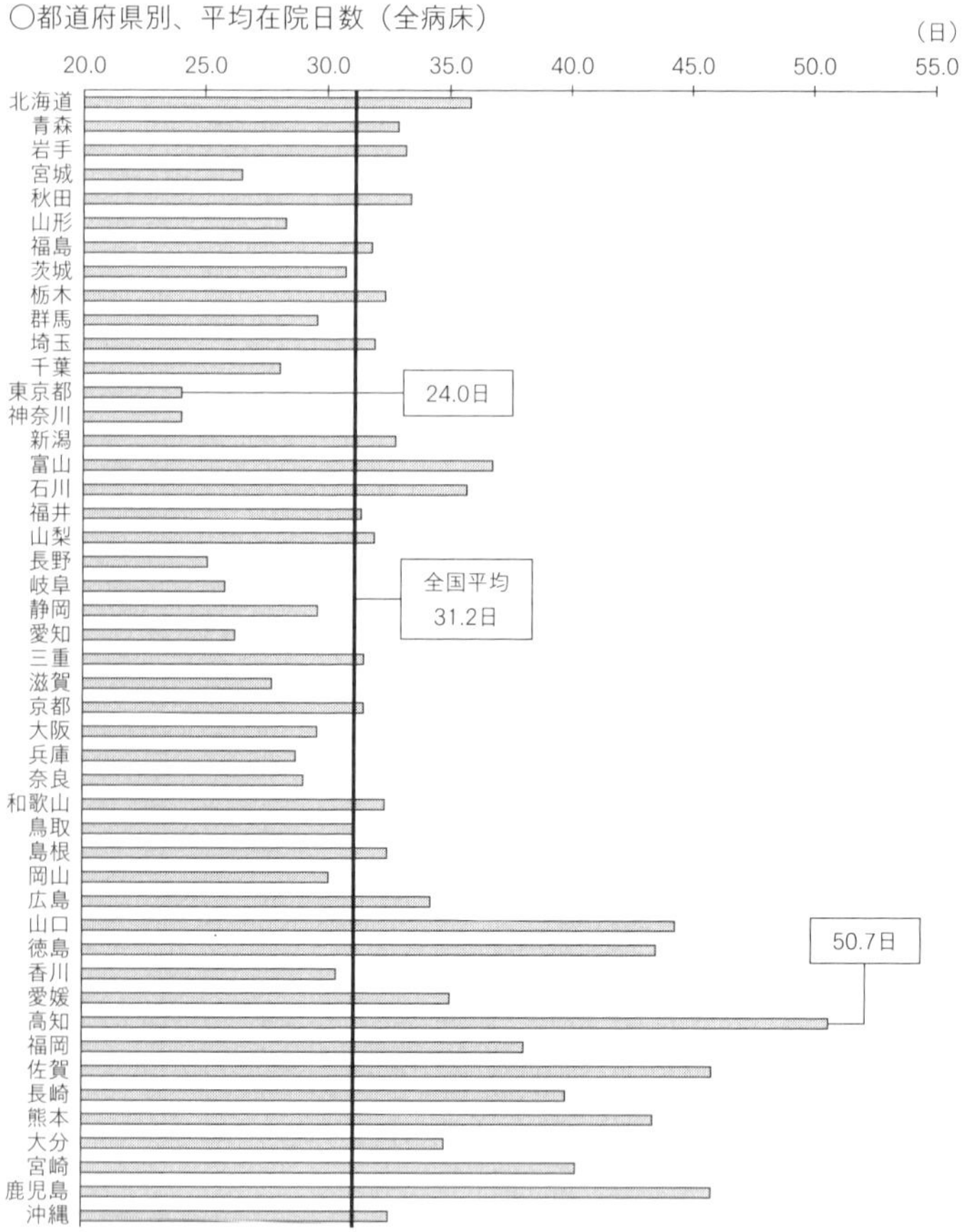

出所：厚生労働省「平成24年度医療施設（動態）調査・病院報告の概況」。
資料：都道府県ごとに見た医療・介護の地域差（厚生労働省提出資料）。

図5-4　見える化とヤードスティック法

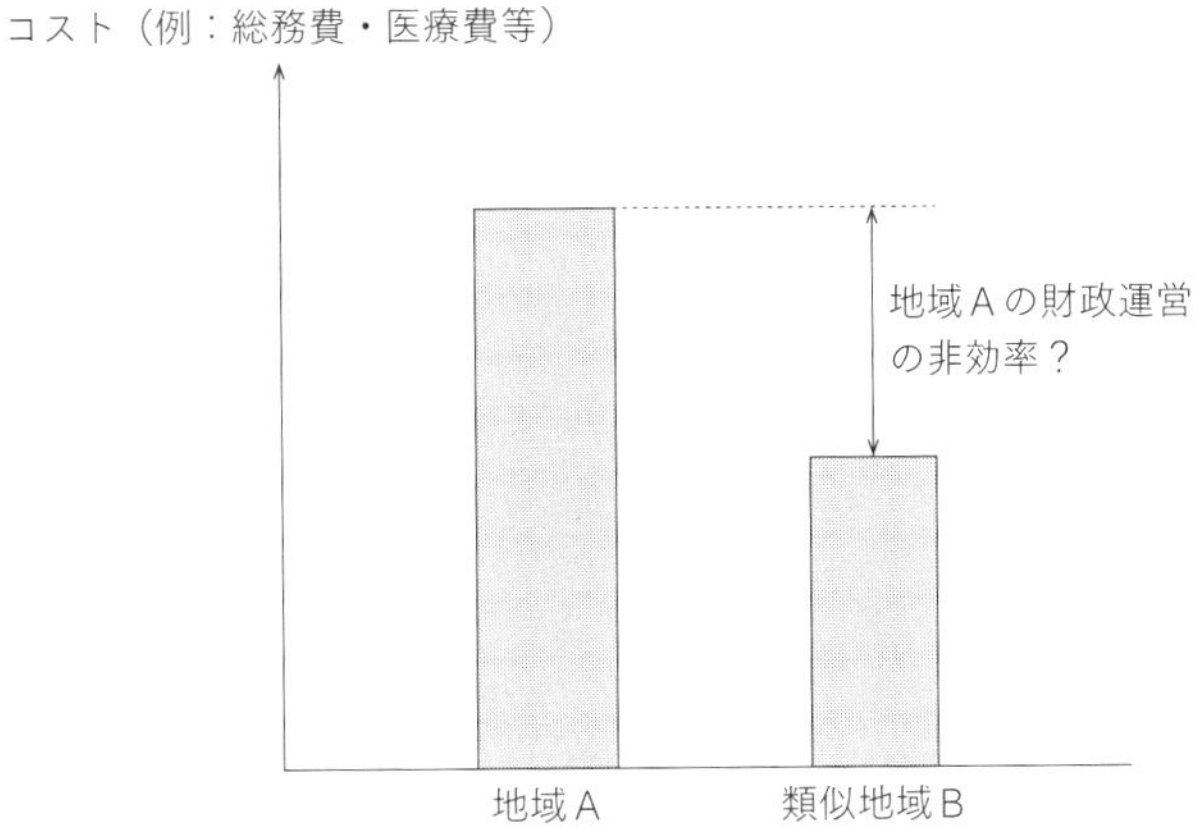

る自治体もある。見える化はこうした「優良事例」の普及にもつながる。

●EBPMの促進

前述のEBPMを進めるためには、政策の効果に関するエビデンスを、「作り」「伝え」「使う」という三つのプロセスを意識する必要がある。このEBPMを行うためには、どういった政策に効果があったのかを把握する必要があり、はじめにエビデンスを作っていく（＝政策の効果を測定していく）必要がある。

しかし、「政策の効果を測る」と一口に言っても実はそれほど簡単ではない。健康指導によって生活習慣病を抑制し医療費を削減するという政策を例に考えてみよう。その際、健康指導を受けた人と受けていない人の生活習慣病の状況や医療費を比較しても、それが政策効果だとは必ずしもいえない。仮に健康指導を受けた人の医療費が低かったとしても、健康指導を受けるような人はもともと健康に対する意識が高く、その結果として医療費が抑制されている可能性がある。また、健康指導の現場において「成果」を強く求められるようなケースでは、健康な人に優先的に健康指導を行い、健康指導によって医療費が見た目上は抑制されたように見せる誘因が働く可能性がある。

こうした政策効果測定上の課題に対して、諸外国で進められているのが「実験的手法」の活用だ。具体的には、政策を全面展開する前の段階において、政策を受ける人と受けない人をランダムに選び、その後の効果を測定する方法である。健康指導の例でいえば、健康指導を受ける人と受けない人をランダムに選び、その後の生活習慣病の罹患や医療費の状況を比較することによって、政策の効果を測定するのである。こうした手法は医療の分野では広く用いられてきたものだが、それが政策効果の測定にも幅広く活用されるようになってきている。

エビデンスを作っていくためには、行政データ・統計データを接続し、効果測定しやすい環境を作っていくことが重要である。健康指導の効果を測定したいのであれば、健康指導を受けたかどうかのデータと、その後の医療費の状況のデータが、個人レベルで接続されている必要がある。また、政策実施後のデータのみからでは効果測定が難しい場合が多いため、政策実施前の段階から効果測定のためのリサーチデザインを検討していくことが不可欠である。

エビデンスを作っていくことは、ＥＢＰＭを進めるために必要不可欠なプロセスだが、エビデンスは往々にして専門的な統計分析の結果であり、政策現場がそれらを理解し活用していくこと

表5-3　英国のWhat Works Centre一覧

組織名	設立年	政策分野
The National Institute for Health and Care Excellence（NICE）	1999	医療・ヘルスケア
The Education Endowment Foundation（EEF）	2011	不利な環境にある子どもたちの学力向上
Early Intervention Foundation（EIF）	2013	子ども・青少年の非行・暴力・虐待に対する早期介入
What Works Centre for Crime Reduction	2013	犯罪抑止
The What Works Centre for Local Economic Growth（LEG）	2013	地域経済活性化・雇用創出
What Works Centre for Well-being	2014	福祉・多面的な豊かさ
Centre for Ageing Better	2015	高齢社会

は簡単ではないため、エビデンスを作っただけではPolicy Makingにはつながらない。そこで重要なのが、「伝える」ことと「使う」ことである。

エビデンスを「伝える」とは、明らかになったエビデンスを政策現場で理解しやすいかたちで整理し、情報提供することである。エビデンスを「使う」とは、明らかになっているエビデンスを踏まえて望ましいと考えられる政策を提案することや、政策形成現場のなかでエビデンスを活用するための人材育成を進めることである。エビデンスをPolicy Makingにつなげていくためには、これらの要素が不可欠となる。

日本でEBPMを進める際に参考となる事例が、英国でキャメロン政権成立後に作られたWhat Works Centre（WWC）と呼ばれる組織である。これは直訳すれば「どういった政策が機能するのかセンター」である。キャメロン政権成立以降、教育、医療、犯罪、地域経済など多様な政策分野について七つのWWCが設立されている（表5－3）。[1]たとえば教育政策の場合、さまざまな取り組みの効果を前述の実験的手法を活用しながら科学的に測定し、その効果を整理することにより、政策形成や学校現場での具体的な実践に活かしていく役割を担っている。具体的には、留年させることは高コストで効果の低い取り組みである一方で、グループ学習はコストが低くて効果の大きな取り組みである、といったことを明らかにしている。こうした事例を参考にしながら、日本でもEBPMの推進体制を構築していくことにより、ミクロレベルの政策の効率性を高めていくことが必要である。

◉コスト意識の喚起

財政規律を高めるには当事者（省庁・自治体および国民等）の間での「コスト意識」の喚起が求められる。そのために公共サービスにかかる「正しい」コスト情報を開示していくことだ。ここで、正しいコストとは①従前の現金主義ではなく、（企業会計同様）発生主義に基づいた、②事務事業・公共施設ごとに算出されるフルコスト＝「政策コスト」である。この政策コストは企業会計でいえば、財務諸表にあたり、福祉、教育など政策・事業別に算出することに特徴がある。

たとえば、公民館・図書館といった公共施設で考えてみよう。これらの公共施設の事業費には（更新費用を反映した）減価償却が織り込まれてこなかった。施設の職員の人件費も他の部署とドンブリ勘定になることが多い。人件費自体、今期の給与支払いのみが計上されており、将来の退職金などの支払い義務はコストとして認識されていない。図書館と文化施設が一体になったような複合施設であれば、施設の光熱費・管理費も合わされているかもしれない。地域住民からすれば、自分たちが使用する施設の真の費用（＝フルコスト）が見えにくい。その一部しか勘案しない従来の予算では、費用の過小評価につながりかねない。仮に公共施設の統廃合、集約化を進めるとしても、地域住民の納得を得ることも難しいだろう。

上下水道についても同様だ。将来の更新投資を見据えて料金を引き上げるならば、その減価償却費を明示しなければ、住民・議会への「説明責任」を果たせない。また、政策評価で政策・事業の費用対効果を検証するにも人件費・減価償却費などを含む政策別にフルコストが認知されていなければ、見直しや継続の是非など正しい判断はできない。

加えて、政策形成にあたっては給付・サービス提供と財源を一体的に提示していくことだ。「社会保障と税の一体改革」では当初、消費税率5％の引き上げ（5％⇒10％）は育児支援、年金・医療、介護を含む社会保障の充実（税率1％分）およびその持続性の確保（税率4％分）と一体だったはずである。しかし、いつしか増税と社会保障が切り離されて論じられるようになった。2014年4月、8％への税率引き上げこそ実現したが。追加2％分の増税については度重なる先送りや、使途の見直し（教育財源への充当）が俎上に載る有り様だ。年金給付を抑制するにしても、現在の高齢者の不利益ばかりに関心が集まり、仮に年金給付の伸びを抑えなければ、年金保険料の増加、あるいは年金積立金の取り崩しで将来の給付が危ぶまれることに関心が払われな

図5-5　政策別コスト

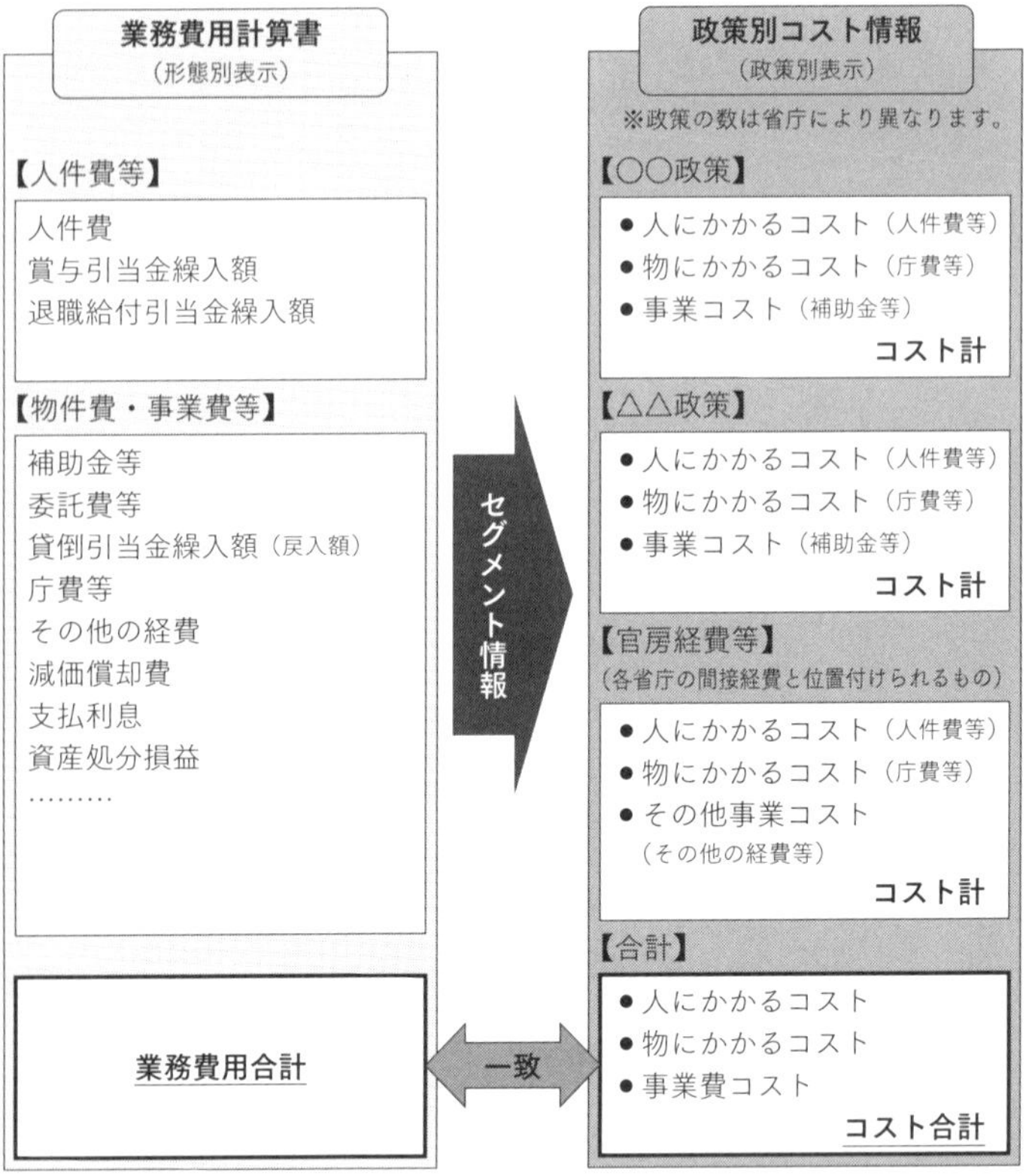

資料：財務省ホームページ。

かった。

そこで、①社会保障サービスなどの充実をするならば、その財源を増税でもって確保する、②増税を回避したいならば、サービス水準は負担に見合う水準にとどめるといった選択肢（保険料のさらなる引き上げ）を示して、政治的判断を仰ぐようにする。歳出の拡大であれ、その削減であれ、それを実施する、あるいは実施しない財政的な帰結（経済学でいう「機会コスト」）を明らかにするべきだ。

これに関連して、新規事業を実施するにあたっては、その財源（増税、あるいは他の事業の削減・廃止）の手当を必須とするペイゴー（Pay as you go）原則を徹底する。米国では１９９０年代、連邦政府の義務的経費についてこの原則を適用することで歳出拡大に歯止めをかけ、財政健全化に貢献したことが知られている。

◉公的供給の効率化

費用の「最小化」も進めていく。公共政策は①政策の企画・グランドデザイン、②財源確保、および③執行（運営）の三段階に分けられる。

第一段階は公共サービスの質（アウトプット）を定めるものである。学校教育であれば、生徒の学力やモラル、地域医療であれば、住民の健康水準（生活習慣病等の予防）や救急医療への対処などが公共サービスの質に当たろう。

表5-4　公共部門における民間活用

	特徴
指定管理者制度	公共施設（病院等を含む）の管理・運営を民間事業者に委託 ✓委託先は競争入札で決定
市場化テスト	政策執行の契約を公共（従来の事業主体）と民間（新規参入主体）で競争 例：社会保険料の徴収 　　保育施設運営
PFI	施設・事業の建設・資金調達、管理・運営を一括的に民間事業者に委託 例：公共施設（官庁等） 　　公立病院・学校

ＰＦＩを含む「新しい公共経営」では企画段階は公的部門に留保するとして、他の二段階については民間的手法（競争原理）を活用する。その理由の一つには公的生産には数々の「非効率」が伴うことがある。民間営利企業は「利潤最大化」を図るための「必要条件」として費用最小化（一定のアウトプットを最小限のコストで実現する）するよう自ずと動機付けられている。無論、医療や学校教育など公共サービスの供給を完全に市場に委ねることにも不安は多い。必要なサービスが必要な人々に提供されない不公平があるかもしれないし、外部性や情報の非対称性など「市場の失敗」もある。

そこで、施設の立地やサービスの水準＝「性能」など大枠は公共部門が決め、その執行に民間経営の手法を採用することで、「公共の福祉」と効率化を両立させるような制度設計を行う。執行主体を決めるのに競争入札を導入したり、異なる事業者間の業績（パフォーマンス）比較に応じた報酬を支払ったりすることで、競争を喚起することができる。市場化テストのように既存の公共当局を民間との競争に晒すこともありうる。効率化の手段として公共部門の中に競争原理を取り込むわけだ。無論、民間事業者の業績を事後的に評価して契約更新や報酬、あるいは罰則などに反映させる仕組みも不可欠である。

公共部門に競争原理は馴染まないというのは誤りである。たとえば欧米諸国では医療など社会サービス提供の効率化のため市場の競争原理を用いる試みがある。わが国でも公共事業への民間の資金やノウハウの導入（ＰＦＩ、民間委託、市場化テストなど）を含めて競争原理の活用が進んできた。

元来、人は良くも悪くも競争する生き物である。選挙というのは政党間での有権者からの得票をめぐる政治的な競争だ。省庁の予算獲得行動も利益団体の陳情合戦も競争の類である。競争はするかしないかではなく、何をめぐってどのように競争するかが重要なのである。同じ競争ならば、社会的に有益な、創意工夫・付加価値を生み出すようなものが望ましい。

◉公的資産の活用

財政再建を不要とする論者は、政府が多くの資産を保有していることを指摘する。バランスシート（貸借対照表）でいえば、国は負債も多いが、それに見合うだけの資産を抱えているはずということだ（図5－6）。実際、わが国の政府（国・自治体）は特別会計に公的年金積立金など、金融資産を保有してきた。これらはかつて「霞が関埋蔵金」と揶揄されたりした。加えて、国・

図5-6　わが国の公的不動産（PRE）の規模

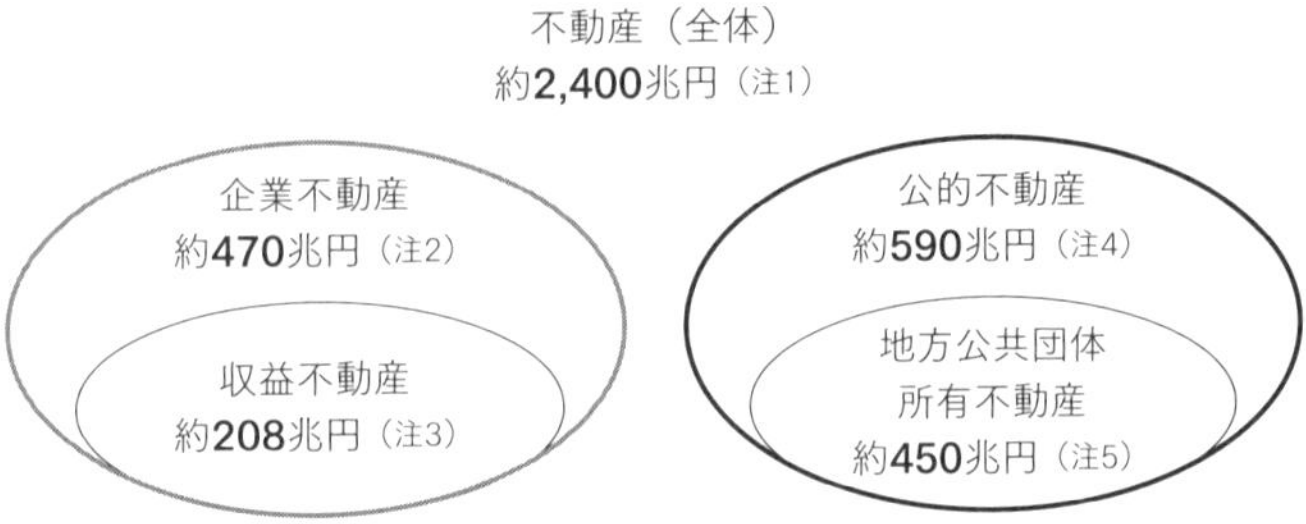

注1：内閣府「国民経済計算」（平成25年度確報）より国土交通省作成。※建物、構築物及び土地資産額を合計したもの。
注2：国土交通省「土地基本調査」に基づく時価ベースの金額（平成20年1月1日時点）。
注3：PRUDENTIAL REAL ESTATE INVESTORS「A Bird's eye View of Global Estate Markets:2012 update」（円換算）より国土交通省作成。
注4：内閣府「国民経済計算」より国土交通省作成。※固定資産及び土地の総額（平成25年末時点）。
注5：内閣府「国民経済計算」より国土交通省作成。※地方公共団体が所有する不動産のうち固定資産の総額は、一般政府の所有する固定資産を総固定資本形成の累計額（昭和55年度～平成25年度）のうち地方の占める比率で按分したもの。
資料：国土交通省。

自治体は多くの土地など不動産を抱えてきた。しかし、金融資産と違って、容易に売却可能な（流動性のある）資産ではない（よって公的純債務の算出においては除外されてきた）。

とすれば、公的資産があるから財政再建不要なのではなく、問われるのはその有効活用＝収益化であろう。空港・上下水道など公共施設を収益事業化する試みの一つに公共施設等運営権（コンセッション）がある。コンセッションとは「利用料金の徴収を行う公共施設について、施設の所有権を公共主体が有したまま、施設の運営権を民間事業者に設定する」仕組みである。自己採算性が見込まれる事業が対象となる。運営権を独立した財産権（擬似的所有権にあたる）とすることで、抵当権設定や譲渡等が可能になるほか、運営権の取得に要した費用は減価償却（法人税の課税所得からの控除）できる。

無論、すべてのＰＦＩ事業が採算性を有しているわけではない。とはいえ、収益施設を併設したりすれば、事業の収益性を高めることはできるだろう。公共性と収益性を一つのパッケージとして組み合わせることだ。仮に老朽化の進んだ複数の学校施設を一つに集約化するとすれば、学校の敷地（公有地）が余ることになる。この公有地を使ったホテル・マンションなどの収益事業を認める（運営権を付与する）代わり、新しい学校施設の建設・維持管理を一括して委託することもありうる選択肢だ。さもなければ放置（塩漬け）されかねない公有地の有効活用にもなる。

3　財政ルールの徹底

財政赤字が膨らみ続けた背景には赤字の「帳尻合わせ」があらかじめ明確でないことがある。関連することは国と地方の財政関係にもいえる。従前、国は地方の「保護者」的な立場であり、地方自治体は十分な財政責任を果たしてこなかった。効率化を阻害する要因である。本節ではこの国と地方の財政関係の見直しと財政赤字が膨らんだときの対処をあらかじめ「財政ルール」化することを提言したい。

◉国と地方の関係

国（中央政府）の財政危機は国だけにとどまらない。わが国では国と地方の財政は密接にリンクしてきた。地方自治体の多くは国から地方交付税などの補助金を受け取るほか、地方債の起債についても、国の財政投融資による引き受けや将来の元利償還費への交付税措置（支援）などを通じた暗黙裡の「信用保証」を得ている。地方債が安全資産であり、その金利が国債金利に限りなく近いのは国の信用力に裏付けられているのだ。その国が財政的に行き詰まれば、連鎖的に地方自治体の大半が危機に瀕するだろう。その折、国は「最後の貸し手」としての役割を果たせないだろうから、自治体は破綻を免れない。

こうした国と地方の関係も見直すべきだ。従前の地方財政の「制度」は旧態依然の性格を残してきた。その一つが、①地方財政計画による財源保障と、それを実現する「地方交付税制度」である。これらは国が決めた政策（地財計画に計上した支出）を確実に自治体に実行させるという「集権的分散システム」を前提にした仕組みである。

このうち、地方財政計画では国（総務省）が見積もる地方全体の必要経費が計上される。ただし、「必要経費」といっても、科学的・客観的な証拠に基づくわけではない。そこでは、地方歳出の過去の実績や景気対策・少子化対策など国の意向が反映される。交付税以外の補助金についていえば、社会資本整備への補助金（「社会資本整備総合交付金」）を含めて②使い方について地方に裁量を認めた交付金化が進んだとはいえ、必ずしも地方の創意工夫が十分に発揮される状況にもない。

たとえば、「地方創生交付金」は先進的な自治体の取り組みを支援するとするが、何が先進的かは国の判断によるところが大きい。自治体は自らの創意工夫ではなく、国を慮った計画（地方版総合戦略）を作ることにもなりかねない。加えて、繰り返すが、③国の財源保障は（赤字地方債や国が同意した）地方債にも及ぶ。「暗黙裡の信用保証」は地方債の発行コスト（金利）を国債並みに下げてきた。これらは地方の財政規律を弛緩させてきた面が否めない。

ここで欠けているのは「住民の財政責任」である。財政責任とは補助金の全廃、自主財源のみによる財政運営を求めるものではない。自治体が自ら決めた政策・事業に対して住民がコストを負う「限界的財政責任」だ。現在の地方分権はこの限界的財政責任を欠いている。

公共施設の集約化を例にとれば、現行の公共施設を維持するとしても、そのための追加的な住民の税負担はこれだけになる。それを理解した上で当該施設の存廃を決定するという選択肢がない。前述の通り、支出（公共サービス・給付）とその財源は一体的に提示されるべきだ。たとえば、①既存の公共施設を維持するならば、管理・運営費を増税で賄い、②増税を避けるならば、施設は集約化（統廃合）を進める。

他方、地域間の格差に対する懸念もあるだろう。自治体の自助努力によらない格差を埋めるのは本来、補助金（交付税）の役割である。住民の財政責任は補助金制度自体を否定するものではない。いずれにせよ、「住民に向かい合った財政運営」の実現が問われてくる。コスト意識に欠

図5-7　国の財源保障

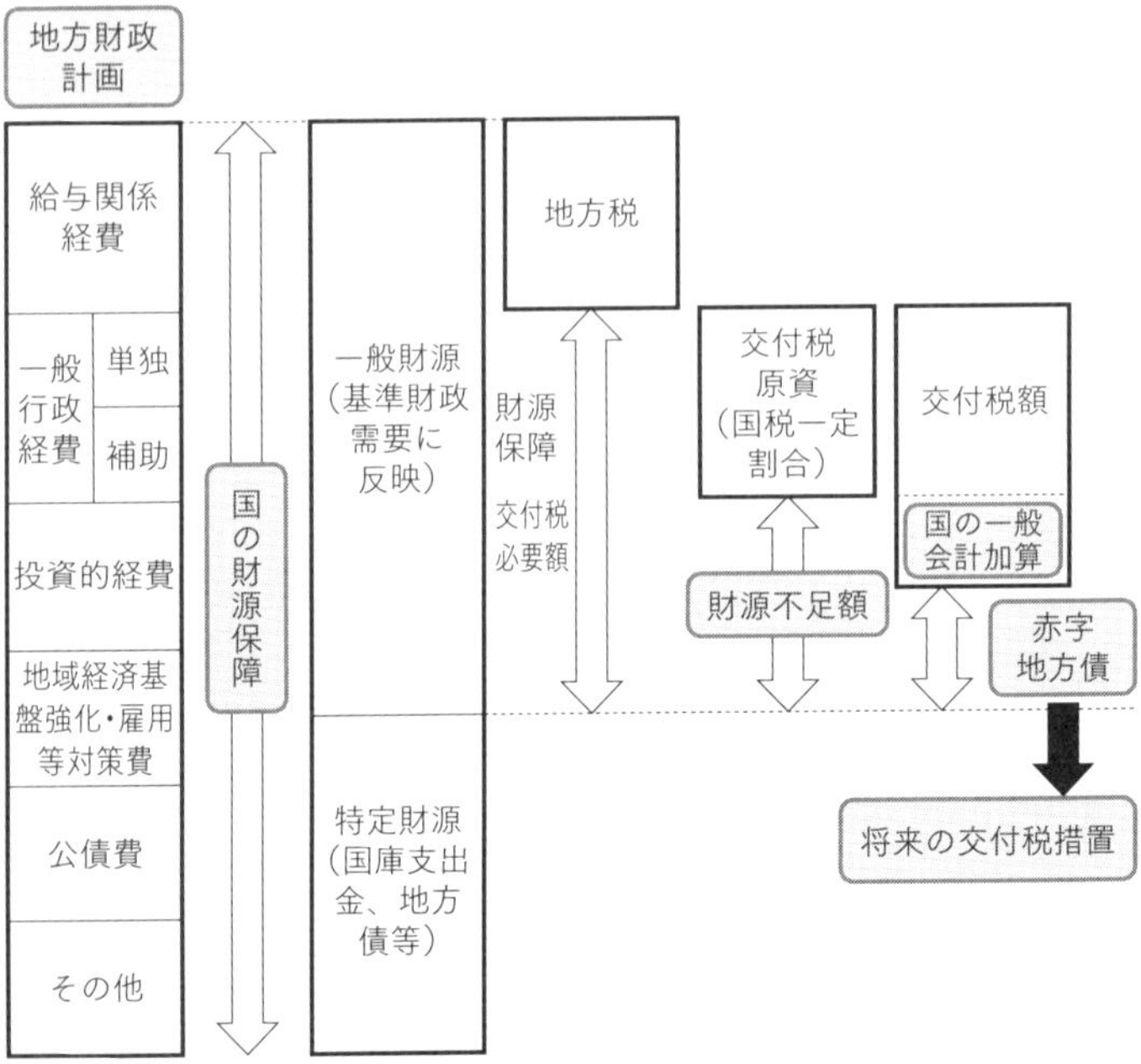

ける地域住民は自治体の財政運営に関心を持たない。結果、地域住民の監視がなくなり、財政規律も弛緩する。

当然、一言で自治体といっても、財政力・経済力は千差万別だ。主体性・財政責任をもつ余地にも違いがあるだろう。わが国の地方分権は原則すべての自治体に同様の事務事業・権限を与えるという意味で「集権的」（画一的）だった。自治体を財政力などに応じていくつかのグループに類型化したうえで、そのグループに応じた財政移転や地方税制度（税源配分）があってもよいかもしれない。

具体的には、東京都をはじめ自立できる自治体は税源を含めて主体性・創意工夫を大幅に認める一方、国の手厚い財源保障は見直す。他方、離島・山間地域をはじめ、自立困難な自治体については財源保障をする一方、国の関与（交付税・補助金の使途の制限）を続ける。あるいは各自治体に選択させるのも一案だろう。

◉調整変数の明確化

なぜ、これまで財政再建への合意形成が難しかったのか。財政の持続可能性を担保するには、赤字の増減をいずれの政策変数で調整するかが明らかでなければならない。しかし、①歳出カットならば、削減対象の公共サービス（社会保障、公共事業、教育？）、あるいは一律削減、②増税ならば、増税対象となる税目（消費税、法人税、所得税、タバコ税？）について明示的なルールがあるわけでも、社会的な合意があるわけでもない。増税なのか、歳出カットなのか、それぞれが都合の良いことを期待してしまう。「総論」として財政再建には賛成でも、「各論」になれば自身に関わる公共サービスの削減や増税に反対が出てくるのも、このためだ。

「高齢化に対応するには社会保障の充実が必要」「地方の雇用を守るには公共事業は不可欠」「子供の医療の無料化や児童手当の引き上げは少子化対策」といった具合に、誰も自身の権益は譲ろうとはしないだろう（それぞれの言い分にもっともなところがあっても、限られた財源を価値の高い用途に優先順位を付けて充当していくという効率化の視点はない）。

図5-8　調整変数？

例：社会保障費の増加	調整には反対	好ましい調整変数
財務省	国税（公費）の拡充	社会保障費（社会保険料）
厚労省・高齢者	社会保障費	その他の支出・公費＝税
自治体・総務省	自治体への補助金	国税（公費）
納税者	税収（消費税など）	無駄な支出＝公共事業など

↓

どの変数で調整＝財政再建するかのコンセンサスがない

ここで、それぞれの利害当事者は他の誰かが予算要求を控えることを当てにしているのかもしれない。他人の財政再建への貢献に只乗りする誘因をもつわけだ。状況は公共財の自発的拠出に関わる「囚人のジレンマ」に似ている。皆が既得権益に固執する結果、財政再建が先送りされてしまう。まさに、わが国の財政再建がこれまで遅々として進まなかった理由である。

こうした「囚人のジレンマ」が起きるのは、財政赤字の帳尻をあわせる「蛇口」（税金・社会保険料など）が多く、制度が複雑だったからにほかならない。これを避けるには、前述の通り、あらかじめ財政赤字が消費税、社会保障給付など、いずれの政策変数によって調整（「帳尻合わせ」）されるのか、その「財政ルール」を明確にすることだ。危機後の構造改革の一環として、こうした財政ルールの創設を提言したい。

たとえば、①景気変動の影響を除いた「構造的」財政赤字が当初の見込みよりも（対ＧＤＰ比で）一定水準以上超過したとき、その翌年以降、消費税を増税する。それでも②構造的赤字が解消しないならば、社会保障給付（公費負担分）を減額するといった具合だ。

ただし、リーマンショックのような経済危機に対応できる柔軟性を確保するため、ルールを適用しない「免責事項」は設ける。無論、免責事項の乱用がないよう条件の厳格性・客観性を担保する。

そのためにも、財政・経済の見通しに信認を与えるよう英国の「財政責任庁」のような「独立財政機関」の設立が望ましい。こうした財政ルールは債務累積の帰結について「予見可能性」を高めるとともに、各人が自身にとって都合の良い（誰かが負担する）財政再建を期待する事態も解消できるだろう。

4 公平と効率の両立に向けて

税制面での改革も必須だ。むやみな増税は経済成長を損ない、財政再建を困難にしかねない。成長との両立を図るには消費税を軸とする税構造への転換が必要となる。財政再建が社会的弱者の切り捨てにつながるべきではない。社会の分断と政治的ポピュリズムを招くリスクがある。財政再建とあわせてセーフティーネットの確保が求められる。その一つがワーキングプアへの支援の拡充と生活保護を使った低年金者の救済である。

◉税制改革

財政の健全化には歳出の効率化とあわせて、増税も必須となる。ただし、やみくもな増税は消費や投資を阻害して経済成長にマイナスになりかねない。高い税を避けるべく企業は海外に生産拠点を移したり、租税回避・脱税が横行したりするリスクがある。増税で経済が低迷すれば、財政の健全化も困難を増すことになろう。増税と経済成長を両立させる努力が求められるのである。つまり、同じ増税ならば投資・雇用など生産過程を歪めないことが望ましい。経済学ではこれを「生産効率性命題」という。生産活動＝経済価値（いわば、経済の果実）の創出、消費活動＝経済価値の利用とすれば、直感的にいえば生産効率性は経済価値の最大化を要請している。

消費税の優位は、まさにこの生産効率性命題にある。消費税は原材料調達、加工・生産、卸し、小売りの各段階で課される多段階の取引税である。このとき、事業者間取引で発生する消費税を累積させない仕組みが「仕入れ税額控除」だ。課税事業者であれば材料などの仕入れでいったん支払った消費税の還付を受けることができる。このため消費税の負担は生産過程に累積せず、よって生産効率性を損なわない。なお、消費税の軽減税率は家計の消費選択を歪める（標準税率対象の財貨・サービスから軽減税率対象に代替を促す）だろうが、それ自体、事業者間での取引（生産過程）に影響するわけではない。

最適課税論の観点からいえば、消費税のメリットは税率の一律性ではなく、仕入れ税額控除を通じて制度的に生産効率性を担保していることにある。実際、税収の比重を所得課税から消費課

表5-5　消費税拡充の経済効果

経済成長への効果		税収中立な減税			
		個人所得税・社会保険料	法人税	消費税	資産税
税収割合を0.1％増加	個人所得税・社会保険料		＋0.101％	▲0.096％	▲0.135％
	法人税	▲0.118％		▲0.204％	▲0.240％
	消費税	**＋0.092％**	**＋0.216％**		▲0.012％
	資産税	＋0.155％	＋0.271％	＋0.071％	

出所：Arnold (2008), "Do Tax Structures Affect Aggregate Economic Growth? Empirical Evidence from A Panel of OECD Countries," Economics Department Working Papars, OECD.
データ：OECD countries

税にシフトしたほうが成長率は高まるという実証結果が知られている（表5－5）。税の中でも消費税は経済成長の促進に適っている。2014年4月の消費税増税の反動減の経験から消費税は景気に悪いと思われがちだ。たしかに増税自体は景気や成長にマイナスなのは否めないが、法人税など他の税目よりも消費税は成長を阻害しない。

消費税とは対照的に課題が多いのが法人税だ。近年、ヒト・モノ・カネが国境を越えて移動するなど経済がグローバル化するなか、諸外国は競って法人税率を下げている。米国においても大規模な法人税の減税（連邦法人税率を35%から21%へ引き下げ）が打ち出されてきた。こうした動向に応じてわが国でも法人税率（国・地方を合わせた実効税率）の引き下げが進められているが、法人税制の中での「税収中立」の枠がはめられ、タックス・ミックスの見直しにまで踏み込むことができないままでいる。

他方、ドイツの税制改革（2007～2009年）においては法人税率の引き下げとあわせて付加価値税の増税（タックスミックスの見直し）が実施された。付加価値税（消費税）は法人税と比べて「輸出品が免税（ゼロ税率）であることからドイツ製品の国際競争力に影響を及ぼさない」ことが国民に理解された結果という（政府税制調査会海外調査報告）。

このように法人税を抑え、消費税（海外では付加価値税）を引き上げることは欧州をはじめ海外の潮流である。社会の高齢化や経済のグローバル化など今世紀の「新しい経済環境」に税制を適用させるには消費税に比重をおいた税制の再構築は必須といえる。

◉再分配の確保

再分配機能の強化も喫緊の課題だ。仮に財政健全化に向けた一連の改革が所得格差の拡大（弱者切り捨て）につながるならば、公平に適わないだけではなく、改革への政治的な支持を失わせ、さらには社会の分断（もってポピュリズムの台頭）を招きかねない。第2章でも「歳出のトリアージ」として強調したように社会的弱者を切り捨てる財政再建は避けるべきだ。

そもそも高齢化・グローバル化など経済社会の構造が大きく変化するなか、現行の税制はこの変化に十分に対応できてこなかった。その要因としては、①税体系が所得課税から消費課税に比重を移してきたこと、②過去の減税策として行われた最高税率の引き下げなどの影響が挙げられる。再分配の機能は高所得層への課税強化にとどまらず、低所得層への移転が伴って完結する。

しかし、従前の所得移転は公的年金・生活保護を含めて高齢者に偏重してきた。

他方、近年の（当初）所得格差の拡大の背景には非正規労働者などの低所得層が増えたことがある。「若い世代を含む低所得層に対しては、……、勤労意欲を高め、安心して結婚し子どもを産み育てることができる生活基盤の確保を後押しする」としても、こうした低所得層に現行の税制が重点的に支援する余地は限られている。非正規雇用の増加などによる若年世帯における低所得層の拡大など新しい課題には、新しい手段が必要である。

経済学においては効率と公平の背反関係が強調されることが多い。ここでは効率＝経済成長、公平＝格差是正となる。しかし、再分配は弱者救済にとどまらない。「1990年代以降、経済のグローバル化に伴う産業や労働市場の構造変化」に財政・税制が対応できていない結果としてなんらかの「非効率」が残っているならば、背反関係を生じさせることなく、経済成長と格差是正を両立させることは可能だ。

たとえば、女性の就労促進などは中流階級にあたる若年勤労世帯の所得増（よって富裕層との格差是正）になるうえ、労働力の増加を通じて経済の成長にも寄与することになる。相続税の強化に加え、公的教育の充実など、「格差を固定化させないために諸制度の見直し」は公平＝格差是正に適うだけではなく、「成長の担い手」である勤労世代を支える役割がある。供給サイドを強化する構造改革に資するものだ。

具体的には米国の勤労所得税額控除（ＥＩＴＣ）などのように就労促進的であることが望まし

表5-6　公平と効率の両立

再分配 ＼ 構造改革	現状	再分配機能の強化（給付・税額控除等の充実）
現状		
財政再建に向けた構造改革（歳出の効率化等）	社会的弱者切り捨て等不公平	公平と効率の両立

い。給付付き税額控除は税額控除を非課税の個人・世帯にまで拡張する仕組みである。他方、わが国の現行制度では税額控除後の納税額がマイナスのとき課税は生じないものの、マイナス相当分の還付を受けることもできない。給付付き税額控除は控除しきれなかった金額を現金給付するところに特徴がある。わが国においても社会保障と税の一体改革にあわせ、「給付付き税額控除等の施策の導入について、所得の把握、資産の把握の問題、執行面での対応の可能性等を含め」検討する（税制抜本改革法）ことになっていた。この仕組みはワーキングプアへの新たな支援として活用できる。

関連して、英国では新たな所得移転（再分配）の仕組みとして2012年福祉改革法に基づき「ユニバーサル・クレジット」を創設している。複雑だった既存の給付体系を一本化するとともに、給付にあたっては受給者の就労可能性に応じて就労要件（失業者については求職活動）を課しているのが特徴だ。また、就労意欲を阻害しないよう稼得所得増に応じた給付削減率も（65％とはいえ）従前より低めに抑えている。さらに課税当局と連携して源泉徴収を通じた所得情報を迅速に給付水準に反映させるようにしている。

わが国でもこうした仕組みを取り入れる余地はあるだろう。無論、そのためには（高所得層だけではなく、低所得層の）正確な所得情報が不可欠だ。「マイナンバー制度」の定着がその前提条件となる。

◉資産課税の強化？

政府は「年齢別」から、「負担能力別」に社会保障費負担のあり方を転換する方針を打ち出してきた。ただし、高齢世帯の場合、年金収入などの所得は低くとも、金融資産を多く保有するケースがあり、負担応力は所得だけで測れないという課題がある。たとえば、収入２００万円未満であっても貯蓄などが２０００万円以上の高齢夫婦世帯の割合は同世帯の約８％余りとされる（平成21年全国消費実態調査）。彼らの資産の捕捉が必要だ。

介護施設などの食費および居住費に対する介護保険の補足給付の資格要件として（市町村民税非課税のほか）預貯金などが一定額以下であることが加わった。もっとも、預貯金などは自己申告に基づく。他方、高齢者の医療・介護保険料や自己負担は所得に応じるものの、資産は考慮されていない。「資産を含め負担能力に応じて負担する仕組み」の構築には（金融の多くを占める）預金口座や土地・住宅など固定資産へのマイナンバーの適用が欠かせない。

こうした所得・資産情報に基づいて保険料を決めるほか、高所得・高資産の高齢者については医療・介護の自己負担の引き上げや基礎年金額の減額（クロー・バック）を行うなど社会保障の

図5-9　年代別資産保有割合

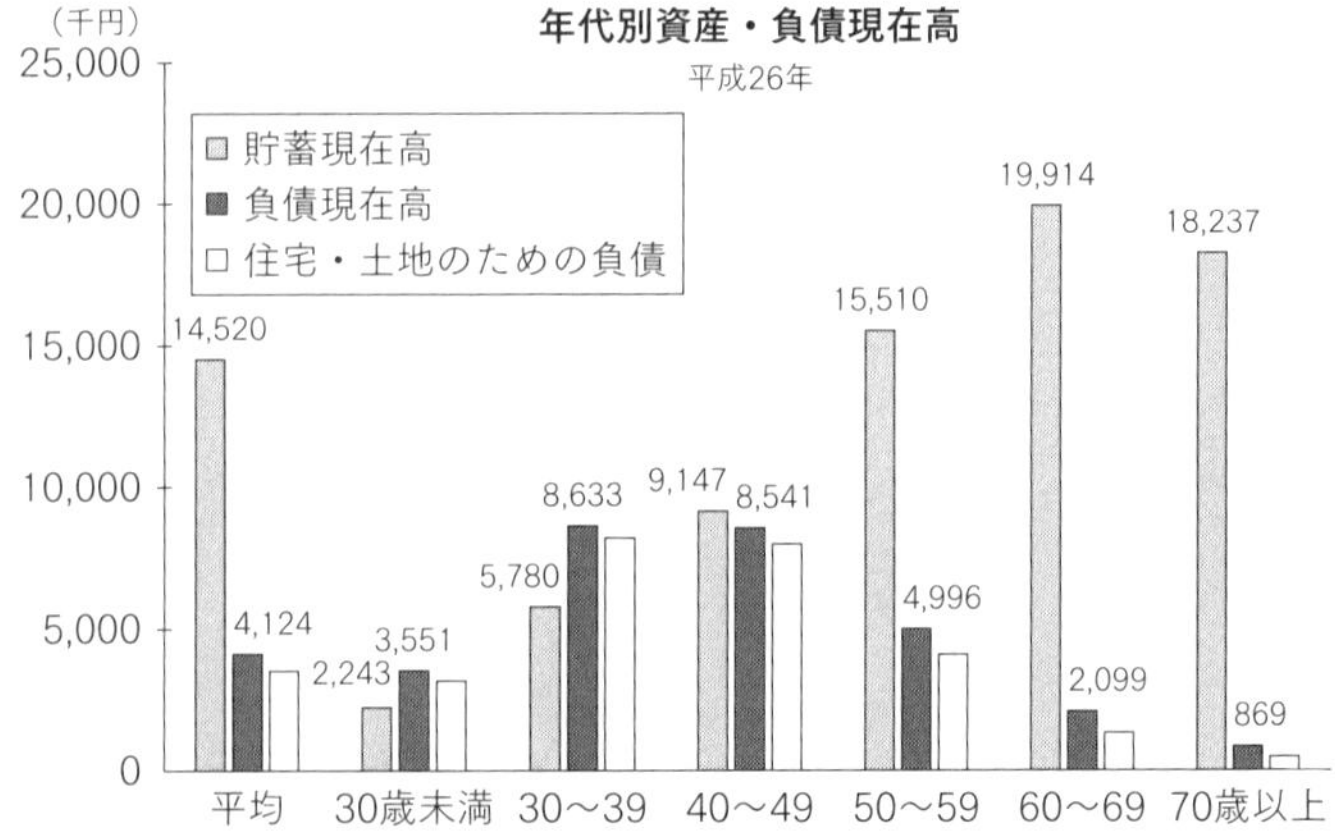

出所：「平成26年全国消費実態調査」全国貯蓄・負債に関する結果　総世帯。

給付面でも「負担応力」を反映させていく。

あわせて金融所得課税を強化する。現行、利子・配当、株式譲渡益課税は一律20%（国税15%、地方税5%）で給与・事業所得等他の所得から分離課税されてきた。この税率を25%程度まで引き上げることも一案だ。仮に金融抑圧（第2章参照）によって人為的に金利を低める（たとえば、日銀が超過準備預金のマイナス金利を続ける）ならば、その効果は金融課税とさして変わらない。「暗黙裡」の税ではなく、明示的な税のかたちをとるほうが政策の「透明性」にも適っていよう。

他方、預金口座へのマイナンバーの適用拡大で金融所得課税の一体化（利子所得と他の金融所得の合算）を進める。損益通算の範囲は上場株式などの譲渡損益や配当所得などにとどまってきた。2016年からは特定公社債などに拡大されたが、いまだ利子所得は対象になっていない。仮に危険投資にかかる損益が安全資産である利子所得と損益通算できるようになれば、投資家にとってリスクの軽減につながる。結果、「貯蓄から投資」が進み、株式などのリスク投資が喚起されることも期待できる。

なお、勤労世帯については「老後の生活に備えるための個人の自助努力を支援する観点」から資産形成に非課税枠を与える。たとえば、積立ＮＩＳＡ（少額投資非課税制度）であれば年額40万円までは金融所得課税が非課税であるが、こうした措置を拡充させる。米国・カナダでも４０１ｋなど同様の非課税貯蓄枠があり、実質的に低中所得層への課税を免じてきた。

◉生活保護と年金の棲み分け

財政再建の中で現行の公的年金の見直しは必須であろう。第２章のシミュレーションでは一般政府ベースで厚生年金・共済（長期経理）の報酬比例部分をカットして、全体として２割の支出削減、国民年金は一律で１割削減していた。このとき、公的年金基金を取り崩して、年金給付を確保することも選択肢かもしれない（給付額＝今期の保険料＋基金の取り崩しであることに留意されたい）。しかし、年金基金の多くは国債として保有されている（平成29年６月末で保有残高は約47兆円）。基金の取り崩しは、こうした国債の売却につながり、財政危機後の国債価格を一層不安定にする懸念がある。

となれば、当面、基金残高はそのままに（保有する国債を「塩漬け」に）しておかなければな

図5-10　年金積立金管理運用独立行政法人（GPIF）の資産構成

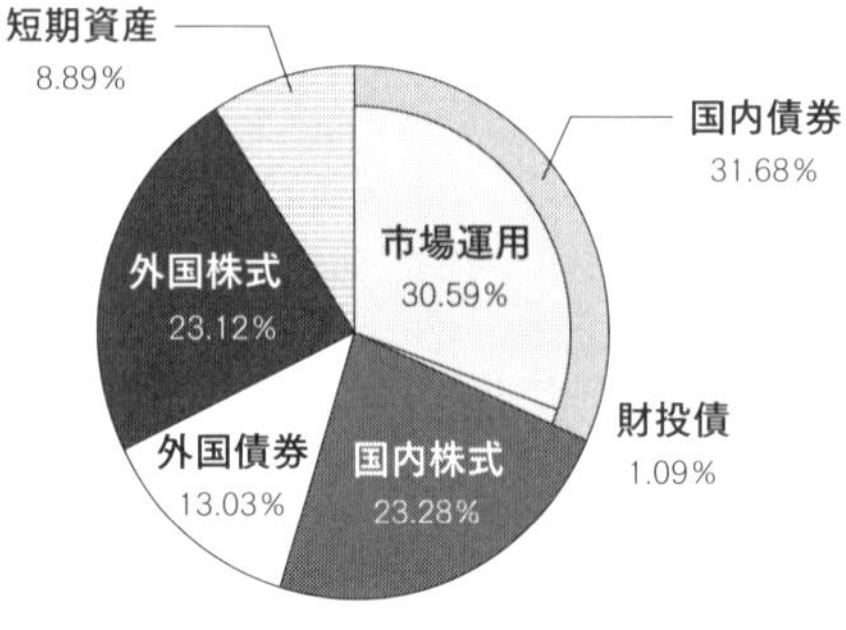

出所：GPIFホームページ。

らない。株式など国債以外を売却するのも、株価を大幅に下落させ金融市場を不安定にするリスクがあるため望ましくない。よって、高齢者への年金給付額を大きく削減することは避けられないだろう。

このとき、低年金世帯については迅速に生活保護に移行させることも一案だ。生活保護の受給資格には所得だけでなく資産要件（ミーンズテスト）がある。資産（固定資産・金融資産）を多く保有する高齢者は原則対象にならない。こうした世帯には資産から生活資金を捻出させる一方、（資産も乏しい）高齢弱者の生活は守られることになる。仮に高齢者医療の自己負担（現行70歳以上1割）の引き上げを迫られるとしても、生活保護の受給世帯には医療扶助（現行、自己負担ゼロ）がある。他方、一定の資産や収入のある高齢者については、これらを生活

図5-11　公的年金と生活保護

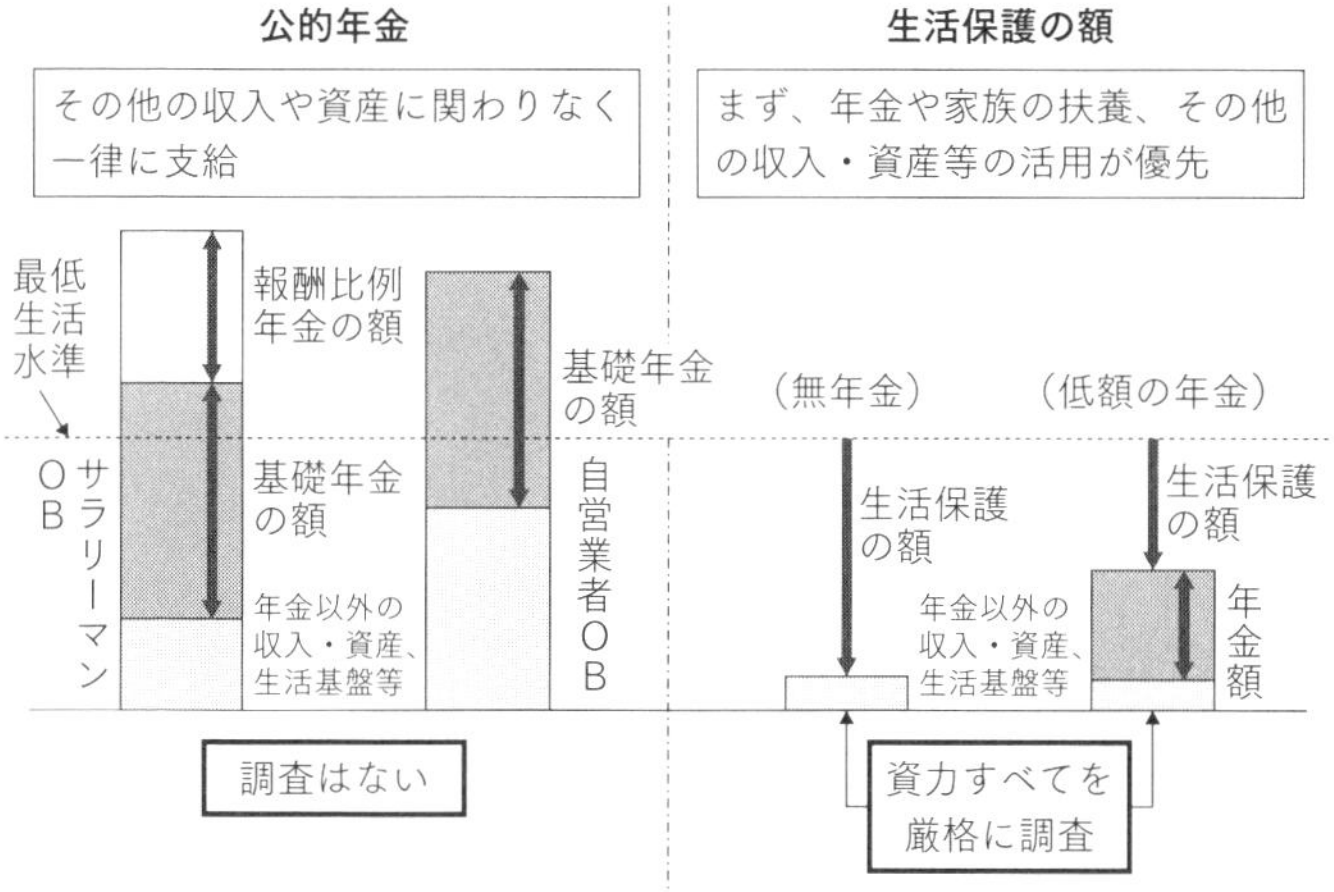

出所：厚生労働省資料。

費にあてる自助が求められる。いったんすべての資産を使い切ってしまうなら、生活保護の対象になる。

無論、生活保護には（特に自己負担がないため過剰な医療需要を促すといった）モラルハザードの批判がある。こうした批判に対応するよう医療扶助を含めた支給の適正化、資格審査の厳格化の充実をあわせて実施すれば、生活保護制度は緊縮財政のなかで高齢弱者が切り捨てられることのないようにするセーフティーネットとしての役割を果たしうる。

なお、低所得の勤労世帯については前述の「給付付き税額控除」のような仕組みがセーフティーネットになる。

5　平時への移行

本章では財政の構造改革（財政赤字を作らない体質作り）について述べてきた。いずれの改革も財政危機の前に実施されることが「最善」に適うことはいうまでもない。仮に危機前にできないとすれば、「危機」を改革の「機会」にすることだ。構造改革は、①トップダウンによる総額への抑制というマクロと、②政策評価を通じた予算配分へのメリハリ（効率化）というミクロの面からなる。財政赤字を解消するとともに、赤字を作らない「体質作り」（財政制度の構築）が狙いだ。

その一環として官僚・政治家、国民の財政へのコスト意識を喚起する。現在の予算は「現金主義」で社会資本の減価など将来的に発生しうるコストは勘案されない。だから余裕のあるときにハコものを乱立させ、後になって更新費用に苦しむ事態が生じたりする。企業会計と同様に「発生主義」を活用してコストの所在を明らかにする。どんぶり勘定を改めて社会保障サービスなどそれぞれの政策にかかる原価＝政策コストを算出するほか、政策の費用対効果を評価してPDCAサイクルのうち、C＝チェックからA＝アクト（見直し）を適切にリンクさせる。国と地方の財政関係（地方に対する国の「保護者責任」）を見直すとともに、「証拠に基づく政策形成（EBPM）」を徹底する。

あわせて、目標（見込み）を上回る財政赤字（歳出）の拡大については、その是正について、あらかじめ消費税の増税や社会保障給付の抑制を義務付けた「財政ルール」を明確にすることで、各人が（誰かの負担によって財政は持続可能になるといった）都合の良い期待をもって改革を先送りする誘因を排除する。財政赤字の「帳尻合わせ」を「見える化」させるのである。結果、財政規律が確保されよう。

地方財政の文脈でいえば、受益と負担をリンクさせた「限界的財政責任」も財政規律の一環だ。ただし、リーマンショックのような経済危機に柔軟に対応できる余地を残すよう財政ルールを適用しない「免責事項」も設けるものとする。無論、免責事項の乱用がないよう条件の厳格性・客観性を担保する。そのためにも、財政・経済の見通しに信認を与えるよう英国の「財政責任庁」のような独立した推計機関の設立が望ましい。

繰り返すが、構造改革による効率化が低所得者など社会的弱者の切り捨てにつながる事態は避けなければならない。公平を欠くだけでなく、構造改革への政治的な支持を損ないかねない。政治的ポピュリズムや（世代間、所得階層間、地域間での）社会的分断を招くリスクもある。財政再建の努力は再分配の強化を並行に行うものとする。

具体的には、資産課税の強化を含む税制改革と生活保護・給付など、セーフティーネットの充実を図る。無論、セーフティーネットが単なるバラマキにならないよう、①若年のワーキングプアなどの勤労者については英国のユニバーサル・クレジットや米国の勤労所得税額控除（ＥＩＴＣ）にならって「就労促進的」（受給資格に就労、あるいは就労努力を義務付ける）にする一方、②生活保護の資産調査（ミーンズテスト）を厳格にして年金などの所得が低くても資産を有しているような高齢者が再分配の対象にはならないようにする。

なお、第２章でも言及した通り、こうした財政再建は主要政党間で責任を共有するよう超党派的に担うことが望まれる。各党派が理想とする国家像の如何によらず、そうした合意は決して不可能ではないと考える。将来的に「大きな政府」（福祉国家）を志向するにせよ、「中福祉中負担」でいくにせよ、その前提条件は健全な財政である。

加えて、公共サービスは安価で良質であるに越したことはなく、国民の厚生に貢献しない無駄な支出は除かれるべきだろう。たとえるなら、われわれは皆同じ船（日本）に乗っている。行き先（＝将来の国家像）には意見の隔たりがあっても、船底の穴（＝巨額の財政赤字）をふさがないことには航海を進めることはできないはずだ。

【注】

1 医療に関するＷＷＣである The National Institute for Health and Care Excellence（ＮＩＣＥ）はキャメロン政権成立前に設立されており、その他の政策に関するＷＷＣはＮＩＣＥをモデルとして作られている。また表に示されている機関以外に三つのアフィリエイトがある。

【参考文献】

國枝繁樹「財政再建における増収措置と歳出削減の割合に関するAlesinaらの議論は我が国に適用されるのか?」財務省財務総合政策研究所『フィナンシャル・レビュー』平成26年第4号（通巻第１２０号）２０１４年９月。

Arnold（2008），"Do Tax Structures Affect Aggregate Economic Growth? Empirical Evidence from A Panel of OECD Countries," Economics Department Working Papers, OECD.

Braun, Richard Anton, and Douglas Joines（2012），"The Implications of a Greying Japan for Public Policy," Mimeo.

Hansen, Gary and Selahattin Imrohoroglu（2012），"Fiscal Reform and Government Debt in Japan: A Neoclassical Perspective." Mimeo.

第 6 章

経済成長と新しい社会契約

小林慶一郎　慶應義塾大学教授

本章では、財政破綻をめぐってわれわれが学ぶべき経済政策的な教訓と政治思想的な課題を検討する。

第1節では、日本において財政破綻のリスクを高めてきた要因として、過去30年間に及ぶ政策選択の構造的な問題を論じる。

第2節では、「経済成長を先に実現し、財政再建は後にする」というこれまで30年間続いた日本の経済政策の基本哲学を批判的に検討し、財政破綻のリスクが日本の低成長の原因になっている可能性を指摘する。さらに、政府債務増加と成長率低下が相関するという実証研究（パブリック・デット・オーバーハング）を紹介する。

第3節では、世代間協調問題（現在世代が政策実施コストを支払うと、将来世代がリターンを得るような政策課題）を通常の民主主義の政治システムでは解決できないことを論じる。このような問題は、保守主義の政治思想（エドマンド・バークなど）ではよく知られた政治のテーマであるが、リベラルな政治哲学、とりわけ、社会契約論の文脈では適切に取り扱われていない。その例としてジョン・ロールズの『正義論』を取り上げる。

第4節では、世代間協調問題を解決するため、将来世代の利益を代表する行政機関などの組織、すなわち「仮想将来世代」を創設すべきだという提案を紹介する。仮想将来世代の創設を政治思想として正当化することを、ロールズの枠組みの拡張によって試みる。

1　危機の30年

本節では、日本において財政破綻のリスクを高めてきた要因として、過去30年間に及ぶ政策選択の構造的な問題を論じる。とくに、経済成長と財政についての基本的な考え方に問題があったのではないかという経済政策論の問題と、政治システムの問題として、まだ生まれていない将来世代の利益を現在の政治の場で擁護することができないという「世代間協調問題」の重要性を指摘する。

財政の破綻が起きることを前提に、どのように日本を立て直すのかを考えるのが本書のテーマであった。第6章では、破綻が避けられないとして、その後に再生する日本経済のために、私たちはどのような教訓を学び取るべきか、何を後世に残すべきなのか。この点を経済と政治の両面で考えたい。

◉経済成長の問題

経済面で、財政破綻に至る大きな要因は、早期の財政再建への着手ができなかったことである。財政再建に早期着手できなかった背景には、「経済成長が先、財政再建は後」という過去30年間続いている政策の基本哲学があった。バブル崩壊後の不況の中では、経済成長の回復が最優先され、財政出動や減税による景気刺激が繰り返された。この間、一貫して政府が採用した基本的な政策方針は、まず財政出動などによって経済成長を回復し、その後に財政再建を行うというものだった。財政出動によってあえて政府債務が増加しても、経済成長が回復すれば税収も上がるし、景気が回復した後で増税すれば財政再建は問題なく実現できるので、財政再建を後回しにして経済成長をまず実現するべきだ、という考え方であった。

しかし、2018年現在、景気は戦後最長の拡大局面にあって税収も増えてはいるが、政府債務の増加を止めるにはまったく不十分な金額である。成長による税の増収効果で財政再建ができるためには、実質経済成長率が最低10％程度になる必要があり、それが実現する可能性はほとんどないと思われる。

景気が回復しても債務の増加が続く現状は、第一に「成長が先、財政再建は後」という基本哲学の妥当性について、疑義を提起しているといえる。本章第2節では、「政府債務の増加が経済成長を停滞させる」可能性を、実証研究や理論モデルをもとに考察する。ここからのメッセージは、「将来に対して責任ある政策対応をしなければ、現在の繁栄（経済成長）も実現できない」という教訓である。いま自律的な経済成長を実現するためには、手遅れになる前に財政再建に着手して財政の将来不安を解消する必要がある。これが学ぶべき教訓だといえよう。

政府債務が膨張するのを放置しながら経済成長を実現しようとする背景には、コストを先送りし、さらに、経済成長することによってコスト負担を実質的に帳消しにしてしまおう、という意図があった。たしかに一時的な問題なら政策コストを低減することは可能かもしれないし、それはケインズ経済学の処方箋によって正当化されてきた。しかし、ケインズ経済学が正しいのは短期的な現象を扱う場合だけだというのが通念であり、10年、20年を超えるような長期についてはケインズ経済学的な考え方は成り立たない。長期的にコストなしに経済成長を手に入れようというのは、「フリーランチ（ただ飯）は存在しない」という経済学でよく知られた格言にも反している。30年に及ぶ財政再建先送りの末に破綻が起きるとすれば、それはこの経済学の常識を超長期の時間軸で実証する一大実験だったということになるだろう。その授業料は日本の経済社会にとって途方もなく高くつく。

◉政治システムの問題

財政破綻がわれわれにもたらす政治的な教訓は何だろうか。本章第3節と第4節では、このことについて考察を進める。

税制や財政をめぐる政策判断は、政治という活動の非常に大きな部分を占めている。財政再建が先送りされ続けた理由は、経済政策上の技術的な判断（「先に成長を実現すれば財政再建も後で実現できる」）だけではなく、そもそも現在の有権者たちが財政再建のためのコスト負担を嫌ったからである。財政再建にかかわるコスト負担は、有権者の暗黙の選択の結果として（まだ選挙権をもたない）将来世代の人々に先送りされることとなった。財政危機が意識され始めた1990年代末からの20年間にわたって、このような暗黙の政治選択が繰り返されてきたのである。

将来世代に対するコストの先送りという現象は、さまざまな政策分野で共通に見られる、現代の政治を特徴づける弱点と見ることができる。財政再建のコスト、地球温暖化のコスト、原子力発電所の核廃棄物処理のコストなど、人間の生活に重大な影響をもたらすかもしれないコストについて、現在世代では十分に対処されることなく将来世代に先送りされている。

これらの問題に共通するのは、問題の時間軸があまりにも長期化しているため、政治の意思決定に参加できる同一世代の中だけでコストとベネフィットの分布が収まらなくなっているということである。財政再建や温暖化対策を現在の政治が決定し実行するならば、コスト負担は現在世代に降りかかるが、ベネフィット（財政再建後の経済の安定や、地球環境破壊の防止）を得るのは現在世代よりも将来世代である。現在世代にとってみれば、「コスト負担を求められるだけで、見返りのベネフィットは何も得られない」という構造になっていることが、財政問題や地球環境問題という超長期の政策課題の難点なのである。このような構造の問題を、「世代間協調問題」と呼ぼう。

政治面で、財政破綻の危機がわれわれに突きつける問題は、現在の民主主義のシステムが世代間協調問題に対して基本的に無力である、という事実である。近代以降の民主主義では、政治的な意思決定は同じ時を生きている同世代の人々によってなされるので、まだ成人していない（または生まれてきていない）将来世代の人々が政治的意思決定の場で直接に意見表明をすることはできない。また、現在世代しかいない政治の世界に、将来世代の利益を直接的に代表してくれる政治勢力は存在しない。したがって、世代間協調問題に直面すると、民主主義の政治システムでは、どうしても将来世代へのコストの先送りが生じやすいと考えられる。この先送りを防止するためには、民主主義システムのなんらかの「補正」が必要である。このことが、財政破綻がわれわれにもたらす政治的な教訓といえよう。

本書執筆時点においては、日本の財政破綻は起きておらず、数年程度の近い将来において財政破綻が起きる可能性も少ない。市場関係者が想定するように、対外純債務国になったときに危機が顕在化して財政破綻が起きるならば、日本で財政破綻が起きるまでにまだ数十年もの時間的余裕がある。この期間のうちに、本章で論じるような経済政策の基本哲学と政治システムの抜本改革を行うことが求められているのではないだろうか。

2　政府債務の累積は経済成長を阻害する

本節では、「経済成長を先に実現し、財政再建は後にする」という、これまで30年間続いた日本の経済政策の基本哲学を批判的に検討する。まず、きわめて稀に起きる大惨事が平時の経済を悪化させるという経済理論（ディザスターモデル）を紹介し、その応用によって、財政破綻のリスクが日本の低成長の原因になっている可能性を指摘する。次に、政府債務増加と成長率低下が相関するという実証研究（パブリック・デット・オーバーハング）を紹介する。さらに、財政破綻を回避するために必要な財政収支の改善は、消費税率を30％増税すること（金額にして約70兆円）に相当するとの研究結果を紹介し、破綻の回避を現実的な政策で実現することがきわめて困難であることを論じる。

財政が悪化するのを甘受してでも財政政策（公共事業や減税）を行って経済成長率を高めるべきだ、という考え方の背景には、「財政が悪化しても、そのこと自体は経済成長に影響しない」という仮定がある。近年の研究では、この仮定に疑問符が投げかけられている。この節で論じたいのは、「将来の財政破綻の予想が、現時点の経済成長を低迷させる」という理論仮説である。

将来のいずれかの時点で２０１０年頃のギリシャ債務危機や２００１年のアルゼンチンの財政金融危機のような「財政破綻」が日本でも起きるのではないか、という漠然とした不安を感じている人は数多くいる。財政破綻は、起きる確率は非常に小さいが、いったん起きたら日本の国民生活と経済にとてつもない損害と大混乱をもたらす。このような「起きる確率は低いが起きた場合のインパクトは巨大な事象」を「テールイベント」といい、テールイベントが起きるリスクのことを「テールリスク」という。財政破綻はテールイベントであり、財政破綻が起きるリスクはテールリスクである。

◉テールリスクによる不況：リーマンショック後の米国

財政破綻のようなテールリスクの存在は、企業経営者や消費者が感じる将来の不確実性を大きくする。テールイベントの実現の確率は非常に小さくても、将来の不確実性が、現在において人々の行動を変えることによって、現時点の消費や投資が委縮する、と考えることができる。これが将来のテールリスクが現在の経済を悪化させるメカニズムである。テールリスクが現時点の経済活動を悪化させることとは、最近の米国での学術研究によっても論証されている。ニューヨーク大学のローラ・ヴェルドカンプ教授たちの研究によると、2008年のリーマンショック後の米国経済の停滞は、テールリスクで説明できるという（Kozlowski, Veldkamp, and Venkareswaran 2015）。米国では、リーマンショック後に、GDPの成長率は速やかに回復したものの、GDPの水準がそれまでのトレンド線を下回る状態が続いている（図6－1）

通常の不況なら、いったんGDPがトレンド線を下回っても、その後すぐにトレンド線に収束する動きを示すはずだった。ところが、リーマンショック後は、GDPがトレンド線から乖離した状態が続いている。この点は米国の経済学者の間では謎とされていて、その結果、「米国経済の根本的な性質が変化して、長期的な停滞局面に入ってしまったのではないか」という長期停滞（Secular Stagnation）仮説が経済学界での大きな研究領域となりつつあるほどである。ヴェル

図6-1　米国の実質GDPとそのトレンド線

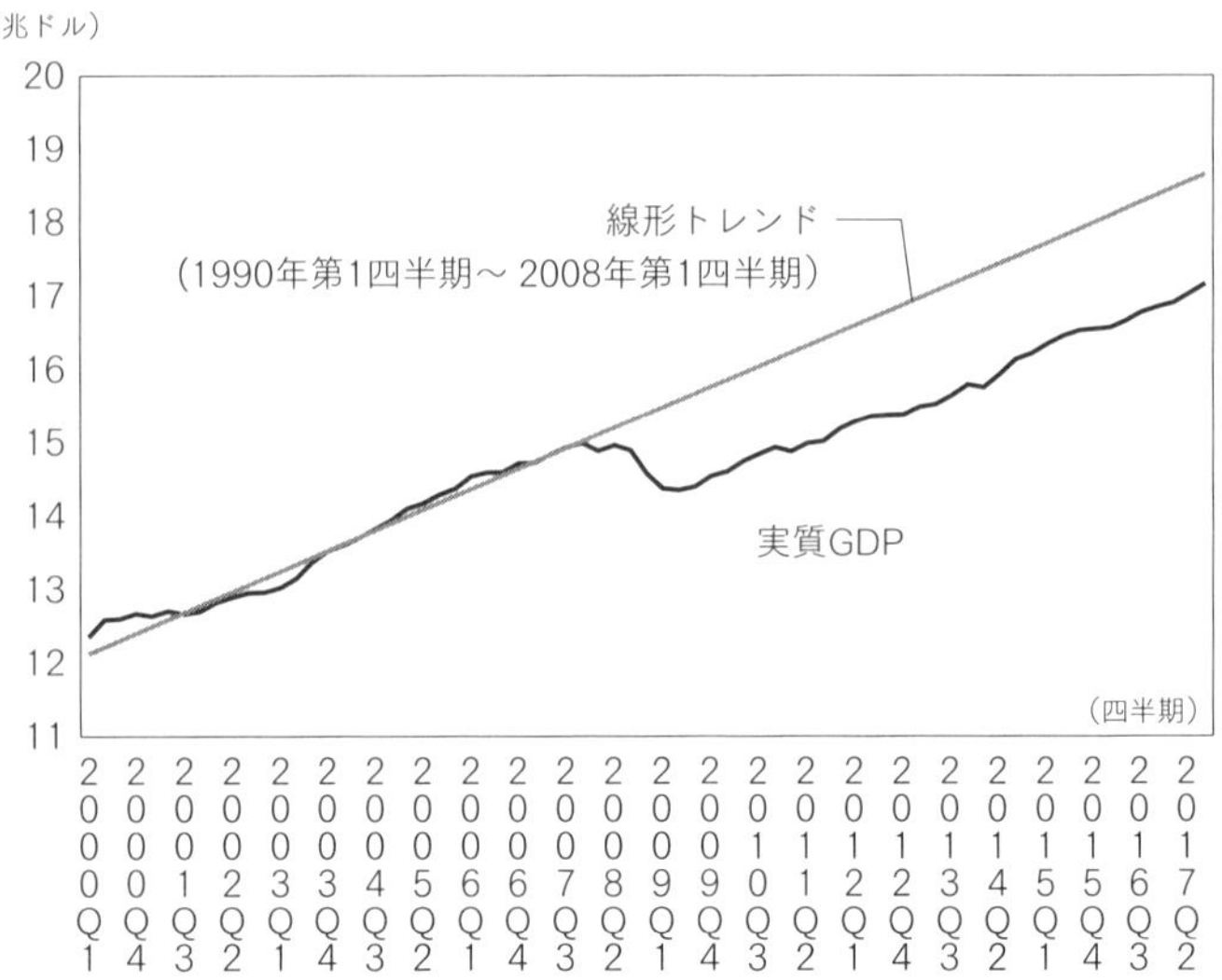

資料：U.S. Bureau of Economic Analysis (BEA).

ドカンプたちは、トレンドからの乖離が長期化したことについて、「新しいテールリスクが発生したこと」が原因だという説を提唱し、シミュレーションによって検証した。

ヴェルドカンプらの考え方は、次のようなものである。まず、2008年の9月に大手投資銀行のリーマンブラザーズが経営破綻し、その結果、世界中の金融市場が凍結するようなきわめて深刻な金融危機が欧米先進国中心に発生した。このリーマンショックが起きるまで、欧米先進国で大規模な金融危機が起きるかもしれない、などということは誰の頭の中にも想定されていなかった。

金融危機とは、戦前には欧米先進国でも「銀行の取り付け騒ぎ（バンクラン）」

として頻発していたものの、戦後60年以上、大規模な金融危機は先進国で起きたことはなく、完全に過去のものと思われていたのである。金融危機は発展途上国や小国経済で起きる例外的な出来事であり、現代の欧米の主要先進国のマーケットで、銀行取り付けのような金融危機が起きるとは予想外であった。つまり、リーマンショック級の金融危機をテールイベントだとすれば、「リーマンショックが起きるかもしれないというテールリスクは、ゼロだ」と米国の市場参加者は全員が信じていたと考えられる。

ところが実際にリーマンショックは起きてしまった。この経験から、米国の市場参加者たちは、「リーマンショック級の危機は数十年に1回は起きる」と評価を改めた。つまり、リーマンショック前は「テールリスクはゼロ」と考えていた市場参加者たちが、リーマンショック後は「テールリスクは数十年に1回程度」と期待を改めたということである。

このテールリスクへの期待の変化は、米国の消費者の消費や企業の投資を委縮させる。なぜなら、テールイベント（リーマンショック級の危機）が起きたら、家計や企業が受ける被害はきわめて大きいと予想されるので、いざという時に備えて家計も企業も貯蓄を増やし、消費や設備投資を控えるようになるからである。このように、テールリスクが大きくなると現時点の経済活動が顕著に停滞することを、ヴェルドカンプらはコンピューター上の数値シミュレーションでも示すことに成功した。

◉日本の財政テールリスクが低成長の原因

ヴェルドカンプたちは「金融危機の再来」というテールリスクが経済悪化をもたらすことを示した。これに対し、日本で将来に想定されるテールリスクは財政破綻である。2018年現在、日本の市場参加者の多くは「財政破綻が起きる確率はきわめて小さい」と考えていると思われるが、それでも「テールリスクはゼロではない」というのが暗黙のコンセンサスであろう。また、日本の財政のテールリスクの特徴は、「財政破綻が起きたときに想定される被害の大きさ」が、年々、拡大を続けていることである。

よく知られているように、日本の政府債務の残高は、年々、膨張し続けている。債務残高が大きいほど、財政破綻が起きたときの経済の混乱の被害は大きくなると予想される（たとえば債務残高が大きいほうが財政を立て直すのに必要な増税は大きくなるので、増税の痛みは大きくなる）。したがって、このまま時間がたつほど日本の公的債務の残高は増え、その結果、財政破綻が起きた場合に想定されるインパクトは、だんだん大きくなっていくのである。

「テールイベント（財政破綻）が起きた場合のインパクトは、破綻が起きない時間が長く続けば続くほど、大きくなる」という日本財政の特徴は、ヴェルドカンプたちが考察した「金融危機のテールリスク」とは性質が大きく異なる。リーマンショック級の金融危機のインパクトは、危機が起きない時間が長いほど大きくなるわけではない。時間がたっても「危機が起きた場合のインパクト」の大きさは不変である。ヴェルドカンプたちは、金融危機という「一定の大きさのテールリスク」を人々が意識するようになると米国のGDPがトレンド線から下方に乖離する、ということをシミュレーションで示したが、米国のGDPの「成長率」は下がらないことも同時に示している。実際のデータで見ても、米国の経済成長率は、リーマンショック時に瞬間的に下がったが、すぐに回復して、いまでは元の成長率に戻っている。

ヴェルドカンプらのシミュレーションでも、経済成長率は下がらない。ただ、危機が起きる前のGDPのトレンド線に戻れないだけである。やや専門的用語でいえば、ヴェルドカンプたちの結果は、GDPの「レベル（水準）」はテールリスクで下がった一方で、「変化率（経済成長率）」は、テールリスクによる影響はほとんど受けなかった、というものだった。

一方、日本では財政のテールリスクは「徐々に大きくなるテールリスク」である。したがってテールリスクが経済を委縮させる度合は、年々、強くなっていくので、GDPが下押しされる圧力は年々、強まることになる。その結果、GDPのレベルが下がるというだけではなく、GDPの成長率が下がることになるのである。

日本では、バブル崩壊の後始末が終わった2000年代になってからも、経済成長率が非常に低い低成長経済が続いている。なぜ日本でこれほど長く低成長が続いているのか、という問題は経済学上の大きな謎である。本節で、それを説明するひとつの可能性として提起したいのは、次の仮説、すなわち、公的債務の累増によって人々が「財政テールリスクがだんだん大きくなっている」と考えるために、経済成長率が低迷する、という仮説である。

早稲田大学の上田晃三教授と筆者は、この仮説を検証するために、ヴェルドカンプたちのモデルを改変して日本経済のシミュレーションを行った。その結果、財政のテールリスクがだんだん大きくなる状況では、財政破綻が起きる前に、経済成長率が低い状態が長期的に続くことが確かめられた（Kobayashi and Ueda 2018）。

図6－2は、筆者らのシミュレーション結果を示している。黒い丸は現実の日本の実質GDPを、成長トレンドからの乖離の幅で示したものである。当初トレンド線からプラスに乖離していたGDPは、1990年代以降は単調に下降し、2000年頃からはトレンド線からマイナスに乖離するようになり、トレンドの成長率に比べて低い成長率が続いていることが示されている。

これに対して、実線は筆者らのモデルが示す仮想的なGDPの変化である。こちらも政府債務が増大するにしたがってトレンド線からの乖離はプラスからマイナスに移行し、トレンド線よりも低い成長率が続いていることを示している。このシミュレーション結果から、筆者らは「財政テールリスクによる成長率の低下で、1990年代以降の日本の低成長の約4分の1が説明できる」と結論付けた。

筆者らのシミュレーションが示唆していることは、「公的債務が年々累積していること」が、人々の予想する財政のテールリスクを年々大きくし、その結果、現在の消費や設備投資が縮小して、GDPの低成長が継続している、というメカニズムである。財政の悪化が、人々の将来不安を高めて、経済成長を低迷させているのである。

図6-2　日本のGDPと財政テールリスク・モデルによるシミュレーション

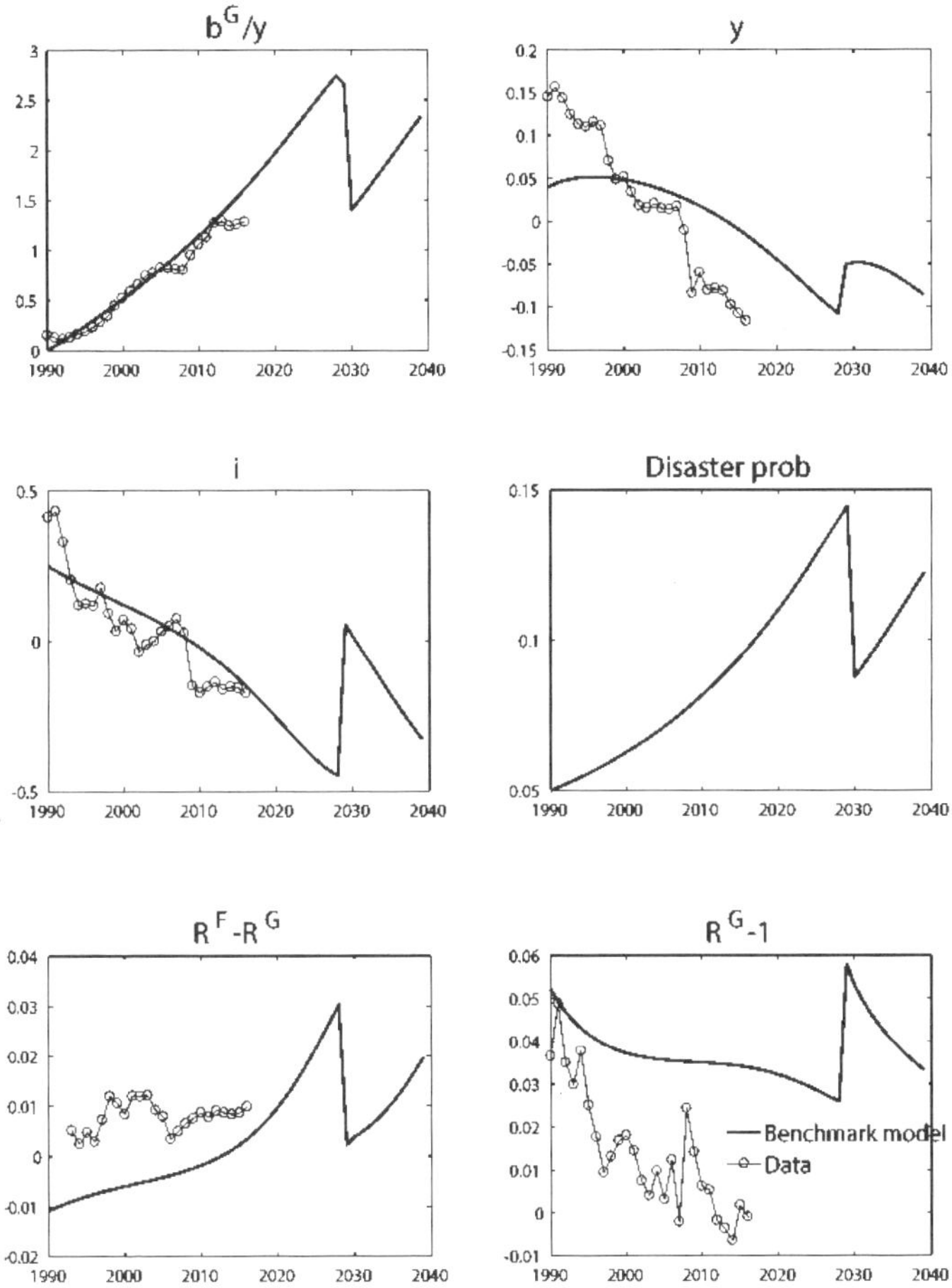

資料：Kobayashi and Ueda (2018).

◉実例：パブリック・デット・オーバーハング

以上は、理論的な仮説であり、そのことをコンピューター・シミュレーションで確かめた結果であった。現実の経済で、財政の悪化と経済成長の低下に関係があるのか、という点も確認しておきたい。ハーバード大学のカーメン・ラインハート教授とケネス・ロゴフ教授たちのグループは、政府債務残高が大きくなると経済成長に悪影響を与えるようになるということをデータから実証した。彼らは政府債務が経済成長に悪影響を与える現象をパブリック・デット・オーバーハング（公的債務過剰）と名付けている（Reinhart, Reinhart, and Rogoff 2012）。

ロゴフらは先進国で政府債務が累増した26事例を調べ、そのうち23事例において経済成長率が10年以上にわたって停滞していたことを報告している。彼らの推計では、政府債務比率（政府債務のＧＤＰに対する比率）が小さいときはＧＤＰの成長に政府債務比率は影響しないが、政府債務比率が90％を超えるとＧＤＰ成長率が１％程度下がるという関係が見られた。このような非線形の関係から、債務増が原因で、成長率の減少が結果である、とロゴフらは論じている。

同様の発見は、ユーロ圏の国々に対象を限って政府債務を分析した研究でも報告されている（Checherita-Westphal and Rother, 2012; Baum, Checherita-Westphal, and Rother 2013）。

◉「成長が先、財政再建が後」は成り立つか？

以上のことから、理論的にも実証的にも、政府債務の累増が経済成長の低迷の少なくとも一つの大きな原因となっていることが示唆される。バブル崩壊から現在までの過去30年間、小泉政権の構造改革の時期を除くと、日本の経済政策の基本哲学は「まず経済成長を（財政悪化の犠牲を払うことによって）実現し、その後、成長によって税収が増えてきたら財政再建に着手すればよい」という考え方であった。政府債務が成長阻害の要因であるとすれば、当然、このような考え方は成り立たない。ここで紹介した経済学的な研究は、いずれも政府債務の増大が成長を阻害することを示しており、「成長が先、財政再建は後」という考え方を一刻も早く転換することが必要であることを意味している。

もちろん、低成長の時期に財政再建のための増税や歳出削減を推し進めれば、一時的には需要の縮小を招き、景気にマイナスの影響が出る。しかし、かといって公共事業など財政政策で需要を下支えすれば政府債務が増え、債務はテールリスクの不安を増大させて景気を悪化させる。経済政策としては、「目先の景気を下支えして、長期的なリスクを増やす」か、それとも「目先の景気悪化を甘受して財政再建を行い、長期的なテールリスクを取り除く」か、といういずれかを選ばざるをえない。あるいはそれらの中間的な政策を選ぶしかない。

長期的な時間を通じた社会厚生を最大化することを目的と考えるならば、目先の短期的な景気悪化を甘受してでも、財政再建を早めに行うべきだということになる。短期的な目先の社会厚生を重視するならば、財政再建はなるべく先送りするべきだということになる。合理的に考える人間であれば、ある程度は長期的な厚生を重視するはずだから、財政再建の早期着手を選択すると思われる。

いずれにしても重要なことは、財政再建の痛みを先送りすれば、テールリスクへの不安が高まり、現時点での経済成長が抑圧されるという負の効果がある、というトレードオフの関係である。このトレードオフを認識したうえで、経済政策を立案しなければならない。このトレードオフが、いままでの30年間の日本の政策決定では認識されてこなかったし、いまも十分に認識されていない。財政破綻の危機は、このトレードオフについての「認識の不在」を改めることをわれわれに求めているのである。

◉ 必要な財政再建策（財政破綻前において）

債務が増え続けている現在の日本で、低成長を脱するために財政破綻のテールリスクを取り除くことはきわめて困難である。財政破綻を起こさずに財政が持続可能な状態にするためには、恒久的な増税または歳出カットをしなければならないが、必要とされる増税または歳出カットの規模がとてつもなく大きいのである。

複数の研究によれば、日本の財政が持続可能になるために、もし、消費税の増税だけで財政収支を改善するとしたら、消費税率をいまの8%から38%程度にまで上昇させ、その税率で永久に固定しなければならない。つまり財政破綻のテールリスクを取り除くためには、消費税率30%分の財政収支の改善が必要なのである（たとえば Hansen and Imrohoroglu 2016, Braun and

Joines 2015, Kitao 2018などでは、消費税率40%〜60%の増税が必要になるという、もっと悲観的なシナリオが示されている)。

消費税30%分を金額にしていうと、約70兆円分の財政収支改善が必要だということになる。もし、増税しないで歳出カットだけでこの収支改善を達成しようと思ったら、現在の国家予算(一般会計の支出総額)は約100兆円なので、国家予算を70%カットして、歳出を約30兆円にまで落とさなければならないことになる。

途方もない規模だが、すでに大量の公的債務が蓄積されてしまった以上、これを持続可能なレベルに戻すためには、消費税30%分または金額にして約70兆円の財政収支改善が必要になってしまうのである。消費増税だけでも、歳出カットだけでも、このような目標は達成できない。さまざまな税についての増税や、社会保障システムの抜本的な改革(たとえば公的年金や公的医療補助を貧困層や低所得層の高齢者に限定する、というような大胆な改革)が必要になると思われる。

また、インフレによって政府の債務負担を軽減することも重要な選択肢のひとつとなる。インフレは金融資産に対して資産課税をかけることと同等である。インフレ率がうまくコントロールできないと、金融資産に不安定な税を課すことと同じになるので、経済への弊害が大きくなるため、注意が必要である。

また、「高い経済成長が実現すれば、税収が自然に増えて、財政再建は容易にできる」という議論が、一部の論者の間に根強くある。しかし、本節で論じたように、財政テールリスクの存在が低成長の原因となっている可能性が高いので、「経済成長率を高めるためには財政再建をしなければならない」。この二つの関係をあわせれば「財政再建を実現するためには、(高い経済成長が必要で、その成長を実現するためには)まず財政再建を実現しなければならない」という、トートロジーのような論理の自己循環に陥ってしまい、意味のある政策論にならない。われわれはこの点を十分に認識しなければならない。

もちろん、人工知能の進歩やフィンテックなど、新しい技術進歩によって経済成長率が高まることは十分に考えられるし、そのような技術進歩が起きれば税収も増えるので、財政再建にとってもプラスになる。しかし不確実な技術進歩だけに期待するのはいかにも危険である。やはり地道に、各種の増税、社会保障改革と歳出カット、そして金融緩和による適度なインフレ、というオプションをバランスよく追求することによって、なるべく日本経済への短期的なコストを小さくしつつ、財政再建を目指すしかない。

また、財政再建の道があまりにも険しいので、「いっそのこと、財政破綻して、ゼロから出直すほうが楽なのではないか」という意見もある。しかし、財政破綻と財政再建を比べた場合、どちらのほうが国民生活にとってより良い選択であるかは、次のように考えることができる。

まず、財政破綻というテールイベントが起きた場合、物価は制御不能になって物価が3倍、4倍になるような高インフレになると考えられる。それは、公的債務の価値をインフレによって十分に減価させて持続可能なレベルまで落とすためには、物価は3倍以上になることが必要だからである（詳しくはコラムを参照）。それに対し、財政破綻させずに、消費税を30％上げるという財政再建策を実行したとしたら、物価は1・3倍になるだけである。このように比較すると、国民生活に与える経済的なコストは、おそらく財政再建のほうが小さくなるだろうと推測できる。

column

財政をインフレで再建するには？

政府債務のGDPに対する比率（債務比率という。ただし、政府の金融資産を差し引いたネットの比率）は、現在およそ150％である。財政が持続可能になる債務比率は、マーストリヒト条約で定められたEUの加盟基準と同じであるとすると、約60％である。インフレによって財政を健全化するということは、政府債務を返済せずに、債務比率をインフレによって150％から60％に引き下げるということである。インフレによって債務の負担を約3分の1にするということは、物価水準が3倍になるということに等しい。それは次のように考えるとわかる。

物価が3倍になれば、名目GDPも3倍になる（話を単純化するため、実質の生産量である実質GDPは不変と仮定した）。一方、政府債務は円単位で固定されているから、インフレになっても名目額は変化しない。よって、物価が3倍になると、債務比率は、3分の1になるのである。

インフレによって財政再建するためには、物価水準が3倍になる必要があるということがわかった。物価が3倍にもなれば、経済が大混乱するので、政府も支出を増やさざるをえなくなる。たとえば、インフレで高齢者の金融資産の価値が下がるので、生活に困窮する高齢者が増え、政府は高齢者福祉の支出を増やさざるをえなくなるだろう。

　インフレによって税収の名目額も増えるが、全体のバランスとしては、財政収支は悪化する公算が大きい。すると、物価が3倍になっても新規の政府債務が増えるので、債務比率はすぐに悪化してしまう。よって、債務比率を60％程度にキープするためには、物価を3倍から4倍、5倍へと上げていくことが必要になるだろう。すると政府の財政収支はさらに悪化するので、インフレと債務の増加のイタチごっこが続いて、インフレが止められなくなるかもしれない。

　インフレ期待がインフレを生み出し、インフレが止められなくなってハイパーインフレに至る、ということは実際に1980年代から90年代にかけてのブラジルなど累積債務国で発生した。このように考えると、インフレで財政再建しようとすれば、物価が3倍、4倍になるだけならば幸運なほうであり、悪くすればブラジルのように物価が何十倍、何百倍にもなるハイパーインフレに陥るリスクもある。このリスクは十分に認識しておく必要がある。

3　世代間の協調と民主主義システム

　本節では、世代間協調問題（現在世代が政策実施コストを支払うと、将来世代がリターンを得るような政策課題）を通常の民主主義の政治システムでは解決できないことを論じる。このような問題は、保守主義の政治思想（エドマンド・バークなど）ではよく知られた政治のテーマであるが、リベラルな政治哲学、とりわけ、社会契約論の文脈では適切に取り扱われていない。

その例としてロールズの『正義論』を取り上げる。ロールズの有名な「無知のヴェール」を使った格差原理は、経済学における「ナイトの不確実性」のもとでの利己的な効用最大化と同等であることを指摘する。さらに、ロールズの格差原理で世代間協調問題を解こうとしても「時間整合性の問題」に阻まれ、適切な解決ができないことを論じる。

財政破綻の問題は、現代の政治システムの欠点を提起している。政策決定の時点とその結果が実現する時点までの間に、世代を超えるほどの超長期の時間経過が横たわっているために、民主主義のシステムでは、適切な意思決定ができないのである。

◉世代を超えた時間：民主主義の弱点

財政を悪化させる政策決定（社会保障制度の拡充、財政出動や減税の実施、財政再建の先送りの決定）は、30年以上も前の過去から行われており、それが現在も継続している。そして、財政破綻はいまから数年以上先の未来、おそらくは20年〜40年ほども先の未来に到来する。これだけ長期の時間差があるときには、財政再建を先送りするかどうかを選択する世代（現在世代）と、財政破綻の被害を現実に受ける世代（将来世代）が、お互いの意見を交換して、政治的な合意に達するという民主主義的な議会政治のプロセスは実現できない。

現在の財政再建のコスト（増税の痛みや慢性的不況など）と、将来の財政破綻のコスト（ハイパーインフレや経済危機）とを、政治の場で比較しようとしても、現在世代と将来世代とは同じ時間を生きていないのだから、議論の席に着くことが物理的にできない。また、現在世代が将来世代の不利益となる決定（財政再建の先送り）をしたからといって、将来世代が現在世代にペナルティを与えることも物理的に不可能である。将来世代が現在世代を罰したいと思う頃には、現在世代の人間はことごとくこの世を去った後だからである。

この問題は、近代から現代の政治のフレームワークである民主主義は、超長期の「時間」の扱いがきわめて不得手である、ということを端的に示している。さまざまな利害対立について関係者が熟議して最後は多数決によって政治決定を行うという民主主義の仕組みは、本質的に「すべての関係者が同時点において存在している」ということが前提になっている。

現在世代の意思決定が、まだ生まれていない将来世代の生活に深刻な影響を与える、という特徴をもつ重大な政策課題は、おそらく20世紀後半になるまで存在していなかった。それらの課題とは、財政や社会保障制度の持続性の問題、地球温暖化に代表される環境汚染の問題などである。

昔から、これ以外にも、世代を超えて影響が続くような社会変化はあった。産業革命による技術進歩はその典型である。しかし、現在の世代の決定が将来の世代に「コスト」をもたらすような政策課題、しかも、現在の世代がそのこと（自分の決定が将来世代にコストをもたらすこと）を認識できるような政策課題は、20世紀後半までは存在しなかった。超長期の時間軸をもったこれらの世代間協調の問題に適切に対処できないことによって、いまわれわれの社会では、社会の長期的な持続性が脅かされている。

これまでの近現代の民主主義の暗黙の前提は、「現在世代が議会でどのような政治決定をしても、それは世代を超えた社会の持続性そのものには何ら影響を与えない」ということだった。人間の産業活動や財政制度が単純で、地球環境に与える影響も小さかった時代には、各世代がある程度の健全な社会と自然環境を前世代から引き継ぐことは当然の想定だった。そのような前提が成り立つ時代には、民主主義が世代間協調の問題を解決できない政治システムであることは、とくに大きな害をもたらさない。

要するに、民主主義で現在世代が何を決めようが、将来世代への影響は軽微だった。将来世代の利益を民主主義の政治の現場（そこには現在世代しかいない）に反映できないという欠点は、将来世代に深刻な影響を与えなかったのである。

ところが、20世紀後半からこの前提が無条件には成り立たなくなった。将来世代の利益を的確に反映した意思決定を現在世代のわれわれができなければ、社会の持続性がおぼつかないということになってきた。時間の問題に弱い、という一見無害だった民主主義の弱点が、21世紀の今日において、政治システムが抱える問題としての重要性を増してきたのである。そのことを最も先鋭的に表しているのが、財政破綻をめぐる現在の日本の危機である。

◉保守主義と世代間協調問題

超長期の時間を通じた社会の持続性は、昔も今も政治の関心事である。まだ生まれていない将来世代が現在の政治決定の場に意見を言えないのは、物理的な制約であり、民主主義の欠陥とみるべきではないかもしれない。どのような政治システムでも同じ問題はあるが、将来世代の利益を擁護する仕組みは、伝統、文化、宗教などの（政治的意思決定のシステムに対する）補完物というかたちで存在していた。それは近代民主主義国でも同じである。保守主義の政治思想が、権力者や議会による意思決定よりも伝統や慣習を重視するのは、どのような政治システムによる意思決定であってもそれだけでは世代間の時間を超えた問題を適切に扱えない、という判断が背景にあったからである。このような思考は、エドマンド・バークの次のような言葉から、保守系の論者には馴染み深い考え方である。

「社会は、まさしくひとつの契約である。（中略）しかし、国家は（中略）すべての科学における合同事業《パートナーシップ》であり、すべての学芸における合同事業、あらゆる徳、まったくの完成における、合同事業である。このような合同事業の目的は、多くの世代によっても達成されえないから、それは生きている人びとだけのあいだの合同事業ではなく、生きている人びとと死んだ人びとと生まれてくる人びととのあいだの、合同事業である」(『フランス革命についての省察ほかⅠ』水田洋・水田珠枝訳、中公クラシックス版)

時間をめぐる問題が顕在化したのは、伝統や慣習、宗教が政治の意思決定を制約しなくなってきたからといえる。伝統や宗教の負荷から解放された「白紙」の社会に民主主義のシステムを作ったとしたら、それが時間をめぐる問題に対処できないことは、ジョン・ロールズの『正義論』を検討することによって理解できる。

◉ロールズ『正義論』とナイトの不確実性

ロールズの『正義論』は、20世紀後半のリベラルなアメリカ民主主義の思想を、社会契約論の枠組みで基礎付け直した理論である。「現代アメリカにおいて政治哲学を再生させた」(宇野重規『政治哲学的考察』)とも評される名著であるが、その構造は、古典的な社会契約論に「無知のヴェール」を導入することで、社会保障や福祉政策などの再配分政策(リベラルな政策)を、「利己的な個人が合理的に選択する社会契約として合意されるもの」として正当化する理論であった。

ルソーなどの社会契約論では、自然状態の人間たちが社会契約を結んで社会を形成するが、ロールズの世界では、「原初状態」の人間たちが社会契約に合意し、その合意をもって現実の世界に参加する。原初状態とは、人間がこの世に生まれてくる以前の仮想的な状態であり、そこでは人間は「自分が現実の世界に生まれるときに、どのような身体的・知的特徴を持って生まれるか、またどのような社会的境遇に生まれつくか」を知ることができないという「無知のヴェール」に覆われている。この世に生まれるときに、自分は健康や高い知性に恵まれているのか、それとも病気や身体的・知的障害をもって生まれるのか。また、裕福な家庭の子どもとして生まれるのか、貧困家庭の子どもとして生まれるのか。そのようなことが何もわからない状態が、無知のヴェールで覆われた原初状態である。

利己的な個人たちが、自分がどのような境遇に生まれつくか知る前に社会制度について合意するとしたら、自分が最も悲惨な境遇に生まれついたときに、社会保障制度や福祉政策によってある程度は救われるような社会であることを望むはずだ。そこで、利己的な人々は次のルールを満たす社会制度を作ることに合意する‥

「社会的な格差は、最も不遇な人の暮らし向きを最も高くする限りにおいて容認される」

これは、「max-min rule」と呼ばれるが、社会の中で最も効用が小さい（minimum）人に着目し、その人の効用が最も大きくなる（maximize）ように、社会の中の格差の分布が編成されるべきだ、というルールである。無知のヴェールで覆われた利己的な人々がこのルールで社会契約に合意すれば、その合意内容には20世紀の米国で実施されているリベラルな社会保障制度や福祉政策が正当なものとして入ってくることが示される。

政治学の世界では、ロールズのこの理論は功利主義への強力な反論とみなされているが、経済学的な観点からは、この理論は「拡張された功利主義」と位置付けることもできる。無知のヴェールを、「ナイトの不確実性」であると解釈すれば、max-min rule は合理的個人の利己的な判断と一致するからである。

ナイトの不確実性とは経済学者フランク・K・ナイトが提唱した概念である。普通の不確実性であれば、起きる事象の確率分布はわかっている（これを経済学ではリスクという）。それに対し、起きる事象の確率分布すらわからない不確実性のことをナイトの不確実性という。たとえば正確なサイコロを振ることは、どの目が出る確率も6分の1とわかっているから普通の不確実性（リスク）である。それに対して、いかさま師が細工した不正なサイコロを振ると、どの目がどの確率で出るかわからないから、騙されるほうの人間にとっては、それはナイトの不確実性となる。

数理経済学の理論研究で「ナイトの不確実性を嫌う利己的な個人は、最悪の事象が起きたときの自分の効用が最大になるように、選択を行う」ということが数学的に証明されている。これはロールズの max-min rule そのものである。ロールズの原初状態では、人々は自分がどのような境遇に生まれつくか知らないが、もしそれが確率分布もわからないほどのナイトの不確実性ならば、原初状態の人々の社会契約は（ナイトの不確実性を嫌う）合理的個人の功利的な選択と一致する。すなわち、ロールズのリベラルな社会契約は「拡張された功利主義」と解釈できるのである。

◉ロールズに内在する時間整合性の問題

ロールズの「無知のヴェール」の議論を世代間の所得移転の問題（政府債務の問題）について適用すると、大きな難点にぶつかることは当初から経済学者によって指摘されてきた。その難点とは経済学で「時間整合性の問題」として知られている問題である。原初状態において「財政再建をすること」に合意したとしても、その後に、無知のヴェールが取り去られ、歴史が開始されると、その合意を守る誘因（インセンティブ）は失われ、結果的に財政再建は実施されなくなる、という問題である。「次世代のために財政再建する」という事前の約束は、事後に必ず破られるので、この約束は時間整合的ではないといわれる。このような約束をめぐる問題を「時間整合性の問題」という。

世代間の所得移転の問題について、原初状態で考えてみる。無知のヴェールに覆われている個人は、自分がどの世代に生まれ落ちるかわからない。財政再建を先送りできる世代に生まれるか、財政破綻に直面する世代に生まれるか、わからないなかで世代間の所得移転の制度（政府債務の管理政策）に合意する必要がある。ロールズの max-min rule によれば、自分が最も不利な財政状況の世代に生まれた場合に、効用が最大になるように世代間の所得移転を決めるべきだということになる。

したがって原初状態では、人々は「財政の持続性を維持する」ことに合意する。つまり、政府債務が増えすぎれば速やかに財政再建に着手することに合意する。ところが、無知のヴェールが取り去られると、この合意は守られない。自分がある世代に生まれ、前世代からの遺産も確定している状況で考えると、次の世代に資源を残すことは自分にとって何のメリットもないからである。利己的な現在世代が合理的に考えれば、自分の世代の中ですべての資源を消尽し、将来世代に何も残さないというのが自分の効用を最も大きくする選択である。そして、そのような選択をしても、将来世代はまだ生まれていない（または政治的な権利をもっていない）から、将来世代からペナルティーを受けることはない。結果的に、原初状態で合意した世代間の所得移転の約束は守られなくなるのである。

この問題は、世代間の所得移転以外の問題では発生しない。同時点での所得格差の是正という社会契約については、もし合意を破ろうとする者がいれば、同時点で他の者がペナルティーを科すことができるので、合意の履行を確保することは強いペナルティーを設けることで可能となる。ところが、財政再建（現在世代から将来世代への所得移転）の合意については、それを破っても、将来世代が現在世代にペナルティーを与えることは物理的に不可能である。そのため、他の合意とは異なり、世代間の所得移転については、原初状態で合意しても、そののちに合意が破られることを防止できないのである。

現代の代表的な社会契約論（ロールズの正義論）の枠組み、すなわち無知のヴェールで覆われた利己的人間による合理的な合意という枠組みでは、財政の持続性を確保することはできないのである。

4 新しい社会契約論の可能性について

世代間協調問題を解決するため、将来世代の利益を代表する行政機関などの組織すなわち「仮想将来世代」を創設すべきだという提案が増えている。本節では、仮想将来世代の創設を政治思想として正当化することを、ロールズの枠組みの拡張によって試みる。

仮想将来世代の組織が存在すれば、その構成員がもつ将来世代への利他性は「共感」の作用によって強化され、現在世代の政策決定に将来世代への配慮をもたらす。このことを予測する原初状態の人々は、無知のヴェールのもとでの選択として、仮想将来世代の創設に合意する。すなわち仮想将来世代の創設は新しい社会契約として政治的正当性をもつと考えられる。

世代間協調を促す制度改革のアイデアはすでにいろいろなものが出されている。本節では、それらの新制度を新しい社会契約論の枠組みで基礎付けることを試みたい。ロールズは「無知のヴエール」を使った格差原理の議論によって、手厚い社会保障制度の創設を「社会契約」であるとして正当化した。ここでは同じように、世代間協調を促す新制度の創設を（新しい）社会契約であると論じ、その正当性を主張したいのである。

◉世代間協調のための制度改革案

財政破綻の危機について書かれた論考では、将来世代へのコストの先送りを防止する制度改革案がいくつも提案されている。実現へのハードルが相対的に低いものから、根本的な統治機構改革まで、三つのグループに分類すると、以下のようになる。

(1)　改革案の中で最も現実的なグループは、中立的な将来予測を広く有権者に知らせ、彼らが将来世代のことにもっと配慮した政治的意思決定を選択できるように環境を整えるという考え方である。

財政問題の分野で具体的な提言例を挙げると、政府や政党から中立な、長期将来予測機関の設置（東京財団 2013など）がある。政府から独立した長期予測機関を設置し、100年程度先までの人口動態、財政、経済、環境などの予測を中立的な立場で行い、今日の政策決定と長期予測との連関を公表する。米国の議会予算局のように、政府や与野党から出された政策案が長期的な財政にどのような影響を与えるか推計し公表する。こうした将来予測の内容が政策形成の関係者に共有されることで、政策の採否に影響を与えることが想定される。情報の信頼性を高めるために、産官学から人材を集め、政党や政府からの高い独立性と中立性を確保し、分析の質の向上を図ることが必要である。

⑵　第二の改革案グループは、行政組織として将来世代の利益代表となる部門を創設するというアイデアである。たとえば、國枝（２０１１）は、将来世代の護民官ともいうべき「世代間公平確保委員会」の創設を提言している。

提言の具体的内容は次の通りである。政府から一定の独立性をもった独立行政委員会として世代間公平確保委員会を設置する。世代間公平確保委員会は世代会計を作成して国会に提出し、政策決定に影響を与える。また、国の予算や重要政策について、将来世代の利益確保の観点から、内閣や国会に対して意見を述べることができるものとし、さらに、著しい世代間不公平が生じるおそれがある場合には早期是正を内閣や国会に勧告できるものとしている。

同様の提言として、西條（２０１５）は、「将来省」の設置というアイデアを提言している。将来省は内閣の指揮下にある一省庁であるが、他省庁の政策を将来世代の利益擁護の観点からチェックする。将来省は（世代間公平確保委員会とは異なり）政府内の政策形成プロセスに初期段階から関与し、政策立案に将来世代の利益を重視する視点を入れるという機能をもつ。

(3)　第三の改革案グループは、将来世代の利益を反映するかたちに議会制度を変えるという統治機構改革の案である。たとえば次のような参議院の賢人会議化などがありうるが、それには憲法改正を伴う大幅な統治機構改革が必要となる。

参議院を将来世代の利益を大きく反映する少人数の賢人会議のような議院に再編し、議員の任期を長期化するまたは終身議員の仕組みを入れることによって、短期的な政治からの中立性と独立性を確保し、将来世代の利益を代表する長期的な視野の確立を図る。これは、ハイエクの晩年の議会改革論とほぼ同じ精神に基づく構想である（F・A・ハイエク『法と立法と自由』）。

ほかにも、選挙制度を変えることによって、将来世代の利益が政治に反映されやすい環境を作るという考え方もある。たとえば、ドメイン投票法（未成年の子どもに投票権を与え、その投票権を親が代理行使する制度）はその有効性について疑問を呈する実験結果もあるものの、将来世代の利益に重心を置く政治が実現しやすくなると期待される。もちろん、このような投票制度の変更には憲法改正が必要となる。

これらの考え方は、現在の政治の意思決定プロセスに、将来世代の利益を代表するアクターを導入することで、将来世代へのコストの先送りを防止しようとする考え方である。このような将来世代の利益代表を総称して西條（２０１５）は「仮想将来世代」と呼んでいる。西條らは、本章でいう世代間協調問題を解決するための社会制度の研究を「フューチャー・デザイン」という研究プロジェクトに束ねて推進しようとしている。仮想将来世代の創設は、フューチャー・デザインの研究プロジェクトにおけるキーコンセプトである。

本章でもフューチャー・デザインの用語法にしたがい、前記の提言に挙げられた組織を「仮想将来世代」と呼ぶ。仮想将来世代はあくまで現在世代の人間が将来世代の役割を演じているだけなので、本当に将来世代の利益代表としてワークするためには、人間は利己的かつ合理的な存在を超えた存在でなければならない。将来世代への利他性が、一定程度、存在することが、こうした構想の前提となっている。

◉共感の作用による利他性の強化

ロールズの社会契約論では、人間の利他性についてきわめて抑制的な仮定を置いている。ロールズは、人間が完全に利己的であったとしても社会の連帯が存在することができる、ということを示そうとしたからである。しかし、前述の通り、世代間の協調の問題を解決することは、ロールズの社会契約では難しい。

以下では、ロールズの人間についての仮定を緩めて、将来世代への「弱い利他性」を仮定し、そのことから、独立長期予測機関の設置などの制度改革で民主主義システムを補正することが、新しい社会契約論として正当化できることを素描する。

人間は、自分の家族でもない将来世代一般のために自分の今日の生活を大きく犠牲にするほどの「強い利他性」は持ち合わせていない。しかし、家族や身近な人など何らかの個人的なつながりがある将来世代への配慮や、一般的な将来世代の生活を漠然と気遣う気持ちなどの「弱い利他性」であれば、多くの人が共有している。仮想将来世代の組織（独立長期予測機関や将来省など）を設立することは、次のような「共感」のメカニズムによって、この「弱い利他性」をその構成員の中で強化すると思われる。

仮想将来世代の組織では、将来世代への利他性を発揮することが職責と規定されており、将来世代への利他的行動は、世間からの（または組織の構成員相互の）「共感」を得やすい。つまり、仮想将来世代の構成員の「あるべき姿」または「与えられた役割」は、将来世代の利益を擁護することであり、そのような行動をとると、当該構成員は正しい行動をしたと（世間一般から、または構成員相互に）是認され、「共感」を受ける。

アダム・スミスが『道徳感情論』で重視した「共感」の作用も、ある人が他者（世間一般）から期待される正しい行いをすると、他者はその人に共感（是認）の感情をもつ、ということが基本にある。この共感の作用によって、仮想将来世代の組織の構成員の利他性は（世間一般から、または構成員相互に）是認を受け、強化される。その結果、仮想将来世代の組織としては、通常の個人がもつ利他性よりももっと強い「将来世代への利他性」を組織文化として形成し維持するようになる。そのため、現在世代しかいない政策決定のプロセスにおいても、将来世代の利益を擁護する一定の役割を果たすことができるようになると思われる。

「将来世代の利益代表」という役割を与えられただけで、本当に、現代の人間が将来世代であるかのように思考し、意見を言うようになるのだろうか。実際そのようなことが起きる、ということは西條辰義らによるフューチャー・デザインの実験によって確認されている（詳しくはコラム「仮想将来人」を参照）。

column

仮想将来人：将来世代のキャップをかぶった人々

将来世代の役割を与えられた人が、心底からその役割に沿って将来世代の人間として思考し、意見をいうようになるのか、という問題は、心理学や脳科学で解明されるべき重要な研究テーマだと思われる。

敷衍していうと、（将来世代に限らず）なんらかの社会的役割を与えられると、人間はその役割に沿って思考するようになり、本来の個人としての思考とは異なる考えをもったり行動をとったりするが、そのメカニズムはどのようなものなのだろうか。一人の人間であっても、たとえば会社の経営者、父親、町内の自治会の役員、などさまざまな社会的役割をもっている。そして、それぞれの役割を演じているときの思考は、別の役割を演じているときの思考とは異なる。会社の経営者としての判断と、家庭の父親としての判断は、同じ人物であっても大きく異なる、ということは経験的な事実として広く知られているところである。このようなことが起きるメカニズムが心理学や脳科学の知見として確立しているのかどうか筆者は不勉強のため詳らかにしないが、科学的に解明されるべき人間心理の重要な性質であることは間違いないと思われる。いずれにせよ、そのメカニズムが科学的に解明されれば、「将来世代の代表」という役割を与えられた人々（たとえば将来省の構成員）がどのくらいの確度で将来世代のために働くようになるかを科学的に予想できるようになるだろう。

実験経済学的なアプローチでこのメカニズムを解明しようとした取り組みとして、フューチャー・デザインの研究グループによる岩手県矢巾町での2060年ビジョンの作成をめぐる実験がある（原・西條2017）。2015年に、内閣府の要請により、各市町村で2060年に向けての「長期ビジョン」を作成することとなった。盛岡市の近郊にある矢巾町では、その作成過程にフューチャー・デザインの研究グループが協力することになり、一般市民5人〜6人のグループを4組作り、各グループで2060年までの矢巾町の政策立案を考えてもらうという実験を行った。その際、2つのグループは現在世代が自分たちの立場で議論する通常の住民討論をし（現在世代グループ）、残り2つのグループでは、参加者に「2060年から現代にタイムスリップしてきた将来世代の人々」のつもりになって矢巾町がこれからとるべき政策について議論してもらった（将来世代グループ）。この将来世代グループには、お祭りで使う矢巾町の法被を着用してもらい、自分たちは現在世代の自分たちとは違う、という意識をもってもらうようにした。「将来世代のキャップをかぶって」議論してもらったのである。

住民討論の結果には、現在世代グループと将来世代グループの議論に明らかな違いが認められたという。現在世代グループは、現在の視点から、現在の町の課題（待機児童問題、高齢者介護など）を解決する延長線上に将来ビジョンを描くという特徴が見られたのに対し、将来世代グループは、いったん制約をはずして、地域の長所を十分に伸ばすにはどうしたらいいか、という発想でビジョンを描いた。現在世代グループは、現在の制約の延長線上で未来を描き、将来世代グループは、現在の制約から自由になって、独創的で複雑で実現までに時間がかかるような課題の解決の優先順位を高めて議論する傾向が見られたという。

また、西條らがこの実験の半年後に将来世代グループの人々にインタビューしたところ、彼らは住民討論をしているときに、「現代人としての現実の自己」と「将来世代としての仮想的な自己」が心の中でコンフリクトを起こしていたのではなく、現実の自己と将来世代としての自己との両方を俯瞰して眺め、両者を調停する自己（いわば「仮想将来人」としての自己）を発見したという。彼らはその後の日常生活においても、自然に仮想将来人として発想し、考えることが身についたという。そして、そうすることが自分にとって「喜び」である、と証言している（西條2018）。

このような実験結果は、仮想将来世代を組織として制度的に創設することの意義を例証するきわめて興味深い事実である。なぜどのようにして「仮想将来人」としての自己が形成されるのか、そのメカニズムについての科学的な解明が待たれる。

◉新しい社会契約論の考え方

ロールズの仮定を緩めて、人間は将来世代に対する「弱い利他性」をもち、また、アダム・スミス的な「共感」の作用によってその利他性を強化する能力がある、と考えよう。この新しい仮定のもとに、無知のヴェールの議論を適用すれば、「仮想将来世代の組織を設立すること」を原初状態の社会契約として人々が合意することがわかる。

無知のヴェールに覆われた原初状態の人々が、財政運営について考察するとき、最悪の境遇に生まれたとしても、財政破綻に遭遇することは避けたいと考えるので、持続性を維持するような財政運営を各世代が実施するべきである、と人々は合意する。しかし、その合意は時間整合性を満たさず、空手形であることも、これらの人々は理解している。なぜなら、無知のヴェールが取り去られ、歴史が始まると、すべての人にとって（前世代からの遺産を所与とすると）、自分の後続世代に何も遺さないこと（財政運営についていえば、政府債務のコストを先送りすること）が最適な戦略となってしまうからである。

一方、原初状態の人々は、人間が「弱い利他性」と「共感」の作用をもつことをも知っている。仮想将来世代の組織を設立すれば、弱い利他性が共感の作用によって強化されるので、各時代において、将来世代の利益を重視するよう政策決定に影響を与えることが予想される。そうなれば、後続世代に一定の資源を遺すこと（財政運営についていえば、財政の持続性を維持すること）が各世代において実現するはずである。原初状態の人々はこのように推論するので、持続的な財政を実現したい彼らは、政治制度として仮想将来世代の組織の創設に合意することになる。こうして、仮想将来世代の創設が社会契約として合意されるのである。

このようにして、ロールズが手厚い社会保障制度という福祉国家モデルを「無知のヴェール」の議論を使って社会契約論として基礎付けたのと同じように、将来世代の利益擁護の組織（仮想将来世代）を現代の政治システムに付け加えるという民主主義の補正を、新しい社会契約論によって基礎付けることができる。新しい社会契約による民主主義の補正が必要となった理由は、世代間協調問題という近代民主主義が想定していなかった問題が、21世紀のいま新しく政治の問題として立ち現れているからだということを改めて指摘しておきたい。

世代間協調問題という新しい問題に対処するために、弱い利他性をもった合理的個人からなる社会でいかなる合意が可能か再定義することによって、「長期予測機関や将来省などの仮想将来世代組織を創設すること」が新しい社会契約の重要な構成要素として現れるのである。

世代間協調問題の典型例として、日本の財政破綻の危機は、現代政治システムの進化とそれを基礎付ける政治哲学の進化とを、われわれに要請しているといえるのではないだろうか。

【参考文献】

國枝繁樹（２０１１）「世代間公平確保のための方策：世代間公平確保法（試案）」経済社会構造に関する有識者会議、財政・社会保障の持続可能性に関する制度・規範WG資料（２０１１年9月30日）。

東京財団（２０１３）『財政危機時の政府の対応プラン』東京財団。

西條辰義・編著（２０１５）『フューチャー・デザイン』勁草書房。

西條辰義（２０１８）「フューチャー・デザイン」『学術の動向』２０１８年2月号。

原圭史郎・西條辰義（２０１７）「フューチャー・デザイン——参加型討議の実践から見える可能性と今後の展望」『水環境学会誌』40巻第4号、ｐｐ．１１２－１１６。

Baum, Anja, Cristina Checherita－Westphal, and Phillip Rother(2013), "Debt and Growth: New Evidence for the Euro Area," *Journal of International Money and Finance*, 32, 809-821.

Braun, R. Anton, and Douglas H.Joines(2015), "The implications of a graying Japan for government policy," *Journal of Economic Dynamics and Control*, 57, 1-23.

Checherita-Westphal, Cristina, and Phillip Rother(2012), "The Impact of High Government Debt on Economic Growth and its Channels: An Empirical Investigation for the Euro Area," *European Economic Review*, 56(7), 1392-1405.

Hansen, Gary, and Selahattin Imrohoroglu(2016), "Fiscal Reform and Government Debt in Japan: A

Neoclassical Perspective," *Review of Economic Dynamics*, 21, 201-224.

Kitao, Sagiri(2018), "Policy Uncertainty and Cost of Delaying Reform: The Case of Aging Japan," *Review of Economic Dynamics*, 27, 81-100.

Kobayashi, Keiichiro, and Kozo Ueda(2018), "Secular Stagnation and Low Interest Rates under the Fear of a Government Debt Crisis," CIGS Working Paper.

Kozlowski, Julian, Laura Veldkamp, and Venky Venkateswaran(2015),"The Tail that Wags the Economy: The Origin of Secular Stagnation," NBER Working Paper No. 21719.

Reinhart, Carmen M., Vincent R. Reinhart, and Kenneth S. Rogoff(2012),"Public Debt Overhangs: Advanced−Economy Episodes since 1800," *Journal of Economic Perspectives*, 26(3), 69-86.

ター所長、政府税制調査会委員、財務省財政制度等審議会委員、内閣府経済・財政一体改革推進委員会専門委員などを歴任。著書に『地方税改革の経済学』(2011年、日本経済新聞出版社)、『地方交付税の経済学』(2003年、有斐閣、共著)、『震災復興』(2011年、日本評論社、共著)など。

左三川 郁子(さみかわ・いくこ)

日本経済研究センター研究本部金融研究室長兼主任研究員
1990年ロンドン大学SOAS法学部卒業(L.L.B取得)後、日本経済新聞社入社。97年日本経済研究センターに出向。長期経済予測班総括、中期経済予測班総括を経て、99年より金融研究班総括。2014年より現職。慶應義塾大学大学院商学研究科博士課程単位取得退学。慶應義塾大学経済学部特別招聘教授。主な著書に『マイナス金利政策』(2016年、日本経済新聞出版社、共著)、『量的・質的金融緩和』(2014年、同、共編著)がある。

松山 幸弘(まつやま・ゆきひろ)

キヤノングローバル戦略研究所研究主幹、マッコーリー大学オーストラリア医療イノベーション研究所名誉教授
1975年3月東京大学経済学部卒業。75年4月〜99年3月、保険会社勤務。保険会社在職中、九州大学経済学部客員助教授(88年〜89年)、日本銀行金融研究所客員エコノミスト(91年)、厚生省(現厚生労働省)HIV疫学研究班員(93年〜94年)等を歴任。99年4月〜2005年6月、富士通総研経済研究所主席研究員。05年7月以降、民間医療法人専務理事、国保旭中央病院顧問等を経て09年4月より現職。主な著書に『米国の医療経済』(1990年、東洋経済新報社、九州大学より経済学博士号取得)、『財政破綻に備える次なる医療介護福祉改革』(2017年、日本医療企画)がある。

森田 朗(もりた・あきら)

津田塾大学総合政策学部教授
1976年東京大学法学部卒業、東京大学助手、千葉大学法経学部助教授を経て、94年より東京大学大学院法学政治学研究科教授、2004年東京大学公共政策大学院教授・同大学院院長、12年より学習院大学法学部教授、東京大学名誉教授。14年国立社会保障・人口問題研究所所長。17年より現職。中央社会保険医療協議会前会長。主な著書に『会議の政治学・Ⅱ・Ⅲ』(2006年、15年、16年、慈学社出版)、『制度設計の行政学』(2007年、同)『新版・現代の行政』(2017年、第一法規)などがある。

執筆者紹介（五十音順）

小黒 一正（おぐろ・かずまさ）

法政大学経済学部教授

京都大学理学部卒業、一橋大学大学院経済学研究科博士課程修了（経済学博士）。1997年大蔵省（現財務省）入省後、財務省財務総合政策研究所主任研究官、一橋大学経済研究所准教授などを経て、2015年4月から現職。鹿島平和研究所理事。専門は公共経済学。主な著書に『2020年、日本が破綻する日』（2010年、日本経済新聞出版社）、『財政危機の深層』（2014年、NHK出版）『2025年、高齢者が難民になる日』（2016年、日本経済新聞出版社、共編著）などがある。

小林 慶一郎（こばやし・けいいちろう）

慶應義塾大学経済学部教授

1991年東京大学大学院修了後、通商産業省（現経済産業省）入省。98年、経済学Ph.D.取得（シカゴ大学）。2013年より現職。キヤノングローバル戦略研究所研究主幹などを兼任。専門はマクロ経済学、経済動学。主な著書に『日本経済の罠』（2001年、日本経済新聞社、加藤創太との共著、第44回日経・経済図書文化賞）、『ROE最貧国日本を変える』（2014年、日本経済新聞出版社、共著）などがある。

小林 庸平（こばやし・ようへい）

三菱UFJリサーチ&コンサルティング株式会社主任研究員、独立行政法人経済産業研究所コンサルティングフェロー

明治大学政治経済学部卒業、一橋大学大学院経済学研究科博士課程修了（博士（経済学））。経済産業省経済産業政策局産業構造課課長補佐などを経て、現職。 主な著作に『徹底調査 子供の貧困が日本を滅ぼす』（青柳光昌氏・花岡隼人氏との共著、文藝春秋、2016年）、“Effect of R&D Tax Credits for SMEs in Japan: A Microeconometric Analysis Focused on Liquidity Constraints”（Small Business Economics Vol.42、Issue 2、pp.311-327、2014）などがある。

佐藤 主光（さとう・もとひろ）

一橋大学教授

1992年一橋大学経済学部卒業、98年クイーンズ大学（カナダ）経済学部博士号取得、99年より一橋大学経済学研究科専任講師、准教授を経て2009年より現職。16年より一橋大学社会科学高等研究院医療政策・経済研究セン

財政破綻後

二〇一八年四月十八日　一版一刷
二〇一八年五月十一日　二刷

編著者――小林慶一郎

発行者――金子　豊
発行所――日本経済新聞出版社
https://www.nikkeibook.com/
東京都千代田区大手町一-三-七
郵便番号　一〇〇-八〇六六
電話　〇三-三二七〇-〇二五一（代）

印刷・製本――シナノ印刷

ISBN978-4-532-35773-3
Printed in Japan